U0733178

Fundamentals of
Entrepreneurship

创业基础

主编 孙方红 徐萃萍 荆菁

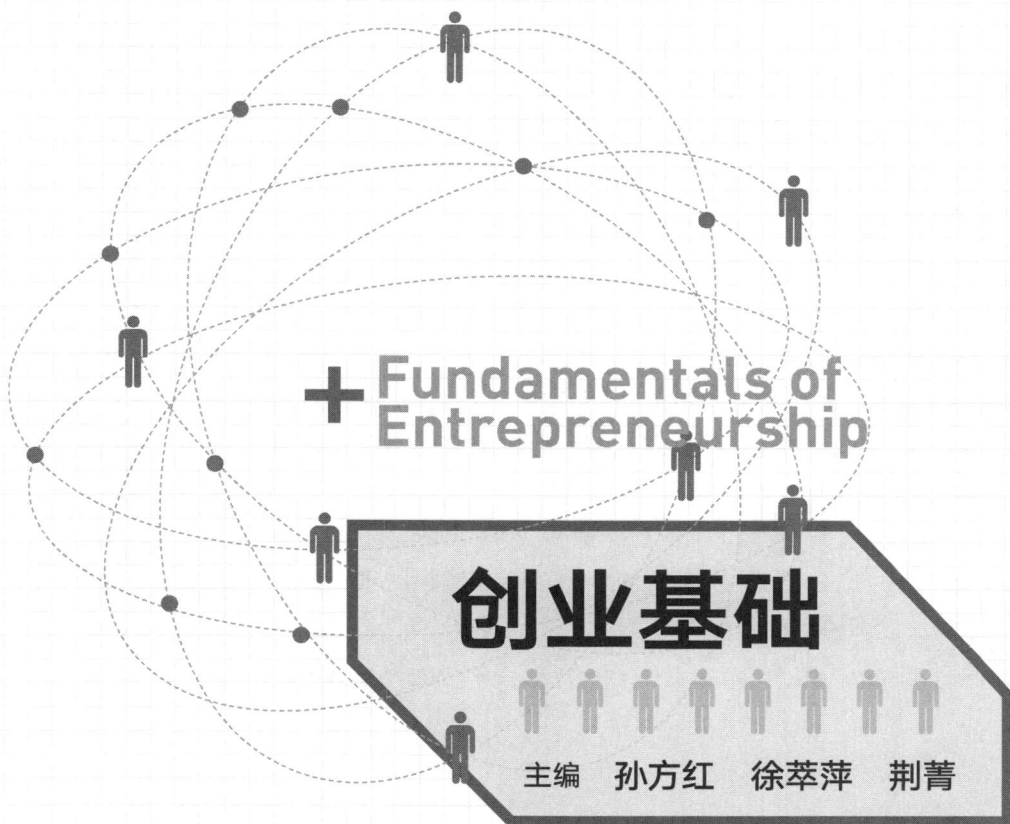

高等教育出版社·北京

内容简介

　　本书以教育部印发的《普通本科学校创业教育教学基本要求（试行）》和《关于深化本科教育教学改革 全面提高人才培养质量的意见》为依据，按照"易学、易懂、易用"编写原则，遵循"够用、实用、交叉、结合"的学习要求，围绕大学生如何将创意、创新向创业、实践进行转化的思考，将专业教育、思政教育与创新创业教育相融合。本书共九章，包括创新创业教育简介，创业、创业精神与人生发展，创新思维与创业机会，组建创业团队，商业模式设计，创业资源，创业计划撰写，新企业的开办和常见创新创业竞赛及创业就业政策。

　　本书可以作为普通高等院校"创业基础"公共基础课的教学用书，也可以作为参加创新创业竞赛的在校大学生和社会各类创业人员的参考书。

全书二维码
资源目录

图书在版编目（ＣＩＰ）数据

　　创业基础/孙方红，徐萃萍，荆菁主编. --北京：高等教育出版社，2022.7（2024.3重印）

　　ISBN 978-7-04-058496-7

　　Ⅰ. ①创⋯　Ⅱ. ①孙⋯　②徐⋯　③荆⋯　Ⅲ. ①大学生-创业-高等学校-教材　Ⅳ. ①G647.38

　　中国版本图书馆 CIP 数据核字（2022）第 055049 号

Chuangye Jichu

| 策划编辑 | 韦寅蕾 | 责任编辑 | 韦寅蕾 | 特约编辑 | 吕培勋 | 封面设计 | 赵　阳 |
| 版式设计 | 于　婕 | 责任绘图 | 邓　超 | 责任校对 | 王　雨 | 责任印制 | 赵　振 |

出版发行	高等教育出版社	网　　址	http://www.hep.edu.cn
社　　址	北京市西城区德外大街 4 号		http://www.hep.com.cn
邮政编码	100120	网上订购	http://www.hepmall.com.cn
印　　刷	三河市宏图印务有限公司		http://www.hepmall.com
开　　本	787mm×1092mm　1/16		http://www.hepmall.cn
印　　张	14.5		
字　　数	460 千字	版　　次	2022 年 7 月第 1 版
购书热线	010-58581118	印　　次	2024 年 3 月第 3 次印刷
咨询电话	400-810-0598	定　　价	39.80 元

前言

2012 年，教育部印发的《普通本科学校创业教育教学基本要求（试行）》指出：要坚持面向全体、注重引导、分类施教、结合专业、强化实践的原则，以教授创业知识为基础，以锻炼创业能力为关键，以培养创业精神为核心，使学生掌握创业的基础知识和基本理论，熟悉创业的基本流程和基本方法，了解创业的法律法规和相关政策，激发学生的创业意识，提高学生的社会责任感、创新精神和创业能力，促进学生创业就业和全面发展。2019 年，教育部印发的《关于深化本科教育教学改革 全面提高人才培养质量的意见》指出：把课程思政建设作为落实立德树人根本任务的关键环节，坚持知识传授与价值引领相统一、显性教育与隐性教育相统一，充分发掘各类课程和教学方式中蕴含的思想政治教育资源。目前，大多数高校都开设"创业基础"必修课，但是如何让创新创业教育、专业教育和思政教育相结合，如何让教师易于实施教学、调动学生积极性和兴趣等，是目前高校讲授"创业基础"课程教师亟须研究和深化的问题。

鉴于对以上问题的思考，本书编写团队成员群策群力、集思广益和全心投入，根据"创业基础"课程中存在的理论多实践少、学生兴趣不高、创新意识薄弱等问题，结合团队成员指导学生参与创新创业大赛、项目或者企业等经验，完成了本书内容的编写。在本书章节中，基本遵循了"本章提要""学习重点和难点""学习目的与要求""引导案例""案例分享""知识拓展""本章小结""本章习题""即测即评""案例评析"等模块顺序，按照"易学、易懂、易用"编写原则，遵循"够用、实用、交叉、结合"的学习要求，围绕大学生如何将创意、创新向创业、实践进行转化的思考，将专业教育、思政教育与创新创业教育相融合。

本书由孙方红、徐萃萍和荆菁老师担任主编。具体分工如下：徐萃萍（辽宁工程技术大学）负责编写第一章，贾英辉（辽宁工程技术大学）负责编写第二章，孙方红（浙江科技大学）负责编写第三章、第五章和第九章，荆菁（辽宁工程技术大学）负责编写第四章，石红红（辽宁工程技术大学）负责编写第六章，倪树楠（辽宁工程技术大学）负责编写第七章，陈越和何晓军（辽宁工程技术大学）负责编写第八章。

本书在编写的过程中，参考借鉴了很多同仁的研究成果，在此一并向这些资料的作者表示深深感谢。由于编写时间仓促，加之编者水平有限，书中不足之处在所难免，敬请广大读者批评指正，并提出宝贵意见，以便对本书做进一步的修改和完善。

编者

2022 年 3 月

（2024 年 1 月修订）

目录

第一章　创新创业教育简介

本章提要

　　本章要求学生了解创新创业教育概述和国家创新创业相关政策,理解创新创业导师在创新创业教育中的作用,掌握创新创业教育内容及模式和创新创业教育开展途径。

学习重点和难点

　　重点:掌握创业教育内容及模式和创新创业教育开展途径。
　　难点:熟悉创新创业教育开展途径。

第一节　创新创业教育概述

学习目的与要求

通过本节学习,学生应达到如下要求:
(1) 了解创新创业教育发展历程。
(2) 理解开展创新创业教育的意义。

引导案例

开展创新创业教育意义何在?

有些同学觉得,自己从大学才开始接触创新创业教育。其实不然。同学们在上大学之前,一直都在从事创新创业的活动。如考上大学的整个过程、大学之前参加的任何一项竞赛、社团活动、公益活动等。那么同学们在大学学习期间,自己从事的活动与创新创业教育有没有关系呢?

有些同学觉得:经过高中三年的寒窗苦读,到了大学终于自由了,想做自己真正喜欢的事情,如学习一门乐器、学习礼仪知识、跟老师做科研等。这些事情跟创新创业教育有关系吗?

有些同学觉得:考上大学后,除了要顺利通过各种课程之外,还要积极参加一些课外实践活动,如做家教、送餐、跑腿、当服务员等,通过挣钱来减轻家庭负担。这些跟创新创业教育有关系吗?

有些同学觉得:进入大学要做好规划,不仅要学好本科开设的各门课程,还要争取考取"双一流"高校的研究生,或出国留学深造。这些跟创新创业教育有关系吗?

总之,作为大学生,尤其是大一新生,不管对大学生涯有何规划,同学们都应对创新创业教育有充分的认识。

资料来源:作者整理。

思考题:
(1) 你是如何规划自己的大学学习和生活的?
(2) 你认为自己规划中的哪些事情与创新创业活动相关?

一、创新创业教育发展历程

从 1947 年美国哈佛大学商学院开设创业课程至今,创新创业教育在国外已有 70 多年的历史。20 世纪 80 年代以来,在美国、英国、日本等国家以及联合国教科文组织、经济合作与发展组织等国际组织的推动下,创新创业教育成为一种世界性的教育改革趋势。创新是社会进步的灵魂,创业是推进经济社会发展、改善民生的重要途径,创新和创业相连一体、共生共存。尤其大学生是国家的希望、民族的未来,肩负着民族复兴的大业,做好大学生的创新创业教育至关重要。

1991 年,东京创业创新教育国际会议把"创业创新教育"定义为培养具有开创性个性的人,培养首创精神、创业能力、独立工作能力以及管理技能等。1989 年第一届"挑战杯"全国大学生课外学术科技作品竞赛举办,它标志着中国高校创新创业教育开始兴起。2002 年 4 月,我国教育部确定了 9 所院校作为开展创业教育的试点院校,标志着我国的创新创业教育进入了政府引导的多元发展阶段。2010 年 5 月,教育部下发的《关于大力推进高等学校创新创业教育和大学生自主创业工作的意见》指出,高校要加强创新创业课程体系、师资队伍、创业基地建设等,这是高校开展创新创业教育的指南。2012 年,我国教育部印发的《普通本科学校创业教育教学基本要求(试行)》指出,创业教育的目的是"以教授创业知识为基础,以锻炼创业能力为关键,以培养创业精神为核心,使学生掌握创业的基础知识和基本理论,熟悉创业的基本流程和基本方法,了解创业的法律法规和相关政策,激发学生的创业意识,提高学生的社会责任感、创新精神和创业能力,促进学生创业就业和全面发展"。

2021 年,国务院办公厅印发《关于进一步支持大学生创新创业的指导意见》指出:将创新创业教育贯穿人才培养全过程。深化高校创新创业教育改革,健全课堂教学、自主学习、结合实践、指导帮扶、文化引领融为一体的高校创新创业教育体系,增强大学生的创新精神、创业意识和创新创业能力。建立以创新创业为导向的新型人才培养模式,健全校校、校企、校地、校所协同的创新创业人才培养机制,打造一批创新创业教育特色示范课程。

总之,创新创业教育不仅是深入实施国家创新驱动发展战略的重要支撑,也是促进人才培养的重要途径。

二、创新创业教育发展现状

近年来,高校创新创业教育不断加强,取得了积极进展,对提高高等教育质量、促进学生全面发展、推动毕业生创业就业、服务国家现代化建设发挥了重要作用。但仍存在一些不容忽视的突出问题,主要包括:一些地方和高校重视不够,创新创业教育理念滞后,与专业教育结合不紧,与实践脱节;教师开展创新创业教育的意识和能力欠缺,教学方式方法单一,针对性、实效性不强;实践平台短缺,指导帮扶不到位,创新创业教育体系亟待健全等。

第二节　国家创新创业相关政策

学习目的与要求

通过本节学习,学生应达到如下要求:

(1) 了解国家发布的创新创业相关政策。

(2) 理解创新创业教育对大学生的重要性。

引导案例

创新创业政策对我们有何帮助?

一说起创新创业教育,同学们肯定会想到课程、竞赛、项目等。但是同学们在开展创新创业活动之前,了解相关的创新创业政策吗? 如何了解最新的创新创业政策呢? 创新创业政策对我们有什么帮助呢? 在教育部发布的创新创业教育文件中明确提出:大学生是大众创业、万众创新的生力军,支持大学生创新创业具有重要意义;要深化高校创新创业教育改革,将创新创业教育贯穿人才培养全过程,建立以创新创业为导向的新型人才培养模式;坚持面向全体、结合专业、强化实践,强化创新创业课程体系、教学方法、实践训练、教师队伍等关键领域改革和建设,持续办好"互联网+"大学生创新创业大赛,努力实现以赛促教、促学、促改的人才培养改革目标。

那么,作为大学生,无论是否创业,同学们都应该充分了解创新创业政策。

资料来源:作者整理。

思考题:

(1) 国家制定的创新创业政策与同学们在上学期间学习哪些知识或者获得什么能力有何联系?

(2) 同学们是否了解学校发布的创新创业政策,让你最满意的是哪一条?

2014 年 9 月第八届夏季达沃斯论坛上,李克强总理首次提出:要在 960 万平方公里土地上掀起"大众创业""草根创业"的浪潮,形成"万众创新""人人创新"的新态势。2015 年李克强总理在政府工作报告中又提出"大众创业、万众创新"。此后,国家发布了一系列创新创业政策,具体如下。

一、近年来国家发布的创新创业政策

1. 2015 年创新创业相关政策

2015 年 3 月,《中共中央 国务院关于深化体制机制改革加快实施创新驱动发展战略的若干意见》指出:聘请知名科学家、创业成功者、企业家、风险投资人等各行各业优秀人才,担任专业课、创新创业课授课或指导教师,并制定兼职教师管理规范,形成全国万名优秀创新创业导师人才库。将提高高校教师创新创业教育的意识和能力作为岗前培训、课程轮训、骨干研修的重要内容,建立相关专业教师、创新创业教育专职教师到行业企业挂职锻炼制度。

2015 年 5 月,《国务院办公厅关于深化高等学校创新创业教育改革的实施意见》指出:各地区、各高校要建立健全学生创业指导服务专门机构,做到机构、人员、场地、经费"四到位",对自主创业学生实行持续帮扶、全程指导、一站式服务。

2015 年 12 月,《教育部关于做好 2016 届全国普通高等学校毕业生就业创业工作的通知》指出:从 2016 年起所有高校都要设置创新创业教育课程,对全体学生开设创新创业教育必修课和选修课,纳入学分管理。对有创业意愿的学生,开设创业指导及实训类课程。

对已经开展创业实践的学生,开展企业经营管理培训。

2. 2016 年创新创业相关政策

2016 年 11 月,《国务院办公厅关于支持返乡下乡人员创业创新促进农村一二三产业融合发展的意见》指出:鼓励各类培训资源参与返乡下乡人员培训,支持各类园区、星创天地、农民合作社、中高等院校、农业企业等建立创业创新实训基地。采取线上学习与线下培训、自主学习与教师传授相结合的方式,开辟培训新渠道。加强创业创新导师队伍建设,从企业家、投资者、专业人才、科技特派员和返乡下乡创业创新带头人中遴选一批导师。

2016 年 6 月,教育部颁发的《关于促进 2016 届尚未就业高校毕业生就业创业的通知》指出:地方高等教育机构必须积极鼓励和促进未就业大学毕业生创业,并做好相关指导服务工作。

2016 年 12 月,《教育部关于做好 2017 届全国普通高等学校毕业生就业创业工作的通知》指出:各地各高校要加强创新创业教师队伍建设,聘请行业专家、创业校友等担任创新创业导师。

3. 2017 年创新创业相关政策

2017 年 7 月,《国务院关于强化实施创新驱动发展战略 进一步推进大众创业万众创新深入发展的意见》指出:鼓励科技人员、中高等院校毕业生、留学回国人才、农民工、退役士兵等有梦想、有意愿、有能力的群体更多投身创新创业。加强科研机构、高校、企业、创客等主体协同,促进大、中、小微企业优势互补,推动城镇与农村创新创业同步发展,形成创新创业多元主体合力汇聚、活力迸发的良性格局。

2017 年 12 月,《教育部关于做好 2018 届全国普通高等学校毕业生就业创业工作的通知》指出,建立健全国家、省级、高校大学生创业服务平台,聘请行业专家、创业校友等担任导师,通过举办讲座、论坛、沙龙等活动,为大学生创业提供信息咨询、管理运营、项目对接、知识产权保护等方面的指导服务。

2017 年 12 月,《教育部关于推动高校形成就业与招生计划人才培养联动机制的指导意见》指出:创新人才培养模式,提升创新创业能力。具体包括:推进创新创业教育改革,完善协同育人机制,加强实践育人机制,推动高校建立灵活的学习制度和学生管理制度。

通过这些政策可知,推进"大众创业、万众创新"是中国经济发展到当前阶段的一个必然选择。为充分发挥各行、各业、各类专业人士在服务创业过程中的巨大作用,为其配备相应的创业导师,提高创业的信心和成功率,激励和帮助更多创业者实现自主创业势在必行。

4. 2018 年创新创业相关政策

2018 年 10 月,《教育部关于加快建设高水平本科教育全面提高人才培养能力的意见》指出:把深化高校创新创业教育改革作为推进高等教育综合改革的突破口,面向全体、分类施教、结合专业、强化实践,促进学生全面发展。推动创新创业教育与专业教育、思想政治教育紧密结合,深化创新创业课程体系、教学方法、实践训练、队伍建设等关键领域改革。强化创新创业实践,搭建大学生创新创业与社会需求对接平台。加强创新创业示范高校建设,强化创新创业导师培训,发挥"互联网+"大赛引领推动作用,提升创新创业教育水平。鼓励符合条件的学生参加职业资格考试,支持学生在完成学业的同时,获取多种资格和能力证书,增强创业就业能力。

5. 2019 年创新创业相关政策

2019 年 7 月,教育部印发的《国家级大学生创新创业训练计划管理办法》指出:国家级大学生创新创业训练计划坚持以学生为中心的理念,遵循"兴趣驱动、自主实践、重在过程"原则,旨在通过资助大学生参加项目式训练,推动高校创新创业教育教学改革,促进高校转变教育思想观念、改革人才培养模式、强化学生创新创业实践,培养大学生独立思考、善于质疑、勇于创新的探索精神和敢闯会创的意志品格,提升大学生创新创业能力,培养适应创新型国家建设需要的高水平创新创业人才。

2019 年 10 月,《教育部关于深化本科教育教学改革 全面提高人才培养质量的意见》指出:挖掘和充实各类课程、各个环节的创新创业教育资源,强化创新创业协同育人,建好创新创业示范高校和万名优秀创新创业导师人才库。持续推进国家级大学生创新创业训练计划,提高全国大学生创新创业年会整体水平,办好中国"互联网+"大学生创新创业大赛,深入开展"青年红色筑梦之旅"活动。

6. 2020 年以后创新创业相关政策

2020 年 9 月,《教育部办公厅关于做好深化创新创业教育改革示范高校阶段性总结工作的通知》指出:各示范校要继续聚焦课程体系、培养机制、教法创新、实践训练、教师队伍等重点领域和关键环节改革,持续推进创新创业教育优质在线开放课程建设、"专创融合"特色示范课程建设、开展师资培训、参与中国国际"互联网+"大学生创新创业大赛、"青年红色筑梦之旅"活动等重点工作。

2020 年 10 月,《教育部办公厅等五部门关于联合开展 2021 年度高校毕业生等重点群体促就业"国聘行动"的通知》指出:高校直播重点做好优势学科介绍、科技创新攻关宣传、毕业生推介等,邀请企业家、科学家、创业者讲企业发展、创新故事、创业历程等。

2020 年 11 月,《教育部关于做好 2021 届全国普通高校毕业生就业创业工作的通知》指出:各地各高校要进一步加强高校毕业生就业工作保障,严格落实就业机构、人员、场地、经费"四到位"要求,按照有关规定配齐配强校级专职就业工作人员。定期开展业务技能培训,提升专业化素质。鼓励高校院系专设就业辅导员,建立健全全员参与就业工作长效机制。

2021 年 9 月,《国务院办公厅关于进一步支持大学生创新创业的指导意见》指出:① 将创新创业教育贯穿人才培养全过程。深化高校创新创业教育改革,健全课堂教学、自主学习、结合实践、指导帮扶、文化引领融为一体的高校创新创业教育体系,增强大学生的创新精神、创业意识和创新创业能力。② 加强大学生创新创业培训。打造一批高校创新创业培训活动品牌,创新培训模式,面向大学生开展高质量、有针对性的创新创业培训,提升大学生创新创业能力;组织创新创业导师深入校园举办创业大讲堂,进行创业政策解读、经验分享、实践指导等;支持各类创新创业大赛对大学生创业者给予倾斜。

从这些政策可以看出,对大学生开展创新创业教育的必要性和重要性。

二、建立创新创业导师库和委员会

为了不断提升创新创业教育工作水平,全面提高人才培养质量,根据《教育部办公厅

关于建设全国万名优秀创新创业导师人才库的通知》的要求,2017 年 10 月,教育部确定
4 492位导师为首批全国万名优秀创新创业导师人才库入库导师。2021 年 1 月,为了提升
高校毕业生就业创业能力和质量,做好毕业生就业创业研究、咨询、指导、服务和评估等工
作,《教育部办公厅关于推荐全国普通高校毕业生就业创业指导委员会委员的通知》发布,
教育部决定成立全国普通高校毕业生就业创业指导委员会。2021 年 5 月,《教育部办公厅
关于成立 2021—2025 年全国普通高校毕业生就业创业指导委员会的通知》指出:成立
2021—2025 年全国普通高校毕业生就业创业指导委员会,设置 19 个行业就指委和 7 个专
家组,包括全国就业创业指导委员会、分行业就业创业指导委员会等。

总之,由于国家对创新型、复合型、应用型等人才的需求和大学生就业形势的严峻,大
家对大学生校内创业越来越关注。通过本课程的学习,大学生可以培养创新思维精神、实
践动手能力、团队协作能力、学科交叉能力、创新创业能力等综合能力和素质,进而提升就
业能力和职业能力。

第三节 创新创业教育内容及模式

学习目的与要求

通过本节学习,学生应达到如下要求:
(1) 理解创新创业教育内容。
(2) 了解创新创业教育模式。
(3) 了解创新创业教育内容对大学生的作用及意义。

引导案例

创新创业教育就是为了让大学生开创企业吗?

给大学生开设创新创业课程,真正的目的是让大学生开创企业吗? 答案是否定的,大
学生也不要陷入这个误区,创新创业教育绝不是让大学生学完后都开创企业。开创企业的
相关知识内容属于创新创业教育的一部分内容,创新创业教育更重要的目的是培养大学生
的创新创业意识和思维、团队协作精神、学科交叉能力、创新创业能力等综合能力和素质。
同时让一些想创业的大学生,掌握一定的创业理论知识,并通过学校的孵化园或创新创业
基地等进一步帮扶大学生开展创业活动,避免大学生在创业道路上走弯路和遭遇不必要的
风险,提高创业成功率和带动部分大学生就业。

思考题:
(1) 你认为创新创业教育对你所起的最大作用是什么?
(2) 你认为自己如何将创新创业教育与专业知识融合?

一、创新创业教育内容

创业教育专家布罗克豪斯认为："教一个人成为创业者,就如同教一个人成为艺术家一样。我们不能使他成为另一个梵高,但是我们却可以教给他色彩、构图等成为艺术家必备的技能。"我国高校开展创新创业教育,目的不是使每个学生都去创业,更重要的目的是培养学生的创业精神和创业能力。它就是一个持续不断的过程,应贯穿于基础教育、高等教育、继续教育等各阶段,而不能指望在高等教育阶段毕其功于一役。

创新创业教育的内容应形成一个涵盖政策法规解释、理论指导、信息提供、技巧培训、情景模拟、实践训练等内容的体系完整、针对性强、理论与实践相结合的创新创业教育课程群,引导大学生或创业者提高对自我、职业和环境的认识,帮助大学生或创业者树立积极正确的创业观、世界观、价值观和认识观,帮助大学生或创业者系统学习创业知识与技能,了解创业过程与模式,掌握创业方法与步骤,并最终使其具备创新创业意识和思维、学科交叉能力、团队协作能力、创新创业能力等综合素质。

二、创新创业教育模式

20 世纪 90 年代以来,美国大学创新创业教育发展进入成熟阶段,很多大学都开设创新创业教育课程,建立创新创业活动中心、创新创业教育研究会等,成立大学科技园、风险投资机构、创业资质评估机构等,形成了高校、社区、企业良性互动的创新创业教育系统。美国大学创新创业教育的迅猛发展,得益于其不断探索与院校发展目标相一致的、行之有效的创新创业教育模式。具体如下:

1. 聚集模式

它是传统的创新创业教育模式。在这种模式中,接受教育的学生经过严格筛选,课程内容呈现出高度系统化和专业化的特征,创新创业教育所需的师资、经费、课程等都由商学院和管理学院负责,学生严格限定在商学院和管理学院。这种纯粹性决定了聚集模式创新创业教育能够系统地进行创新创业方面的教学,其毕业生真正进行创新创业的可能性及比例非常高。

2. 磁铁模式

这种模式的创新创业教育往往先在商学院和管理学院成立创新创业教育中心,通过整合所有资源和技术吸引来自全校范围内的、有着不同专业背景的学生。这种模式为商学院和管理学院之外的学生提供创新创业教育而不涉及经费、师资等方面的变革。所有创新创业教育和活动由统一的创新创业教育中心负责协调和规划,师资和经费也由创新创业教育中心统一调配管理。

3. 辐射模式

它是一种全校性的创业教育模式,不仅要创设良好的氛围为非商学院或非管理学院的学生提供创新创业教育,还应该鼓励不同学院的教师积极参与创新创业教育过程。在管理体制上,学校层面成立了创新创业教育委员会,负责协调和指导全校范围创新创业教育的开展;所有参与学院负责实质性的创新创业教育和活动,根据专业特征筹备资金、师资、课程等。如何协调和动员更多优秀教师参与创新创业教育项目是辐射模式面临的难题和挑战。

目前,国内高校大多采用辐射模式,根据教育部文件,各个省、市及高校都出台了一系列创新创业教育和实践文件,推动不同群体的创新创业活动。

第四节　创新创业教育开展途径和要求

学习目的与要求

通过本节学习,学生应达到如下要求:
(1) 了解创新创业教育开展途径。
(2) 理解创新创业教育要求。

引导案例

如何开展创新创业教育?

其实,每位同学在每一天的学习和生活过程中,都会或多或少经历创新创业过程,如学习新的知识和技能、参加科技竞赛活动、参与科研项目及课外实践活动等。当运用一些创新创业知识和方法时,同学们不仅会觉得事半功倍、收获满满,更重要的是学会了一种分析问题、解决问题的思维和习惯,养成一种积极学习、主动思考、团队合作的职业素养,让每位同学成为更好的自己。所以,大学生在学习、生活和未来的工作中,需要运用创新创业知识来解决问题、处理人际关系、沟通交流等。因此,创新创业教育必将贯穿于每位同学的学习和工作中,成为大学生活中不可或缺的一部分。

资料来源:作者整理。

思考题:
(1) 列出自己想参与的创新创业活动。
(2) 写出自己如何开展这些创新创业活动。

一、创新创业教育开展途径

国内高校创新创业教育的实施始于20世纪末。2002年,国家开始引导高校创新创业教育体系化建设,教育部将清华大学、中国人民大学等9所院校确定为开展创新创业教育的试点院校。20年来,创新创业教育逐步引起了各高校的重视,一些高校在国家有关部门和地方政府的积极引导下,进行了有益的探索与实践。目前国内高校的创新创业教育开展途径主要有以下几种:

(1) 以各类创新创业竞赛为载体,开展创新创业教育。
(2) 以创新创业课程(包括在线课程)为依托,开展创新创业教育。
(3) 以创新创业导师讲座或专项辅导为手段,开展创新创业教育。

（4）以各种创新创业基地、孵化器、众创空间等为基地，开展创新创业教育。

（5）以与国外高校或企业开展合作、交流等措施，开展创新创业教育。

总之，大多数高校都是将几种方式相结合开展创新创业教育，力求通过不同的方式全面提高学生的创新创业能力和综合素质。

二、创新创业教育开展要求

创新创业教育是一种新的教育观念，不但体现素质教育的内涵，而且突出教育创新和对学生学科交叉能力、实践能力、团队协作能力和创新创业能力的培养。高校应当通过对大学生进行创新创业教育，使大学生具备如下知识和能力。

（1）掌握开展创新创业活动所需要的基本知识。认知创新创业的基本内涵和创业活动的特殊性，辩证地认识和分析创业者、创业机会、创业资源、创业计划和创业项目。

（2）具备必要的创新创业能力。掌握创业资源整合与创业计划撰写的方法，熟悉新企业的开办流程与管理，提高创办和管理企业的综合素质和能力。

（3）树立科学的创新创业观。主动适应国家经济社会发展和人的全面发展需求，正确理解创新创业与职业生涯发展的关系，自觉遵循创业规律，积极投身创新创业实践。

总之，高校开展创新创业教育的最终落脚点在大学生，创新创业导师或高校教师要加强对大学生进行指导和帮扶，只有大学生接受了创新创业观念，并勇于进行创新创业实践，才能说创新创业教育起到了实际的效果。

本章小结

通过本章的学习，学生应能了解创新创业教育发展历程，理解开展创新创业教育的意义和国家创新创业相关政策，了解创新创业导师在创新创业教育中的作用，掌握创新创业教育内容及模式和创新创业教育开展途径，理解创新创业教育对自己未来学习和工作的重要性，激发创新创业意识和思维，进而提升学科交叉能力、团队协作精神、创新创业能力等综合素质。

本章习题

1. 为什么要开展创新创业教育？
2. 通过创新创业教育，大学生能获得什么？
3. 常见的创新创业教育模式有哪些？

第二章 创业、创业精神与人生发展

本章提要

通过对本章的学习,了解创业与创业精神的概念、创业关键要素、创新与创业的关系、创业与职业生涯发展的关系;树立正确的人生观,具备坚韧的毅力和艰苦奋斗、不服输的创业精神;了解国际动态,认知家国情怀,培养振兴民族企业的能力。

学习重点和难点

重点:正确理解创业的概念,培养创业精神。

难点:如何进行创新创业实战,用创业思维规划职业生涯发展。

第一节　创业与创业精神

学习目的与要求

通过本节学习,学生应达到如下要求:

(1) 正确理解"业"和"创"的含义。

(2) 强化创业精神。

(3) 了解创业需要具备坚韧的毅力、养成艰苦奋斗和不服输的精神及树立正确的人生观。

引导案例

大学生也可以创业

大学生创业没有太多的资金,常见的有这几种方法:手工制作、结合自己专业创业、代理销售、出售低成本服务等。大学生若想尝试,一定要控制风险,进行低风险创业。

1. 陶艺

现在的陶艺制品看似非常多,机器几乎已经可以代替人工了,为什么还要手工制作?手工制作的产品独一无二,更值得收藏。价值连城的陶艺,不乏人工制作的。而且机器是无法代替人脑的,简单的流程制作也许机器很擅长,高技艺的做工还是需要人工。

2. 富硒茶

一些地方的富硒茶非常宝贵,是养生的好东西。很多富硒茶都是由人工筛选、炒制、包装的。很多人认为人工做的东西是带情感的,比冷冰冰的机器制品要好。

3. 手工皂

现在的手工皂功能越来越齐全,补水的、美白的、抗菌的、除螨的等,花样也多。有的手工皂又香又好看。有的手工皂造型逼真,如小鸟模样的手工皂做得栩栩如生,有人把这样的手工皂买回去做装饰或者送人。

4. 手工饰品

一些好看但难度很大的饰品都来自人工。有的少数民族服饰竟要花费20多年全手工制作,只在重大节日穿戴。手工饰品还是很有创作市场的,生活中大大小小的饰品都能手工制作,而且可以由个人和家装公司合作出售。比如地毯,就可以纯手工制作。

上面简单介绍了4种手工制作的创业项目,大学生不妨从中找一下商机,找到自己喜欢的行业。无论是创业还是工作,喜欢是兴趣的开始,喜欢才能做好一番事业,才能获得价值感回馈,然后将其转化为进步的动力。

资料来源:作者整理。

思考题：
（1）大学生可以创业吗？
（2）大学生创业应怎样选择创业项目？

一、"业"和"创"

"业"，可以是学业、就业、创业、事业、家业。

"创"，可以是创新、创意、创造。

什么是创业？从广义上讲，创业不等于创办企业，而是开创一番事业，创办企业只是创业的一种形式。创业与人生的任何一个阶段都是息息相关的，也是每个人在任何一个阶段都要认真去完成的。大学生学习创业的根本目的，不是立马创业，而是要改变自己，在每一个阶段都要做最好的自己，做好人生的整体规划。

创业最关键的是把创新和创意付诸行动，去实践、去创造。所以，作为大学生正确理解创业课程能带给自己什么、自己要从中学到什么是非常关键的。

二、创业理论和创业实践的辩证关系

对于创新创业教育来说，创业理论和创业实践就好比辩论赛的双方，支持创业理论的一方认为高校教师虽然没有真正的创业经验，但教师可以通过讲解创业理论来指导创业实践；支持创业实践的一方在内心认为创业理论不能指导创业实践，讲理论就是纸上谈兵。

但很多研究创新创业教育的学者认为，创新创业教育不能将创业理论教育排除在外。创业理论的学习可以有效地指导创业实践，因为创业实践是深深地根植于创业理论的。

可见，创业理论和创业实践不是"争权夺利"的关系，而是相辅相成的关系。创业理论与创业实践在创新创业教育的过程中具有同等重要的地位。有的专家学者指出，创业是一门手艺，大学生可以像学其他技能一样，通过大量的刻意练习，不断地实践，而取得创业的成功，成为专业人士。

创业基础课程的目的是让大学生通过学习，掌握创业方法，建立创业思维，培养创业行动，正确认识企业在社会中的作用和自我雇佣关系，从而提升大学生的创业能力和就业能力。

三、创业与创业精神的关系

创业是一个行为过程，是不受当前资源约束，寻求机会进行价值创造的行为过程。

创业精神是创业者在创业过程中具有的想法、观念、个性、意志、作风和品质等重要行为特征的高度凝练。主要表现为创新、冒险、合作、执着等。

其中，创新是创业精神的灵魂。创新在知识经济和经济转型背景下发挥更大的作用，有利于加快转变经济发展方式，促进经济社会又快又好发展。

冒险是创业精神的天性。创业一定伴随风险，没有敢冒风险和承担风险的魄力，就不能成为创业者。

合作是创业精神的精华。创业不是一个人能完成的，需要团队协作。面对创业过程中的困境，团队成员只有团结一心奋力拼搏，才能取得创业成功。

执着是创业精神的本色。创业过程中必然会伴随各种艰辛和曲折,创业者需要具备坚持不懈、咬定青山不放松的精神。

创业精神是创业的动力,也是创业的支柱。没有创业精神就不会有创业行动,创业成功也无从谈起。创业精神,尤其是创新精神,对创业至关重要。

比如为了生计,开一家小餐馆,卖肉夹馍,这是创业吗? 很明显,这是创业,因为它需要一定的冒险精神。但这里没有创新精神,因为这做的大多是重复的工作:几个人经营着一家小店,肉夹馍是纯手工制作,没有配方标准,制作完全按照制作者的经验,生产数量也非常有限;顾客要到店里来购买,小餐馆没有网络宣传所以顾客群体有限。这种创业并没有创造出新的满足,也没有创造出新的消费。它是新办企业,也是创业,但看不出新的东西,没有创新精神。

有一些新办企业,就有很明显的创新精神。比如这几年出现的各品牌的肉夹馍连锁餐厅,其中有些还是提供全球快餐服务的互联网公司。通过分析可以看出,它们也没有发明任何新东西,主打产品还是肉夹馍,卖的还是传统的中国地方特色食品和服务,但借助互联网,凭借着应用管理的观念和技巧,把产品标准化并设置了制作的流程和工具。这种模式的创业,注重客户的价值,基于工作分析设定标准,根据标准来培训人员,成立了一系列连锁餐厅。它们采用"互联网+麦当劳"式的经营模式。互联网人才负责营销推广、产品包装、运营、新产品研发等,主要负责线上活动;传统行业的人,如做食物的人,主要负责以前就已经非常熟悉的业务,将之前就有的经验直接搬到门店的经营当中。

这样的创业不仅大幅度提高了资源的产出,而且开创了新的市场和新的顾客群体。这就是一种创新的精神,创造了新的满足和新的消费。这就是创新创业。

四、创业的过程

创业的过程是创业者在创建自己的企业时通常要经历的基本步骤,一般分为三步:

(1)创业需要面对资源难题,设法突破资源束缚。创业需要先找到一个市场问题或痛点,然后去解决这个市场问题或痛点。比如:为什么肯德基、麦当劳这种西式快餐就能开成全球式的连锁店,而中式快餐不能? 这就是一个痛点。

(2)创业需要寻求有效机会。主要指创业者在创业前要努力识别商业机会,发现了商机,就会有进一步整合资源的动力。可以说,互联网时代为所有人都提供了更多的机会。

(3)创业必须进行价值创造。创业的本质在于创新。与一般劳动相比,创业更强调创造出创新性价值。这种价值既可以是商业价值也可以是社会价值。

综上所述,创业过程就是找到一个当前市场上存在的痛点,想办法突破这个痛点,结合时代发展寻求机会,在实践过程中创造出新的价值。

五、创业精神的来源

创业精神的形成和发展受文化环境、产业环境、生存环境等的影响。

比如大家熟知温州人特别擅长创业,世界各国人民对温州人的创业精神都印象深刻,称之为"温州人精神"。何谓"温州人精神"? 著名经济学家钟朋荣曾将"温州人精神"概括为四句话:白手起家、艰苦奋斗的创业精神;不等不靠、依靠自己的自主精神;闯荡天下、四海为家的开拓精神;敢于创新、善于创新的创造精神。"温州人精神"就是温州发达的商业文化传统孕育的。可见创业离不开现实文化环境。

产业环境的影响是指对处于同一产业内的组织都会发生影响的环境因素。产业环境只对处于某一特定产业内的企业以及与该产业存在业务关系的企业发生影响。

比如,垄断产业,其中的企业缺少竞争,创业精神易受抑制。而在一个完全竞争的市场结构中,由于企业间优胜劣汰、竞争激烈,所以更有可能形成创业精神。

生存环境可对身处其中的人们产生深远的影响。常言道:穷则思变。资源贫瘠、条件恶劣的情况下,人们为了改善生存状况,寻求发展机会,整合外界资源,更易激发创业精神。

六、大学生创业精神的培育

大学生创业精神主要包括创造精神、自主精神、创新精神。大学可以通过培育创业人格、培养创新能力、宣扬创业文化、强化创业实践的方式来培养学生的创业精神;可以通过建立完善的创业精神培养体系、在日常教学中渗透创业精神的培育、搭建创业实践平台培养学生的创业精神。

大学创新创业教育的目的在于培养创业型学习者。因为创业型学习者是一个不断寻找新的方法、新的资源、新的同行者和潜在导师以学习新事物的人。

第二节　创业要素与类型

学习目的与要求

通过本节学习,学生应达到如下要求:

(1) 掌握创业三大关键要素及其关系。

(2) 了解创业类型。

(3) 了解大学生创业需要具备的基本条件。

(4) 不断完善自己,培养敢于尝试新事物、挑战新困难的冒险精神。

引导案例

校园创业案例

2021年,某校的一个大学生接触到某互联网公司的社区团购项目,担任其校园大使,着手组建自己的团队,开拓学校市场。一开始该学生没有人脉和资源,只能一点一点找人脉和资源。期间也出现过很多问题,如没人愿意做、招不到人等等。该学生经过反思,转变思路,一个个问身边的同学朋友,要不要尝试做这件事。过了一段时间,该学生组建了自己的创业团队,完成了前期的分工和各种安排,开始放心地去做。该学生有自己的团队、自己的网址和自己的工作室等。创业期间该团队给学校开展的各种社团活动做了各种赞助。

但是梦想是美好的,现实是残酷的,项目最终失败了。团队成员的协作问题,学校政策的适配问题,以及该学生自身对市场方向的预测和管理不当,最终导致了项目的彻底失败。

资料来源:作者整理。

思考题:

(1) 创业要素有哪些?

(2) 试以身边的例子分析团队创业失败的原因。

一、创业要素

迄今为止,人们对创业要素的认知和分析中,最受公认的创业要素模型为帝蒙斯模型。如图 2-1 所示。

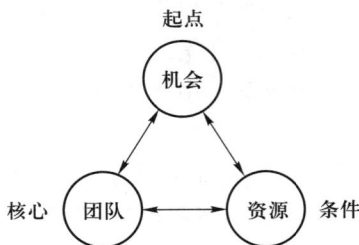

图 2-1　创业三要素模型:帝蒙斯模型

该模型提炼出了创业的三大关键要素,即机会、团队(创业者)、资源。这三个核心要素是创业活动中不可或缺的。

如果没有创业机会,创业活动就成了盲动,难以创造真正的价值。应该说机会是普遍存在的,关键要看创业团队能否有效识别和开发机会,如果没有创业团队的主观努力,创业活动是不可能发生的。所以,机会被认为是创业的起点。

创业团队把握住合适的机会后,还需要有相应的资金和设备等资源,如果没有必要的资源,机会也就难以被开发和实现。所以,资源被认为是创业的条件。

团队被认为是创业的核心,是使机会识别、利用与资源获取、组合得以实现的驱动者。

帝蒙斯模型具有动态性的特征,认为创业过程实际上是三个因素之间相互作用,由不平衡向平衡方向发展的过程。随着创业过程的展开,其重点也相应发生变化,创业需要对机会、团队、资源三者做出动态的调整。创业现象也被认为是团队、机会和资源三者之间的有效链接。

二、创业的类型与大学生创业的必备条件

(一) 创业的类型

创业活动涉及各行各业,创业者的创业动机千差万别,创业项目和领域多种多样,创业的类型也呈现多样化,可以从不同角度做出分类。

(1) 从创业动机角度,可以分为生存型创业与机会型创业。

(2) 从创业起点角度,可分为创建新企业和企业内创业。

（3）从创业者数量角度,可分为独立创业和合伙创业。

（4）从创业项目性质角度,可分为传统技能型创业、高新技术型创业和知识服务型创业。

（5）从创业方向或风险角度,可分为依附型创业、尾随型创业、独创型创业和对抗型创业。

（6）从创新内容角度,可分为基于产品创新的创业、基于营销模式创新的创业和基于组织管理体系创新的创业。

传统肉夹馍店和互联网平台肉夹馍店从创业动机看,分别是生存型和机会型创业。

生存型创业,是指创业者为了生计而相对被动进行的创业。主要特征为:创业者受生活所迫,物质资源贫乏,在现有市场中捕捉机会,从事低成本、低门槛、低风险、低利润的创业。

机会型创业,是指创业者为了追求商业机会,谋求更多发展而从事的创业活动。

两者之间区别主要有以下6个方面。

（1）创业者的个人特征。创业者的个人特征是影响创业动机的主要因素,对机会型创业与生存型创业的区分有显著影响。生存型的创业者一般集中在无业、没有特殊技能且年纪偏大的群体。相对而言,年轻和学历高的创业者更有可能进行机会型创业。

（2）创业投资回报预期。创业投资回报与创业风险相关。生存型创业者对回报预期低一些,也承担小一些的创业风险。机会型创业者往往期望较高的投资回报,也会承担更大的创业风险。

（3）创业壁垒。生存型创业者更多地受到创业资金、技术和人才等的限制,更多地会回避技术壁垒较高的行业。机会型创业者拥有一定的资金、技术和人才优势,会更关注新的市场机会,选择有一定壁垒的行业。

（4）创业资金来源。生存型创业者的创业资金主要来源于个人和家庭自筹。机会型创业者能比生存型创业者获得更多的贷款机会和政府政策及创业资金支持。

（5）拉动就业。相比生存型创业,机会型创业不仅能解决创业者自己的就业问题,而且有可能解决更多人的就业问题。

（6）经济效益。机会型创业由于更多着眼于新的市场机会,拥有更高的技术含量,有可能创造更大的经济效益,从而改善经济结构。

大学生创业属机会型的偏多。因为大学生一般没有太多的生存压力,他们想做自己的老板,追求创意,想让自己的创意得以实现。调查表明,许多接受过创业培训的学生,在就业时往往更受雇主的青睐。这些雇主认为经历过这些培训的学生,更了解企业,工作的时候更多地会从企业的角度出发考虑问题,更具有团队精神。

（二）大学生创业的必备条件

有关专家总结出了大学生创业的七大必备条件,包括:

（1）充分的资源（resources）。包括人力和财力。创业者要具备充分的经验、学历、流动资金、时间、精神和毅力。

（2）可行的概念（ideas）。生意概念不怕旧,最重要的是可行,有长久性,可以持续开发、扩展。

（3）适当的基本技能（skills）。这里指的不是行业性的一般技能,而是通常性的企业管理技能。

（4）有关行业的知识（knowledge）。创业者不能只陶醉于自己的理想。

（5）才智（intelligence）。创业者不一定要有高智商,但要能够善于把握时机去做出明确的决定。

（6）网络和关系（network）。创业者如果有人帮助和支持,不断扩大朋友网络和搞好人际关系会带来不少方便。

（7）确定的目标（goal）。这可使创业者少走弯路,有奋斗方向。

将七个条件的英文首字母连在一起,恰好是"risking"（冒险）一词,这也说明创业是伴随风险的。

可见,创业是需要学习的,需要逐步积累创业要素。大学生可结合自己实际情况选择合适的创业类型,寻找创业机会,进行创业活动。

第三节　创新与创业

学习目的与要求

通过本节学习,学生应达到如下要求:

（1）掌握创新与创业的关系。

（2）了解大学生创新创业项目选择方法。

（3）深度体会创新创业对更好地服务人民、塑造国家命运的深远意义。

引导案例

创业20余次,专利数百项：一位发明家的创业故事

米尔·伊姆兰出生在印度的海得拉巴。从八九岁的时候起,他就自己制作玩具,卖给同学们。9年级时,他开始制作装在火柴盒里的收音机,在学校里卖。

1975年,他对单片机产生了兴趣,创办了自己的第一家公司,主要生产家庭安全系统,然后利用周末时间销售和安装。那时他正在读大学,攻读电气工程学学位,由于创业时间和上学时间冲突,他被迫关掉了公司。

他创办的第二家公司是一家证券公司,但是当时他并不知道该融资多少钱、上哪去融资,也不知道商业计划书是什么东西,于是这次创业失败了。

后来,心脏病学家米歇尔·米罗斯基邀请他到匹兹堡一起工作。工作中米尔·伊姆兰想制造一种植入式的心脏电复律器和除颤器,他原本以为花10万美元就能造出这个设备,结果花费了2 700万美元,花了6年才研发完成。筹集资金和向美国食品药品监督管理局报批的过程让米尔·伊姆兰学会了很多东西。再后来,米尔·伊姆兰又开发了第二代设

备,并且获得了美国食品药品监督管理局的批准。

1998年,他和几个朋友创办了一家名叫"亚当风投"(Adam Ventures)的公司,给81家网站和37家生物科技公司投了一些小钱。其中很多生物科技公司表现得都很不错,但是在那81家网站中,有78家失败了,只有3家赚了钱,其中1家就是谷歌。

米尔·伊姆兰创造了属于他的创业传奇。截至2019年,米尔·伊姆兰创办了22家生命科学公司;发布了364项专利,另外还有343项专利正在申请中;投资了100多家医疗公司。

在他看来,创新就是发现一个值得解决的问题,然后提出解决方案,在这个过程中,不要考虑自己学过的东西。因为这个解决方案应该具有巨大的影响,而不是渐进式的改进。要选择正确的问题,就要考虑当前的解决方案、市场潜力、知识产权前景、成本的偿还潜力以及其他因素。

资料来源:创业20次,专利数百项:一位发明家的创业故事.财富中文网,2019-10-09.

思考题:

(1)什么是创新?

(2)创业是否需要创新?

一、创业与做生意的关系

简单地说,做生意就是从事以获取利润为目的的商业活动。创业是一个发现、捕捉或创造商业机会,通过组建团队、创办公司等形式,创造出全新的产品或服务,并对自己拥有的各种资源或通过努力能够拥有和通过创业吸引来的资源进行优化、整合、利用,为解决市场上存在的痛点,进行价值创造的过程。

从本质上讲,创业也是做生意,创业只是做生意的升级。生意做到一定程度,随时可能转化为创业。做生意积累的资本,也就成为创业的启动资金。创业过程中,创新尤为重要。有人说:创业与做生意最根本的区别在于创新。

二、创新的含义与形式

对于创新,各行各业的从业者,基于不同的角度、不同的认知,理解是不一样的。

创新不是一个新词,它是指以新思维、新发明和新描述为特征的一种概念化过程,是一个续存已久的基本概念。可以从三层含义理解创新。如图2-2所示。

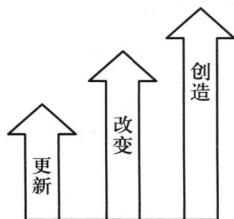

图2-2 创新的三层含义

更新指在已有的事物上有所进展,可以在任意领域。比如原来苹果上没有图案,有人把字模粘在苹果上,阳光晒不到字模遮住的地方,字就"长"在了苹果上,这种创新可以提高苹果的售价。如图 2-3 所示。

图 2-3 经过更新的苹果

创新也可以是一些观念、做法甚至是手段的改变。比如原来消费用现金支付,后来用银行卡,现在可以用支付宝和微信,这种改变也是创新的一种方式。

创造是最好的创新方式。原来没有的蔬菜水果品种被培育出来,原来没有的药品被研发出来。这都是改变人类生产生活方式、让世人受益的创新。

可以说,创新分为两种形式:第一种是在原有基础上改变,也就是从 A 到 B;第二种是新的创造发明,是从无到有的改变。

1. 从 A 到 B 的创新创业:模仿创新

模仿创新即通过模仿而进行的创新活动,具体包括两种方式:第一种是完全模仿,即对市场上现有产品的仿制。一项创新产品从诞生到完全使市场饱和需要一定时间,所以创新产品投放市场后还存在一定的市场空间,这使模仿成为可能。但完全模仿本质上也带动了企业的技术创新活动,很多企业发展都从模仿其他企业技术开始。第二种是模仿后再创新。这是对率先进入市场的产品进行再创造,即在引入他人技术后,经过消化吸收,不仅达到被模仿产品的技术水平而且通过创新超越原来的技术水平。这要求企业先掌握被模仿产品的技术诀窍,再进行产品功能、外观和性能等方面的改进,使产品更具市场竞争力。

模仿创新优势在于可节约大量研发及市场培育方面的费用,降低投资风险,也回避了市场成长初期的不稳定性,降低了市场开发的风险。但是这么做企业难免在技术上受制于人,而且新技术也并不总是能够轻易被模仿的。随着知识产权保护意识不断增强、专利制度不断完善,要模仿效益显著的技术显然更不容易了。

2. 新的创造发明:发明创造

发明创造是指运用科学知识、科学技术,首创出先进、新颖、独特的具有社会意义的新事物、新方法,能有效地满足某种需要。《中华人民共和国专利法》(2020 年修正)指出:本法所称的发明创造是指发明、实用新型和外观设计。发明,是指对产品、方法或者其改进所提出的新的技术方案;实用新型,是指对产品的形状、构造或者其结合所提出的适于实用的新的技术方案;外观设计,是指对产品的整体或者局部的形状、图案或者其结合以及色彩与形状、图案的结合所作出的富有美感并适于工业应用的新设计。如改变电话造型的新设计是对产品形状的新设计;把旧式电话中分开的听筒和话筒合为一体,是对产品构造的新设计;把改变电话造型和拨号键盘的设计结合起来,就是对电话形状和构造的结合作出的新设计。外观设计必须附着在产品上,如果离开产品而单独存在,就不称为《中华人民共和国专利法》界定的外观设计;外观设计只限于产品外观的艺术设计,而不涉及产品的技术性能。

三、创新与创业的关系

创业的本质是资源的整合和再创造,创新的本质是推陈出新,创业和创新是相互关联、密不可分的。创新是创业的手段和基础,而创业是创新的载体和实现。如图 2-4 所示。

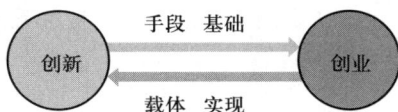

图 2-4　创新与创业的关系

创业者只有通过创新才能使所开拓的事业生存、发展并保持持久的生命力。

创新和创业是相辅相成、无法割裂的。创业一定要有创新,但创新并不是创业的全部。

四、大学生如何创新创业

大学生创业,更需要有创新意识、创新思维、创新技能、创新品质,以在严酷的市场环境下开辟创业之路。只有创新的创业才能为社会带来更大的价值。

那么,创业者如何选择一个好的创新项目进行投资呢? 创业先要找到一个问题、解决一个痛点,然后根据这个问题和痛点,结合时代发展寻找机会,进行创业活动。创业者选择创新项目时就要看所解决的社会问题够不够大和够不够"痛"。

1. 看问题够不够大

好的问题,市场要足够大,而且要有变革、解决的空间,比如电视机、汽车、灯泡等。这些创新都有足够大的市场,并且随着创新的进行,变革和解决的空间也足够大,这些无疑都是好的创业选择。

2. 看问题够不够"痛"

现在做一个选择题:家里装修时有两个选择,卫生间防溅马桶和防返味地漏二选一,只能选一个,选择哪一个? 消费者选择时会考虑必须优先且一定要解决的问题,也就是够"痛"的问题。

消费者买马桶时很少考虑防溅问题,市场上防溅马桶也非常少,几乎没有市场。而另外一个问题就正好相反,很多人装修的时候都买防返味地漏,大街上的广告中也经常能看到这种地漏的广告,并且品种多样。防返味地漏为什么会有这么多种类? 因为消费者需要,它解决的确实是一个够"痛"的问题。

在创业过程中要记住,创业活动只有解决了市场的痛点问题,才能有市场,否则创业活动将会失败。有些发明非常好,但用这些发明进行创业却不一定能成功。如果单纯想把发明的创意卖出去,那么结果很可能是卖不出去,创业失败,因为如果这个发明不能很好地解决相关的问题,不能解决市场问题和痛点,这样的创业就没有市场;而如果发明人创业是为了解决社会问题,不局限在卖发明的创意,那么创业失败的概率会大大降低,创业很可能会成功。

再比如一提到灯泡,大家就会想到爱迪生。爱迪生是第一个发明灯泡的人吗?据记载,在爱迪生发明灯泡之前也有很多人发明了灯泡,也进行了创业,也想把灯泡卖出去,但他们注重的是产品本身是否能卖出去,没有考虑到灯泡需要用电。那个年代电还没有普及,把电的问题解决才是卖出灯泡的前提,所以他们创业失败了。爱迪生不仅发明了电灯,而且把用电问题解决了,才能让大家意识到灯泡确实比以往的照明工具要好,才会得到大家的认可,有了市场。所以一提起灯泡大家想到的就是爱迪生。

可见,有了好发明,不能把市场问题解决,创业也不会成功。创业一定要有创新,但创新并不是创业的全部。所以,正确认识创新和创业的辩证关系是非常必要的,也是决定创业成功的重要因素。

第四节　创业与职业生涯发展

学习目的与要求

通过本节学习,学生应达到如下要求:

(1) 了解职业生涯的概念。

(2) 掌握职业生涯诊断分析方法。

(3) 掌握创业与职业生涯规划关系。

(4) 认知家国情怀,努力奋斗振兴民族企业。

引导案例

新一代故事大王——凯叔

王凯,知名 IP"凯叔讲故事"创始人及 CEO,创建了"凯叔讲故事"品牌与 App,被用户亲切地称为凯叔。凯叔是原央视主持人、配音名家、新一代"故事大王",他打造了《凯叔西游记》《凯叔·声律启蒙》《凯叔·诗词来了》等 IP 产品,推动了中国传统文化和科学知识在儿童群体中的普及。

1. 成长

凯叔 1979 年出生于北京,毕业于中国传媒大学,科班出身。

小学三年级,他迷上了评书。那时每天傍晚六点半,别的小朋友在玩耍和看动画片,他却坐在马扎上听评书。这个习惯一直持续到考上大学,几乎没间断过。

读大学后,凯叔梦想成为一名配音演员。从大二开始,经过不懈努力他终于进入了北京的配音圈。大四毕业在即,就在大家纷纷进驻各广播电视台实习之时,他却早已混迹于八一厂、北影厂、新影厂、科影厂的录音棚之间,在业内已是小有名气。

正是因为上学时痴迷于朗诵与配音,所以他才走上了播音主持人之路。

2. 进入央视

2004 年凯叔被调入中央人民广播电台文艺之声任主持人,其间演播大量小说。凯叔参与配音的影视作品已达千集、广告数百部、小说演播剧十几部,更为中央电视台多个节目担任解说。

2005 年他开始任中央电视台经济频道"财富故事会"栏目主持人。他第一次接触"财富故事会"是以观众的身份,也是机缘巧合下成为"财富故事会"的主持人。"财富故事会"讲解的大多是一些企业家在传奇人生中遇到一个个困难,并且在面对困难时做出不同的人生抉择。短短的 30 分钟浓缩了主人公的人生精华。

采访一些创业成功的嘉宾,对他也有所冲击,他的创业想法就此萌发。虽然中央电视台的事业也是如鱼得水,前景空间非常大,但凯叔在 34 岁生日当天从中央电视台离职了。

3. 创业

凯叔辞职以后,有更多的时间陪伴孩子,他女儿每天都要缠着他讲故事,凯叔不在家时必须将故事录好给她。这期间凯叔偶然将录制的故事音频分享到幼儿园班级群,竟意外收获了一批小"粉丝",他们亲切地称他为"凯叔","凯叔"之名由此而来。

为了方便小"粉丝"收听故事,凯叔注册了微信公众号,创立了"凯叔讲故事"品牌。

起初他将自己讲故事的录音发到网上,供家长免费下载给小朋友听,这些录音一般都是讲一些有启发意义的故事,帮助小朋友健康成长。

开始的时候录音都是免费下载。但是随着故事讲得越来越深入,很多小朋友都喜欢上故事之后,他便开始收费了。收费的第一个产品《凯叔·西游记》是凯叔一个人创作完成的,他用 3 年时间,撰写 70 万字,最后形成音频、图书和故事机产品。

随着公司规模不断扩大,创作者由凯叔一个人,拓展成原创工作室集群,"泛凯叔化"形成。公司不断衍生产品品类,从单一故事的音频产品,发展出集声音戏剧、儿歌、漫画、视频课程、AI 课程、随手听、智能听教机、自有童书等多维度的内容。其产品是众多家长和小朋友的最爱。

资料来源:新一代故事大王——凯叔.百度网,2020-02-28.

思考题:

(1)试分析凯叔创业的成长过程。

(2)试分析创业与职业生涯的关系。

一、职业生涯

创业不等于创办新企业,而应理解为创办新事业的过程,这也是职业生涯发展的过程。创业与职业生涯有着密切的联系。

什么是职业生涯?

美国职业发展协会给它的定义是个人通过从事工作所创造出的一个有目的、延续一定时间的生活模式。

"个人通过从事工作"强调了职业生涯对个人而言的独特性。

"工作"指一种可以为自己或他人创造价值的活动。

"创造出"指职业生涯是一个人在愿望和可能性之间、理想和现实之间妥协和权衡的产物。

"有目的"表明职业生涯对个人来说是有意义和有价值的,职业生涯凝结了个人的价值观和信念,反映了个人的动机、抱负和目标,不是偶然发生或应运出现的,而是需要规划、思考、制定和执行的。

"延续一定时间"说明职业生涯不是作为一件事或选择的结果而发生的事情,不是局限于或束缚于某一特定的工作或职责的时间段,是持续一生的过程,会受到个人内在或外在力量的影响。

"生活模式"包括个体的生活角色以及人们整合与安排这些角色的方式。

这就是职业生涯的含义。职业生涯对每个人都是非常重要的,伴随着每个人的一生。

二、职业生涯规划

做好职业生涯规划对职业生涯发展非常重要。

职业生涯规划的概念是:组织或个人把个人发展与组织发展相结合,对决定个人职业生涯的个人因素、组织因素和社会因素等进行分析,制定个人一生中在事业发展上的战略设想与计划安排。

对大学生而言,职业生涯规划就是指根据自己的特点,结合社会需求,为自己设计最适合的职业和职业发展道路。可以借助以下四步进行规划。

大学生首先对个人特点进行分析,对所在组织环境和社会环境进行分析;其次,根据分析结果制定一个事业奋斗目标;再次,选择实现这一事业目标的职业,进而编制相应的工作、教育和培训的行动计划;最后,对每一步骤的时间、顺序和方向做出合理的安排和实施。

三、职业生涯诊断分析方法

做好职业生涯规划,诊断分析是关键。有人提出了诊断分析三原则法和5What思考模式。

三原则法也就是问自己三个问题:自己能够做什么? 社会需要什么? 自己拥有什么资源? 从这三个方面去自我诊断。

5What思考模式就是从5个方面去思考,问自己5个问题:

(1)你是干什么的? (What are you?)要求一个人对自己做深刻反思与认识,要对自身的优势和劣势都进行深入细致的剖析。

(2)你想要什么? (What do you want?)要求一个人对自己未来职业发展的目标和前景做出愿望定位、心理预期和取向审视。

(3)你能做什么? (What can you do?)要求一个人对自己的素质尤其是自身的潜能和实力进行全面的测试和把握。

(4)你拿什么来支持你的观点? (What can you support you?)要求一个人对自己所处的环境状况和所拥有的各种资源状况有一个客观、准确的认识和把握。

(5)你最终的职业目标是什么? (What can you be in the end?)要求一个人对自己所提出的职业目标以及实现方案做出具体明确的说明。

这些都是对自己的提问,也就是诊断分析要从自问开始,从自我分析开始,分析自己的愿景、目标及所具备的能力、资源、自身条件、社会条件等。一般而言,结合三原则法或者5What思考模式,能够清晰全面地分析并回答以上问题,就为系统地制定出一份个人职业生涯规划准备了一个重要前提。

四、在职业生涯规划中找到创业机会

创业可以是职业生涯的一部分。职业生涯规划可以很好地帮助我们进行创业能力的培养和积累,为实现创业过程中对资源约束的突破,制定计划并予以合理实施,实现价值创造,取得创业成功。

怎样在职业生涯规划过程中找到创业的机会非常重要。

1. 在不满中寻找商机

饿了么创始人张旭豪(见图2-5)在校期间很想创业,也就是说他有了这样一个职业生涯规划,他一开始考虑的是建筑节能方面的创业,但他想来想去觉得建筑节能方面不成熟,门槛高、资金成本大,所以不是很好的机会。有一次,忙了一天饿得不行的他想点外卖。平时叫外卖单子随手可以拿到,但真正想点外卖的时候他却找不到外卖单子了,他就想自己是不是能做一个这样的网站,用户不用现找外卖单子直接在网上就可以点餐,直观又方便,此后饿了么随之产生。在这个案例里,在校学生有创业的愿景,做创业计划和创业分析,偶然发现一个问题,找到一个痛点,利用互联网平台,进行了创业实践活动,并产生了巨大的经济价值。这是在对现实的不满中找到了商机,前提是他有了创业愿景,做了创业的职业生涯规划,所以找到合适的商机后能很快地进行创业活动,并取得成功。如图2-6所示。

图2-5 张旭豪与饿了么

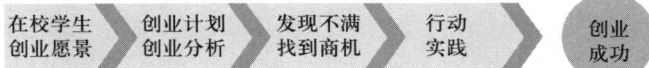

图2-6 张旭豪的职业生涯规划流程

2. 在洞察后发现商机

樊登读书应该很多人都听过。樊登读书创始人樊登（见图2-7），原来是中央电视台的记者，后来到大学当老师。他非常喜欢读书，在大学当老师时，每次讲课都会被学生要求推荐书单。从中他发现一个问题，那就是大家都想读书，但都没时间读书。他还发现，很多人买了他推荐的书，但都没看。如何解决这个问题呢？需求痛点背后一定有机会，樊登有了兼职创业的想法。樊登一开始是做PPT来卖，PPT的内容是他读完这本书后提炼出的主要内容和精华，后来他发现很多人买了PPT也不看，于是转为录解读分享视频和音频给观众，卖会员资格，一年365元。效果又好又有很大的市场。

图2-7　樊登与樊登读书会

在这个案例里樊登作为大学老师，喜欢读书，学生喜欢听他说书，他善于洞察学生想读书这个愿望的状态，发现市场存在商机，于是尝试做PPT，又发现虽然有市场但效果不好，及时改为说书模式，取得创业成功。如图2-8所示。

【案例分享】
华为芯片
事件

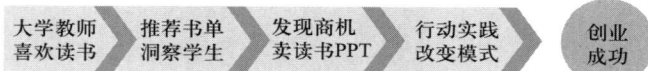

大学教师　→　推荐书单　→　发现商机　→　行动实践　→　创业
喜欢读书　　　洞察学生　　　卖读书PPT　　改变模式　　成功

图2-8　樊登的职业生涯规划

☁ 本章小结

本章旨在帮助大学生正确理解"创业基础"课程的作用，通过帮助大学生树立创业信心，为后续章节的学习做好精神上的准备。

💬 本章习题

1. 创业的核心要素包括哪些？
2. 创业的过程有哪些？

3. 创业精神主要表现在哪些方面？

4. 创业精神的来源有哪些？

5. 大学生创业的基本条件有哪些？

6. 创新的类型有哪些？

7. 创新与创业的关系是什么？

8. 什么是职业生涯？

9. 职业生涯诊断的分析方法有哪些？

10. 怎样在职业生涯规划的过程中发现创业机会？

📋 即测即评

🔓 案例评析

案例 1：市场就是"钱"

一位杰出的发明家想融资创业，但他说不清产品的市场在哪里，也未曾接触任何可能的潜在客户。这位发明家认为做市场调查并不必要，只要产品功能优异，顾客自然就会上门。结果，尽管有高明的创意和高科技产品，他还是没有融到资金进行创业。

资料来源：作者整理。

案例分析：创业前进行市场分析必要吗？

案例解析：孤芳自赏是许多创业者的通病，不知道市场在哪里，是创业者的最大缺陷。一个创业者如果不能从市场的需求来客观地审视自己的成果和创意，不能客观地论证自己将遇到的风险因素，想到的只是成功，那么等待他的只能是市场的"惩罚"。

案例 2：李博士的职业发展困境

小李在考大学时没有自己的主见，按照家人的建议选择了设计专业。其实他自己对计算机有很大的兴趣。在本科期间由于个人努力，他设计专业学得很好，计算机知识也学得不错。由于成绩突出，校方给了他设计专业硕博连读的机会。虽然设计专业不是他的理想和最爱，但他又不想错过这个难得的机会，最终他选择了硕博连读。在 6 年的时间里，他辗转完成了学业。而他在毕业选择就业单位时发现自己所学专业就业前景并不理想，并且自己对所学并不精通。而 6 年时间过去他对自己最喜欢和擅长的计算机知识也早已生疏。

此时的他非常纠结,也有些后悔。

资料来源:网络整理。

案例分析:个人职业生涯规划重要吗?

案例解析:职业生涯发展要考虑多方面的因素;职业生涯规划中兴趣起到较关键的作用,尤其是在职业生涯初期。

影响职业生涯规划的因素有:① 个人的心理特质。每个人都有其独特的心理和个性,如智能、情商、性格、潜能、价值观、兴趣、动机等。② 生理特质,包括性别、身体状况、身高、体重以及外貌等。③ 学习经历,包括受教育程度、训练经历、学业成绩、社团活动、工作经验、生活目标等。

李博士的困境在于没有充分认识自身的影响因素,而更多地受到环境因素的左右。

第三章　创新思维与创业机会

本章提要

　　本章要求学生掌握常见创新思维技法,了解创意与创业机会之间的联系和区别,理解创业机会的特征与类型,理解创业机会来源和如何寻找创业机会,掌握创业机会识别步骤和评价方法,了解创业风险分类与构成,理解创业风险特征、大学生创业项目风险分析和创业风险防范。

学习重点和难点

　　重点:创新思维技法、创业机会识别步骤和评价方法。
　　难点:创新思维技法应用和如何将创意转化为创业机会。

第一节 创 新 思 维

学习目的与要求

通过本节学习,学生应达到如下要求:

(1) 了解创新意识、创新思维和创新能力的关系。

(2) 理解常见创新思维。

(3) 理解思维定势特征、类型及打破思维定势的方法。

(4) 掌握常见创新思维技法,并学会将其应用于实践中。

(5) 培养创新思维、创新能力和创业意识等。

引导案例

阿基米德原理的发现

众所周知,阿基米德原理的发现,是科学史上运用创新思维在科学领域取得突破的一个著名的例子。阿基米德所在国家的国王要求一位工匠用纯金制造一个王冠,但国王怀疑工匠制造的王冠不是用纯金制成的。他请阿基米德解决这个问题。

阿基米德知道,只要他能够衡量王冠的体积,他就可以判断它是否由纯金制成。但冠体非常不规则,阿基米德思索了很久,一直没能找到一个可行的测量方法。一天晚上,当他在浴缸里坐下来洗澡时,像往常一样,他看到了浴缸里水位上升。他曾经上千次看过这种现象,但从未加以注意。这一次,直觉让他突然意识到,水位上升增加的体积很可能等于他身体浸入水中的体积。于是他忽然想到,相同重量的物体,由于体积不同,排出的水量也不同。这是测量不规则物体体积的好方法,而且很简单。他不再洗澡,从浴缸中跳出来,很快开始做实验。他把王冠放到盛满水的盆中,量出溢出的水,又把同样重量的纯金放到盛满水的盆中,测量发现这次溢出的水比刚才溢出的少,于是,他得出王冠不是由纯金制成的结论。由此,他发现了浮力原理,并在名著《论浮体》中记载了这个原理,人们今天称之为阿基米德原理。

阿基米德的成功在于他直观地从两个看起来不相关的事物(例如水位与浸入水中的身体体积之间的隐含关系)中找到隐藏的关系。

资料来源:作者整理。

思考题:

(1) 我们身边有哪些好的创意案例?

(2) 举例说明你用创新思维解决过的难题。

一、创新意识、创新思维和创新能力的关系

创业的本质是创新,创业也是创新的实现方式之一。创新是指为人类社会的文明和进

步创造有价值、前所未有的实体产品和知识产品的活动。具有创新精神的人才是指具有创新意识、创新思维、创新能力的人才,这种人才通常被称为创新型人才。而创新型人才的核心是创新思维。这是因为创新意识是指对人类文明进步和崇高理想的贡献意志,致力于发展科学技术的精神,创造和发明的愿望。创新能力是指将创新思想、理论和设计转化为有价值、前所未有的知识产品或实体产品的实践能力。创新意识主要处理"为什么要创新"的问题,即创新的动力。而创新思维和创新能力回答了"如何创新"的问题。创新思维回答如何形成创新思想、理论和设计;创新能力回答了如何将创新思想、理论和设计转化为实际的知识产品或实体产品(文字作品、音乐作品、绘画或发明专利产品)的问题。显然,创新意识是创造和发明的前提和动力,创新意识对创新人才培养至关重要,这是问题的一个方面。至于问题的另一方面,创新思维是创新意识和创新能力不可或缺的基础。没有创新思维,创新意识就会变得不切实际;没有创新思维,知识产品和实体产品的生产将成为无源之水、无根之树,所谓的"创新能力"将不过是一种莽撞。所以从这个意义上说,创新思维也是创新意识和创新能力的基础和核心。

多年来,高校培养的大多数学生都是理论型人才,他们能够背诵、运用以前的知识和经验,但不善于创造新知识。他们不是创新型人才,不能用创新精神创造新的知识。那么,如何才能有效地培养出大批具有创新精神的创新型人才呢? 显然,对于教师来说,要重视价值教育和人生观教育,帮助学生逐步树立远大的理想和抱负,增强其自主意志和创新意识。同时,要认真转变传统教育思想、教学观念和模式。此外,这种变化必须以适当的培养创新型人才理论为指导。具有创新精神的创新型人才是具有创新意识、创新思维和创新能力的人才,其核心是具有创新思维。因此,培养创新型人才的核心是有效培养创新思维。

二、创新思维概述

(一)创新思维的含义

创新思维即创造性思维,是一种具有开创意义的思维活动,即开拓人类认识新领域、开创人类认识新成果的思维活动,它往往表现为发明新技术、形成新观念、提出新方案和决策、创建新理论。创新思维广泛存在于政治、军事决策和生产、教育、艺术及科学研究活动中。如工作实践中,具有创新思维的职业经理可以想别人所未想、见别人所未见、做别人所未做的事,敢于突破原有的框架,或是从多种原有规范的交叉处着手,或是反向思考问题,从而取得创造性、突破性的成就。

创新思维的结果是实现了知识即信息的增殖,它或者是发现新的知识(如观点、理论),从而增加了知识的数量即信息量;或者是在方法上的突破,对已有知识进行新的分解与组合,实现了知识即信息的新的功能,由此便实现了知识即信息的结构量的增加。所以从信息活动的角度看,创新思维是一种实现了知识即信息量增殖的思维活动。

总之,创新思维需要人们付出艰苦的脑力劳动。一项创新思维成果的取得,往往需要经过长期的探索、刻苦的钻研,甚至多次的挫折,而创新思维也要经过长期的知识积累、智能训练、素质磨砺才能具备。创新思维过程,还离不开推理、想象、联想、直觉等思维活动。

(二)创新思维的特征

从创新思维的含义中可以看出,它具有以下几个特征。

1. 独创性

创新思维贵在创新,在思路的选择、思考的技巧、思维的结论等方面具有前无古人的独到之处,具有一定范围内的首创性、开拓性。因此,具有创新思维的人,对事物必须具有浓厚的创新兴趣,在实际活动中善于超出思维常规,对"完善"的事物、平稳有序发展的事物进行重新认识,以求新的发现,这种发现就是一种独创、新的见解、新的发明和新的突破。

2. 高度灵活性

创新思维并无现成的方法和程序可循,所以它的方法、程序等都没有固定的框架。进行创新思维活动的人在考虑问题时可以迅速地从一个思路转向另一个思路,从一种意境进入另一种意境,多方位地试探解决问题的办法。

3. 艺术性

创新思维活动是开放的、灵活多变的,它的发生伴随有想象、直觉、灵感之类的非逻辑性活动。非逻辑性思维活动,如思想、灵感、直觉等往往因人而异、因时而异、因问题和对象而异,所以创新思维活动具有极大的特殊性、随机性和技巧性,他人不可以完全模仿、模拟。如梵高的名画《向日葵》,每个人都可以画类似的向日葵,且它的大小、颜色都可以模仿,甚至临摹。然而,艺术的精髓及梵高的创新创作能力只属于其个人,是无法仿照的。任何模仿品只能是以假乱真,但假的毕竟不是真的。

4. 对象的潜在性

创新思维活动从现实的活动和客体出发,但它指向的不是现存的客体,而是一个潜在的、尚未被认识和实践的对象。例如,在改革浪潮席卷全球的今天,无论是发达国家还是发展中国家,都在寻求适合本国国情的改革之路。

5. 风险性

由于创新思维活动是一种探索未知的活动,因此要受到多种因素的限制和影响,如事物发展及其本质暴露的程度、实践的条件与水平、认识的水平与能力等,这就决定了创新思维并不能每次都取得成功,甚至有可能毫无成效或者得出错误的结论。

(三)常见创新思维

创新思维的关键在于怎样具体地去进行创新思考。创新思维的重要诀窍在于多角度、多侧面、多方向地看待和处理事物、问题和过程。具体表现在以下几个方面。

1. 理论思维

理论思维是指使理性认识系统化的思维。这种思维在实践中应用得很多,如系统工程就是运用理论思维来处理一个系统内各个相关问题的一种管理方法。又如,"相似论"也是理论思维的范畴,即人见到鸟有翅膀能飞,就根据鸟的翅膀、躯体几何结构与空气动力和飞行功能等相似原理发明了飞机。可以说,理论思维是一种基本的思维形式。为了把握创新规律,就要认真研究理论思维的规律。

2. 横向思维

横向思维从多个角度入手,改变解决问题的常规思路,拓宽解决问题的视野,从而使难题得到解决,它在创新活动中发挥着巨大作用。横向思维的过程是先把时间概念上的范围确定下来,然后在这个范围内研究事物各方面的相互关系,使横向比较和研究具有更强的针对性。横向思维是对事物进行横向比较,即把研究的客体放到事物的相互联系中去考察,可以充分考虑事物各方面的相互关系,从而揭示出不易觉察的问题。如彼特·尤伯罗斯(Peter Ueberroth)因成功组织了 1984 年的洛杉矶奥运会,被《时代周刊》评选为 1984 年度的"世界名人"。在尤伯罗斯之前,举办现代奥运会简直是一场经济灾难,1976 年蒙特利尔奥运会亏损 10 亿美元,1980 年莫斯科奥运会亏损 90 亿美元。1984 年的洛杉矶奥运会在政府没有提供任何资金的情况下,纯靠商业化运作居然获利 2.5 亿美元,令全世界为之惊叹。这个创举要归功于尤伯罗斯在奥运经费筹措问题上采用了横向思维。

3. 纵向思维

它被广泛应用于科学和实践之中。事物发展的过程是纵向思维的客观基础,任何一个事物都要经历一个萌芽、成长、壮大、发展、衰老和死亡的过程,并且这个过程可反映出事物发展的规律性,纵向思维就是对事物发展规律的挖掘。纵向思维按照由过去到现在、由现在到未来的时间先后顺序来考察事物。纵向思维对未来的推断具有预测性,其预测结果可能符合事物发展的趋势。在现实社会中,通过对事物现有规律的分析预测未知的情况相当普遍,纵向思维方法在气象预测、地质灾害预测等领域广泛应用,对于指导人们的行为、决策和规划起着较大作用。

4. 正向思维

这是人们最常用到的思维。正向思维是在对事物的过去、现在充分分析的基础上,推知事物的未知部分,提出解决方案。它具有如下特点:在时间维度上是与时间的方向一致的,随着时间的推进进行,符合事物的自然发展过程和人类认识过程;观察具有统计规律的现象时,能够发现和认识符合正态分布规律的新事物及其本质;面对生产生活中的常规问题时,正向思维具有较高的处理效率,能取得很好的效果。

5. 逆向思维

逆向思维法利用了事物的可逆性,从反方向进行推断,寻找非常规的思考路径,运用逻辑推理去寻找新的方法和方案。逆向思维在各种领域、活动中都有适用性。不论哪种方式,只要从一个方面想到与之对立的另一方面,都是逆向思维。

6. 侧向思维

"他山之石,可以攻玉。"当我们在一定的条件下解决不了问题或虽能解决问题但只有习以为常的方案时,可以用侧向思维来产生创新性的突破。要善于观察,特别是留心那些表面上似乎与思考问题无关的事物与现象。如鲁班因茅草的细齿划破手指而发明了锯;威尔逊借鉴云雾现象,设计了探测带电粒子运动径迹的云室等。

7. 多向思维

多向思维也叫发散思维、辐射思维或扩散思维,是指在对某一问题或事物的思考过程中,不拘泥于一点或一条线索,而是从仅有的信息中尽可能向多方向扩展,而不受已经确定的方式、方法、规则和范围等的约束,并且从这种扩散的思考中求得常规的和非常规的多种设想的思维。人的多向思维能力可以通过锻炼而提高,其要点是:首先,遇事要大胆地敞开思路。其次,要努力提高多向思维的质量,单向发散只能说是低水平的发散。最后,坚持思维的独特性是提高多向思维质量的前提,重复自己脑子里传统的或定型的东西是不会发散出独特性思维的。

8. 联想思维

联想思维是指由某一事物联想到另一种事物而产生认识的心理过程,即由所感知或所思的事物、概念或现象的刺激而想到其他的与之有关的事物、概念或现象的思维过程。联想是每一个正常人都具有的思维本能。由于有些事物、概念或现象往往在时空中相伴出现,或在某些方面表现出某种对应关系,这些关联反复出现,就会被人脑以一种特定的记忆模式接受,并以特定的记忆表象结构储存在大脑中,一旦人以后再遇到其中的一个时,人的头脑会自动地搜寻过去已确定的联系,从而马上联想到不在现场的或眼前没有发生的另外一些事物、概念或现象。

9. 形象思维

形象思维就是依据生活中的各种现象加以选择、分析、综合,然后加以艺术塑造的思维方式。它也可以被归纳为与传统形式逻辑有别的非逻辑思维。严格地说,联想只完成了从一类表象过渡到另一类表象,它本身并不包含对表象进行加工制作的处理过程,而只有当联想导致创新性的形象思维活动时,才会产生创新性的成果。

10. 收敛思维

它是将各种信息从不同的角度和层面聚集在一起,尽可能利用已有的知识和经验,将各种信息重新进行组织、整合,实现从开放的自由状态向封闭的点进行思考,从不同的角度和层面,把众多的信息和解题的可能性逐步引导到条理化的逻辑序列中,以产生新的想法,寻求相同目标和结果的思维方法,其目的是形成一个合理的方案。在收敛思维的过程中,要想准确地发现最佳的方案,必须综合考察各种发散思维成果,并对其进行归纳、分析比较。收敛式综合考察并不是简单的排列组合,而是具有创新性的整合,即以目标为核心,对原有的知识从内容到结构进行有目的的评价、选择和重组。如隐形飞机的制造是一种多目标聚焦的结果。要制造一种使敌方的雷达、红外热成像仪等追踪不到的飞机,需要分别实现雷达隐身、红外隐身、可见光隐身、声波隐身四个目标,每个目标中还有许多具体的小目标,研发人员通过具体地解决一个个小目标,最终制造出了隐形飞机。

【案例分享】
响尾蛇导弹
发明

(四)创新思维的作用

创新思维的主要作用有:

第一,创新思维可以不断地增加人类知识的总量,不断提升人类认识世界的水平。创新思维对象的潜在特征,表明创新思维是向着未知或不完全知的领域进军,不断扩大着人们的认识范围,不断地把未被认识的东西变为可以认识和已经认识的东西。科学上每一次的发现和创造,都增加了人类的知识总量,为人类由必然王国进入自由王国不断地创造着条件。

第二,创新思维可以不断地提高人类的认识能力。创新思维的特征已表明,创新思维是一种高超的艺术,创新思维活动及过程中的内在的东西是无法模仿的。这内在的东西即创新思维能力。这种能力的获得依赖于人们对历史和现状的深刻了解,依赖于敏锐的观察能力和分析问题能力,依赖于平时的知识积累和知识面拓展。而每一次创新思维过程就是一次锻炼思维能力的过程,因为要想获得对未知世界的认识,人们就要不断地探索前人没有采用过的方法、思考角度,就要独创性地寻求没有先例的办法和途径去正确、有效地观察问题、分析问题和解决问题,从而极大地提高人类认识未知事物的能力,所以,认识能力的

提高离不开创新思维。

第三,创新思维可以为实践开辟新的局面。创新思维的独创性与风险性特征赋予人们敢于探索和创新的精神,在这种精神的支配下,人们不满于现状,不满于已有的知识和经验,总是力图探索客观世界中还未被认识的本质和规律,并以此为指导,进行开拓性的实践,开辟出人类实践活动的新领域。

(五)提高创新思维的方法

如何提高创新思维?可以尝试以下几种方法。

(1)在找到问题的答案后,再想想:"解决这个问题的另一种方法是什么?还能找到另一个解决方案吗?"这个问题有助于发现新思路。由于没有任何条件发生变化,不需要花费时间重新思考给定的条件,思考的注意力可以集中在问题本身。这是练习创新思维的好方法。

(2)思考:"如果条件发生变化,解决方案是什么?"如果条件发生变化,给定的信息被改变,这种修改允许人们重新审视问题,看看这些变化对解决过程和答案有什么影响。

(3)思考:"有什么问题?"思考该问题有机会运用批判性思维。如果解决方案包含错误,无论是概念上的还是操作上的,思考该问题的任务就是发现错误、纠正错误和解释错误,包括找到错误的原因以及纠正错误的方法。

三、思维定势概述

(一)思维定势的含义

在长期的思维活动中,每个人都形成了自己惯用的思维模式,当面临某个事物或现实问题时,便会不假思索地把它们纳入已经习惯的思维模式进行思考和处理,即思维定势。

思维定势(亦称惯性思维)是指由先前的活动而形成的一种对活动的特殊的心理准备状态,或活动的倾向性。在情境不变的条件下,思维定势使人能够应用已掌握的方法迅速解决问题,而在情境发生变化时,它则会妨碍人采用新的方法。

思维定势有益于日常对普通问题的思考和处理,但不利于创新思维,它阻碍新思想、新观点、新技术和新形象的产生。因此,在创新思维过程中需要突破思维定势。

(二)思维定势的特征与类型

1. 思维定势的特征

思维定势的主要特征有以下三个方面:第一是趋向性。思维者具有力求将各种各样问题情境归结为熟悉的问题情境的趋向,表现为思维空间的收缩,带有集中性思维的痕迹。如学习立体几何时强调其解题的基本思路,即将空间问题转化为平面问题。第二是常规性。如学因式分解,必须掌握提取公因式法、十字相乘法、公式法、分组分解法等常规的方法。第三是程序性。它是指解决问题的步骤要符合规范化要求。如证几何题,怎样画图、怎样叙述、如何讨论、格式排布,甚至如何使用"因为、所以、那么、则、即、故"等符号,都要求清清楚楚、步步有据、格式合理,否则就乱套。

2. 思维定势的类型

思维定势多种多样,不同的人有不同的思维定势。常见的思维定势有从众型、书本型、经验型和权威型。

（1）从众型。它是指没有或不敢坚持自己的主见，总是顺从多数人意志的一种广泛存在的心理现象。例如，当我们走到十字路口，看到红灯已经亮了，本应该停下来，但看到大家都在往前走，自己也会随着人群往前走。又如羊群效应。

（2）书本型。书本知识对人类所起的积极作用是显而易见的。现有的科学技术和文学艺术是人类千百年来认识世界、改造世界的经验总结，其中的大部分都是通过书本传承下来的。因此，书本知识是人类的宝贵财富。我们需要掌握书本知识的精神实质，不能把其当作教条死记硬背，否则将形成书本型思维定势，这是把书本知识夸大化、绝对化的有害观点。

（3）经验型。它是指人们处理问题时按照以往的经验去办的一种思维习惯。照搬经验，忽略了经验的相对性和片面性，制约了创新思维的发挥。经验型思维定势有助于人们在处理常规事务时少走弯路，提高办事效率。我们要把经验与经验型思维定势区分开来，破除经验型思维定势，提高思维灵活变通的能力。

（4）权威型。在思维领域，不少人习惯引证权威的观点，甚至以权威作为判定事物是非的唯一标准，一旦发现与权威相违背的观点，就唯权威是从，这种思维习惯就是权威型思维定势。权威型思维定势的形成缘于多个方面：一方面是由于不当的教育方式，在婴儿、青少年教育时期，家长和老师把固化的知识、泛化的权威观念采用灌输式教育方式传授下来；另一方面在社会中存在个人崇拜现象，一些人采用各种手段建立或强化自己的权威，不断加强权威型思维定势。

3. 思维定势与创新思维的关系

思维定势与创新思维存在密切的关系。思维定势是集中思维活动的重要形式，是逻辑思维活动的前提，是创新思维的基础。思维定势与创新思维也可以相互转化，但思维定势对形成创新思维具有消极作用。

4. 打破思维定势的方法

人们常常会因为过去的经验而形成固定的想法，并将之运用到以后的生活中，久而久之就形成了思维定势。思维定势固然为我们节省了时间，但也禁锢了我们的创造性。那么如何打破思维定势呢？

（1）丰富想象力。想象力比知识更重要，因为知识是有限的，而想象力是知识进化的源泉。丰富想象力主要来源于我们对未知事物的求知欲、探索欲及渊博的知识……

（2）培养发散性思维。一个问题假如存在不止一种答案，通过思维的向外发散可找出更多的创造性答案。当我们思考砖头有多少用途的时候，充分运用发散性思维可以得出如此多的答案：建造房屋、铺路、刹住停靠在斜坡的车辆、砸东西、压纸、垫高、防卫……

（3）发展直觉思维。直觉思维是指不经思考分析的顿悟，是创新思维活跃的表现之一。在学习过程中，直觉思维可能表现在许多方面，比如大胆的猜测、急中生智的回答，或者新奇的想法和方案等。在发现和解决问题的过程中，我们要及时留住这些突然闯入的来客，努力发展自己的直觉思维。

（4）培养强烈求知欲。当人们在对某一问题具有追根究底的探索欲望时，积极的创新思维由此萌发。我们要有意识地设置难题或者探索前人遗留的未解之谜，激发自己创造性学习的欲望。把强烈的求知欲望转移到科学上去,不断探索,使它永远保持旺盛。

能够把人限制住的,只有人自己。人的思维空间是无限的,有亿万种可能的变化。也许我们正被困在一个看似走投无路的境地,也许我们正囿于一种两难选择之间,这时一定要明白,这种境遇只是我们固执的思维定势所致,只要勇于重新考虑,一定能够找到不止一条跳出困境的出路。

四、创新思维技法

(一)创新思维技法概述

创新思维技法强调对科学的探索与创造,要求学生培养创新能力,学习如何发现问题、如何开拓思维以突破传统概念的框架,如何运用联想和想象来触发灵感从而创造性地解决问题。创新思维技法可以加快创新思维的基本过程,促使创造成果成功问世。随着创造学的发展,创新思维技法的种类日益繁多。自 20 世纪 30 年代末,美国著名创造学家奥斯本发明了第一个现代意义的创新思维技法——头脑风暴法以来,创新思维技法至今已有多种。下面就介绍常见的创新思维技法。

(二)常见的创新思维技法

1. 试错法

它是指人们通过反复尝试运用各式各样的方法或理论,使错误(或不可行的方案)逐渐减少,最终获得能够正确解决问题的方法的一种创新方法。这是一种随机寻找解决方案的方法。

千百年来,人们一直在使用试错法来求解发明问题。当尝试利用一种方法、物质、装置或工艺来求解某一问题时,如果找不到问题的解决方案,就进行第二次尝试,如果还没找到问题的解决方案,则进行第三次尝试,以此类推。这就是试错法解决问题的思路和过程。

当用尽了所有常规方法后仍不能解决问题,人们就会尝试去猜想是否还有其他的解决方案。这要经过一个漫长的寻找过程,其间人们可能碰巧走对路子并解决了问题,但取得这种结果的概率是很小的。多数情况下,对所想到的可能方案均进行尝试之后仍不能解决问题,需要考虑其他可能的解决方案。甚至因条件限制,尝试无法继续进行,人们只能精疲力竭地宣告终止。

阿奇舒勒的学生兼合作者尤里·萨拉马托夫对试错法做过这样的评价:"人类在试错法中损失的时间和精力,远比在自然灾害中遭受的损失要惨重得多。"据统计,20 世纪在发达资本主义国家中,50%的研究刚刚开展,就因为没有发展前途而被迫终止了;在苏联,有2/3 的研究根本无法进入生产领域。由此可见,用试错法解决问题具有一定的盲目性,所付出的代价(人力与财力)是巨大的。

对简单的发明问题,试错法效果明显,此时潜在的解决方案的数目可能仅有几个,找到正确的解决方案并不困难。而对较复杂的发明问题,由于可能存在成百上千个潜在的解决方案,试错法的效率就非常低,解决发明问题的周期较长,所付出的代价很高。

2. 头脑风暴法

它的发明者美国的奥斯本(Osborn)是 BBDO 广告公司的创始人。奥斯本于 1939 年首次提出头脑风暴法,并于 1953 年在《应用想象》一书中正式发表了这种激发创新思维的

【案例分享】
电扇颜色的改变和工艺技术改进

【知识拓展】
尤金的人才创造力测评

【案例分享】
爱迪生的故事

方法。

头脑风暴法也称智力激励法、自由思考法或诸葛亮会议法,通常指一群人开动脑筋,进行自由的创造性思考与联想,并各抒己见,在短暂的时间内提出解决问题的大量构想的一种方法。这种方法是当今最负盛名,同时也可以说是最具实用性的一种集体创造性地解决问题的方法。

从形式上来看,头脑风暴法是将少数人召集在一起,以会议的形式,对于某一问题进行自由的思考和联想,同时提出各自的设想和提案。头脑风暴法是一种发挥集体创新精神的有效方法,与会者可以在没有任何约束的情况下发表个人的想法,提出自己的创意。参与的人甚至可以提出看起来异想天开的想法。

头脑风暴法基本原则如下:

(1)暂缓评价。在头脑风暴会议上,会议主持人和会议参与者对各种意见、方案的正确与否,不要当场做出评价,更不能当场提出批评或指责。

(2)鼓励提出独特的想法。与会者在轻松的氛围下,就像与家人聊天一样,各抒己见,避免人云亦云、随波逐流,以利于提出独特的见解,甚至是看似异想天开的、荒唐的想法。

(3)追求数量。如果追求方案的质量,容易将时间和精力集中在对某个方案的完善和补充上,从而影响其他方案的提出和思路的开拓,也不利于调动所有成员的积极性。如果头脑风暴会议结束时有大量的方案,那就极可能从中发现一个非常好的方案。因此,头脑风暴法强调所有的活动应该以在给定的时间内获得尽可能多的方案为原则。

(4)重视对想法的组合和改进。可以对他人好的想法进行组合、取长补短,进行改进,以形成一个更好的想法,从而达到"1+1>2"的效果。与单纯提出新想法相比,对想法进行组合和改进可以产生出更好、更完整的想法。所以,头脑风暴法能更好地体现集体智慧。

头脑风暴法作为一种令人愉悦的活动,通常被参与者欣然接受。另外,人们还对头脑风暴法进行了改进,从而出现了一些头脑风暴法的变型。总体上说,头脑风暴法适合于解决那些相对简单,并被严格确定的问题,如研究产品名称、广告口号、销售方法、产品的多样化等。头脑风暴法对于解决一般发明问题是有效的。但在更加复杂的发明问题中,使用这种方法不可能立即猜想出解决方案,不是一种能快速收敛到发明结果的方法。

3. 形态分析法

试错法、头脑风暴法等方法无法有效地解决一些复杂的发明问题。因此,1942 年,瑞士天文学家兹威基利用排列组合原理提出了形态分析法。形态分析法是一种从系统论的观点看待事物的创新思维方法,它对搜索问题的解决方案所设置的限制很有用处,利用它可以对解决方案的可能前景进行系统的分析。

形态分析法首先把研究的对象或问题分为一些基本组成部分。然后,对每一个基本组成部分单独进行处理,分别提出解决问题的办法或方案。最后通过不同的组合,形成若干个解决整个问题的总体方案。因素和形态是运用形态分析法时要用到的两个非常重要的基本概念。因素是指构成某种事物各种功能的特性因子;形态是指实现事物各种功能的技术手段。例如,对于一种工业产品,可将反映该产品特定用途或特定功能的性能指标作为基本因素,而将实现该产品特定用途或特定功能的技术手段作为基本形态。

形态分析法的实施步骤如下:

步骤 1:确定研究课题。这步不需要提出一个准确的、具体的设想方案。

步骤 2:因素提取。确定发明对象的主要组成部分即基本因素,把问题分解成若干个基本因素。确定的基本因素在功能上应是相对独立的。基本因素的数目不宜太多,也不宜太少,一般以 3~7 个为宜。

步骤 3:形态分析。即按照发明对象诸因素所要求的功能,列出各因素全部可能的形态。完成这一步需要有很好的知识基础和丰富的工作经验,对本行业及其他行业的各种技术手段了解得越多越好。

步骤 4:编制形态表,进行形态组合。按照对发明对象的总体功能要求,分别将各因素的不同形态方式进行组合,从而获得尽可能多的合理方案。

步骤 5:优选。即从组合方案中选优,并具体化。

4. 检验表法

它是由形态分析法演变而来的,就是用一张一览表对需要解决的问题逐项进行核对,从各个角度诱发多种创造性设想,以实现创造、发明、革新,或解决工作的某一问题的开发创意的方法。使用检验表法时,为了获得解决问题所需的数据,需要构造问题列表。表中所提出的问题,可以是最意想不到的,这样有利于削弱思维定势。通过检验表法,可以获得对问题的详述和查找规定问题解决方案的附加数据。

利用检验表法构思创意,应从以下几个方面进行思考:

(1)现有发明的用途是什么? 是否可以扩充?

(2)现有发明能否吸收其他技术,引入其他创造构思?

(3)现有发明的造型、颜色、制造方法等能否改变?

(4)现有发明的体积、尺寸和重量能否改变? 改变后的结果怎样?

(5)现有发明的使用范围能否扩大? 寿命能否延长?

(6)现有发明的功能是否可以重新组合?

(7)现有发明能否改变型号或改变顺序?

(8)现有的发明可否颠覆?

以上传统的创新思维技法基本上都是以心理机制为基础的,它们的程序、步骤、措施大都是为人们克服发明创新的心理障碍而设计的。这些创新思维技法一般撇开了各领域的基本知识,方法上高度概括与抽象,因此具有形式化的倾向,在运用中受到使用者经验、技巧和知识积累水平的制约。

5. 特性列举法

特性列举法是由美国内布拉斯加大学克劳福德教授提出的,又可称为属性列举法。此法的使用先要对创造发明的对象进行详细的属性分析,把决策系统分为若干个子系统,即把决策问题分解为局部小问题,并把它们的特性一一列举出来,再研究这些特性是否可以改变,以及改变后对决策产生的影响。此法的优点是能保证对问题的所有方面进行全面的研究。

特性列举法的流程通常如下:

步骤 1:确定主题。选择一个目标明确的课题,课题宜小不宜大,如果是一个比较大的课题,最好也分成若干小课题进行。一般说来,着手解决的问题越小越容易获得成功。例如要革新自行车,可以将自行车分解成轮胎、钢圈、钢丝、轴承、把手、刹车等部分,分别加以研究。只要革新其中一个或几个部分,就可能使自行车产生新的变革。

步骤2:列举出发明或革新对象的特性。一般从以下三个方面对事物进行特性分析。① 名词特性(用名词表述):革新对象的整体、部分、材料、制造方法等。② 形容词特性(用形容词表述):革新对象的性质、状态等。③ 动词特性(用动词表述):革新对象的功能、作用等。仍以自行车为例,先将自行车的特性分别列出:名词特性——整体为自行车;部分为把手、刹车、轮胎、链条等;材料为钛合金、碳素、铝合金、碳钢、合金钢等;制造方法为焊接法、冲压法等。形容词特性——性质为轻、重;状态为美观、清洁。动词特性——功能为载重、轻便、运动、竞赛、山地、健身、杂技等。

步骤3:通过提问,诱发可供革新的创造性设想。例如采用什么新材料能使自行车更轻便,怎样喷漆会使自行车更美观。

6. 六顶思考帽法

六顶思考帽法是"创新思维学之父"爱德华·德·博诺博士开发的。它提供了"平行思维"的工具,避免将时间浪费在互相争执上。强调的是"能够成为什么",而非"本身是什么",是寻求一条向前发展的路,而不是争论谁对谁错。运用六顶思考帽法,将会使混乱的思维变得更清晰,使团体中无意义的争论变成集思广益的创造,使每个人变得富有创造性。

六顶思考帽是指使用六种不同颜色的帽子代表六种基本的思维模式。任何人都有能力使用以下六种基本思维模式:

(1)白色思考帽。戴上白色思考帽,人们关注的是客观的事实和数据。

(2)绿色思考帽。戴上绿色思考帽,寓意富有创造力和想象力。具有创造性思考、头脑风暴、求异思维等功能。

(3)黄色思考帽。戴上黄色思考帽,人们从正面考虑问题,表达乐观的、充满希望的、建设性的观点。

(4)黑色思考帽。戴上黑色思考帽,人们可以运用否定、怀疑、质疑的看法,合乎逻辑地进行批判,尽情发表负面的意见,找出逻辑上的错误。

(5)红色思考帽。戴上红色思考帽,人们可以表现自己的情绪,还可以表达直觉、感受、预感等方面的看法。

(6)蓝色思考帽。戴上蓝色思考帽,指控制和调节思维过程,负责控制各种思考帽的使用顺序,规划和管理整个思考过程,并负责做出结论。

在应用六顶思考帽法时,"戴帽"顺序非常重要。六顶思考帽不仅仅定义了思维的不同类型,而且定义了思维的流程结构对思考结果的影响。因此,六顶思考帽法在会议中的典型应用步骤为:第一步陈述问题(白帽),第二步提出解决问题的方案(绿帽),第三步评估该方案的优点(黄帽),第四步列举该方案的缺点(黑帽),第五步对该方案进行直觉判断(红帽),第六步总结陈述并做出决策(蓝帽)。

7. TRIZ(发明问题解决理论)

TRIZ 是发明问题解决理论的俄文首字母缩写。按照国际标准"ISO/R9—1968E"的规定,把俄文转换成拉丁字母以后,该理论简写为 TRIZ。TRIZ 是苏联军方技术人员、发明家根里奇·阿奇舒勒(Genrich S.Altshuller),在研究了来自世界各国的上百万个专利的基础上,提出的一套体系相对完整的发明问题解决理论。

TRIZ 有两个基本含义:表面的意思是强调解决实际问题,特别是发明问题;隐含的意思是由解决发明问题而最终实现(技术和管理)创新。解决问题就是要实现发明的实用化,这符合创新的基本定义。

2008 年,国家科技部、发展改革委、教育部、中国科协联合发布了《关于加强创新方法工作的若干意见》,明确了创新方法工作的指导思想、工作思路、重点任务及其保障措施等。截至目前,全国已分批在几乎所有省(区、市)开展了以 TRIZ 理论体系为主的创新方法的推广应用工作。

将传统的创新思维技法与 TRIZ 结合在一起,可以收到更好的效果。例如,在由具体问题抽象成 TRIZ 的问题模型时,以及将 TRIZ 的解决方案模型演绎成具体解决方案时,都或多或少地需要应用头脑风暴法、形态分析法等。因此,在倡导推广应用 TRIZ 的同时,应做到将 TRIZ 与传统创新思维技法有机结合,以获取理想的创新效果。

TRIZ 常用的创新思维方法有:

(1)九屏幕法。

它是典型的 TRIZ 系统思维方法,即对情境进行整体考虑,不仅考虑目前的情境和探讨的问题,而且考虑它们在层次和时间上的位置和角色。九屏幕法具有可操作性、实用性强的特点,可以更好地帮助使用者质疑和超越常规,克服思维定势,为解决实践中的疑难问题提供清晰的思维路径。

根据系统论的观点,系统由多个子系统组成,并通过子系统间的相互作用实现一定的功能。系统之外的高层次系统称为超系统,系统之内的低层次系统称为子系统。我们所要研究的、问题正在发生的系统,通常也称"当前系统"(简称系统),如图 3-1 所示。

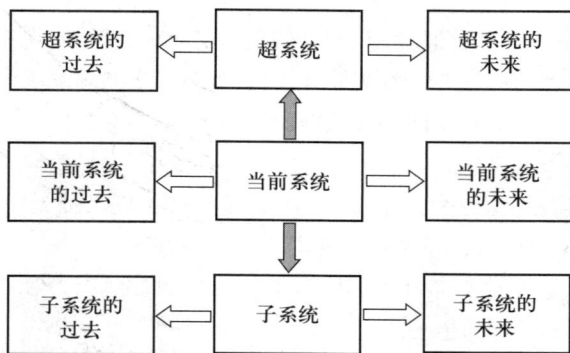

图 3-1 九屏幕法分析

例如,如果把汽车作为一个当前系统,那么轮胎、发动机和方向盘都是汽车的子系统。因为每辆汽车都是整个交通系统的一个组成部分,交通系统就是汽车的一个超系统。当然,大气、车库等也是汽车的超系统。如图 3-2 所示。

当前系统是一个相对的概念。如果以轮胎作为当前系统来研究的话,那么轮胎中的橡胶、子午线等就是轮胎的子系统,而汽车、驾驶员、大气、车库等都是汽车的超系统。在分析

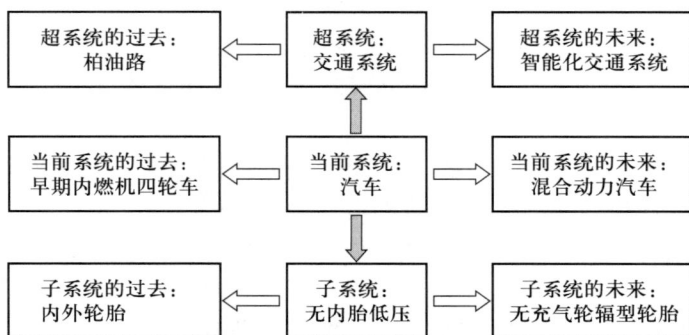

图 3-2　汽车的九屏幕法分析

和解决问题的时候,九屏幕法要考虑当前系统及其超系统和子系统,要考虑当前系统的过去和未来,还要考虑超系统和子系统的过去和未来。

总之,九屏幕法是一种分析问题的手段,体现了如何更好地理解问题,也确定了解决问题的某个新途径。另外,各个屏幕显示的信息,并不一定都能引出解决问题的新方法。如果实在找不出好的办法,可以暂时空着它。但不管怎么说,每个屏幕对于问题的总体把握,肯定是有所帮助的。练习九屏幕法,可以锻炼人们的创造力,也可以提高人们在系统水平上解决问题的能力。

(2)金鱼法。

在创新过程中,有时候产生的想法看起来并不可行甚至不现实,但是,此种想法的实现却不无可能。如何才能克服对"虚幻"想法的自然排斥心理呢?金鱼法可帮助我们解决此问题。

金鱼法的基础,是将一个看似异想天开的想法分为两个部分:现实部分和非现实(幻想)部分。接着,把非现实部分再分为两部分:现实部分和非现实部分。继续划分,直到余下的非现实部分变得微不足道,而想法看起来可行为止。

金鱼法的具体做法是:

步骤1:将不现实的想法分为两个部分:现实部分与非现实部分。精确界定什么样的想法是现实的,什么样的想法看起来是不现实的。

步骤2:解释为什么非现实部分是不可行的。尽力对此进行严密而准确的解释,否则最后可能又得到一个不可行的想法。

步骤3:找出在哪些条件下想法的非现实部分可变为现实的。

步骤4:检查系统、超系统或子系统中的资源能否提供此类条件。

步骤5:如果能,则可定义相关想法,即应怎样对情境加以改变,才能实现想法的看似不可行的部分。将这一新想法与初始想法的可行部分,组合为可行的解决方案构想。

步骤6:如果我们无法通过可行途径,来利用现有资源为看起来不现实的部分提供实现条件,则可将这一"看起来不现实的部分"再次分解为现实与非现实部分。然后,重复步骤1~5,直到得出可行的解决方案构想。

金鱼法是一个反复迭代的分解过程,其本质是将幻想的、不现实的问题现实化,找出可行的解决方案。

（3）小人法。

任何技术系统存在的目的都是完成某项或多项特定的功能,当系统内出现问题(矛盾或冲突)时,为了克服解决问题的思维定势,使问题更好地解决,阿奇舒勒创立了"聪明的小矮人法"(简称小人法、小矮人法)。当系统内的某些组件不能完成其必要的功能,并表现出相互矛盾,可利用小人法解决问题。小人法是用一组小人来代表这些不能完成特定功能部件,通过能动的小人,实现预期的功能。然后,根据小人问题模型对结构进行重新设计。它有两个目的:一是克服思维定势导致的思维障碍,尤其是对于系统结构;二是提供解决矛盾问题的思路。

小人法的解题流程是:

步骤1:分析系统的组成。系统是指出现问题的系统,系统层级的选择对于分析问题和解决问题有很大的影响。系统层级选择太高时,系统信息不充分,为分析问题带来了困难;系统层次太低时,可能遗漏很多重要的信息。这需要根据具体的问题,做具体分析。

步骤2:确定系统存在的问题或者矛盾。当系统内的某些组件不能完成其必要功能,并表现出相互矛盾时,找出问题中的矛盾,分析出现矛盾的原因是什么,并确定矛盾产生的根本原因。

步骤3:建立问题模型。描述系统各个组成部分的功能(按照步骤1确定的结果描述),将系统中执行不同功能的组件想象成一组小人,用图形表示出来,不同功能的小人用不同的颜色表示。此时的小人问题模型是当前出现问题时或发生矛盾时的模型。

步骤4:建立解决方案模型。将问题模型中的小人拟人化,根据问题的特点及小人执行的功能,赋予小人一定能动性和"人"的特征,抛开原有问题的环境,对小人进行重组、移动、剪裁、增补等改造,以便解决矛盾。

步骤5:从解决方案模型过渡到实际方案。根据对小人的重组、移动、剪裁、增补等改造后的解决方案,从幻想情境回到现实问题的环境中,实现问题的解决。

长期的实践和应用经验表明,在应用小人法时经常出现下列错误。一是将系统的组件用一个小人、一行小人或一列小人表示。小人法要求使用一组或一簇小人来表示。小人法的目的是打破思维定势,如果使用的小人数量过少,就达不到克服思维定势的目的。二是简单地将组件转化为小人,没有赋予小人相关特性,使应用者面对小人图形困惑茫然,无法解决问题。根据小人表示的功能和所处问题环境给予小人一些特性,可以有效地通过联想得到解决方案。

（4）STC算子。

从物体的尺寸(size)、时间(time)、成本(cost)三个方面来做六个测试,重新思考问题,以打破固有的对物体的尺寸、时间和成本的认识,称为STC算子。它是一种让我们的大脑进行有规律的、多维度思维的发散方法。它比一般的发散思维和头脑风暴法,能更快地得到我们想要的结果。

STC算子应用步骤如下:

步骤1:明确现有系统;

【案例分享】
小人法分析

步骤 2:明确现有系统在时间、尺寸和成本方面的特性;

步骤 3:设想逐渐增大对象的尺寸,使之无穷大(S→∞);

步骤 4:设想逐渐减小对象的尺寸,使之无穷小(S→0);

步骤 5:设想逐渐增加对象的作用时间,使之无穷大(T→∞);

步骤 6:设想逐渐减少对象的作用时间,使之无穷小(T→0);

步骤 7:设想增加对象的成本,使之无穷大(C→∞);

步骤 8:设想减少对象的成本,使之无穷小(C→0);

步骤 9:修正现有系统,重复步骤 2~8,并得出解决问题的方向。

STC 算子虽然不能够直接提供解决问题的方案,但是可以为解决问题提供方向,尤其是面对问题"没有任何方向"时,可以利用该方向扩展思路、拓宽思维。

(5)最终理想解。

产品或技术按照市场需求、行业发展、超系统变化等,随着时间的变化一直处于进化之中,其进化的过程就是产品或技术由低级向高级演化的过程。如果将所有产品或技术作为一个整体,从历史曲线和进化方向来说,任何产品或技术的低成本、高功能、高可靠性、无污染等是研发者追求的理想状态,产品或技术处于理想状态的解决方案可称为最终理想解。创新过程从本质上说是一种追求最终理想解的过程。

寻求最终理想解的步骤具体如下:

步骤 1:设计的最终目的是什么?

步骤 2:最终理想解是什么?

步骤 3:达到最终理想解的障碍是什么?

步骤 4:出现这种障碍的结果是什么?

步骤 5:消除这种障碍的条件是什么?

步骤 6:创造这些条件的可用资源是什么?

在具体的应用过程中最终理想解能够发挥以下作用。一是明确解决问题的方向。最终理想解的提出为解决问题确定了系统应当达到的目标,然后通过 TRIZ 中的其他方法来实现最终理想解。二是能够克服思维定势,帮助使用者跳出已有的技术系统,在更高的系统层级上思考解决问题的方案。三是能够提高解决问题的效率,最终理想解形成的解决方案可能距离所需结果更近一些。四是在解题初始就激化矛盾,打破框架、突破边界、解放思想,寻求更睿智的解。

(6)资源分析法。

资源最初是指自然资源。人们不断地发现、利用和开发新资源,并发明出很多新的设计和技术。例如,太阳能蓄电池、风力发电机、超级杂交水稻、基因技术等。这些新技术、新成果,大多都来源于人们对现有资源的创造性应用。

TRIZ 在其不断发展的过程中,提出了对技术系统中资源这一概念的系统化认识,并将其结合到对问题求解的过程中。TRIZ 认为,对技术系统中可用资源的创造性应用能够增加技术系统的理想度,这是解决发明问题的基石。

资源有很多不同的分类方式。从资源的存在形态角度出发可将资源分为宏观资源和微观资源。从资源使用的角度出发可将资源分为直接资源和派生资源。从分析资源角度出发可将资源分为显性资源和隐性资源。显性资源指的是已经被认知和开发的资源,隐性资源指的是尚未被认知或虽已认知却因技术等条件不具备还不能被开发利用的资源。从资源与 TRIZ 中其他概念结合的角度出发可将资源分为发明资源、进化资源和效应资源。

TRIZ 认为,任何技术都是超系统或自然的一部分,都有自己的空间和时间,通过对物质、场的组织和应用来实现功能。因此,资源通常按照物质、能量、时间、空间、功能、信息等角度来划分。此外,相对于系统资源而言,还有很多容易被我们忽视的资源,这些资源通常都是由系统资源派生而来的。能充分挖掘出所有的资源,是解决问题的良好保证,TRIZ 称之为潜在资源或隐藏资源。

资源分析的步骤如下:

步骤1:发现及寻找资源。可以使用的工具有九屏幕法和小人法等。

步骤2:挖掘及探究资源。挖掘就是向纵深获取更多有效的、新颖的、潜在的、有用的资源。探究就是针对资源进行分类,针对系统进行聚集,以问题为中心寻找更深层级的资源及派生资源。

步骤3:整合资源。整合资源是指对不同来源、不同层次、不同结构、不同内容的资源进行识别与选择、汲取与配置、激活并有机融合,使其具有较强的系统性、适应性、条理性和应用性,并创造出新资源的一个复杂动态过程。

步骤4:评价及配置资源。在解决方案的过程中,最佳利用资源的理念与理想度的概念紧密相关。

对于资源的评估标准,从数量上有不足的、充分的和无限的,从质量上有有用的、中性的和有害的;在可用度方面,从应用准备情况看,有现成的、派生的和特定的,从范围看有操作区域内的、操作时段内的、技术系统内的、子系统中的和超系统中的,从价格看有昂贵的、便宜的和免费的等。最理想的资源是取之不尽、用之不竭、不用付费的资源。

(7)因果分析法。

一个技术问题牵涉的因素往往很多。这时,分析的关键是理顺问题产生的原因,并充分挖掘技术系统内外部资源,以找到最有效解决问题的方案。常见的因果分析法有五个"为什么"、故障树、鱼骨图分析、因果矩阵分析、失效模式与后果分析等。

例如在丰田汽车公司的改善流程中,有一个著名的五个"为什么"分析法。要解决问题必须找出问题的根本原因,而不是问题本身;根本原因隐藏在问题的背后。举例来说,你可能发现一个问题的源头是某个供应商或某个机械中心,即问题发生在哪里。但是,造成问题的根本原因是什么呢? 答案必须靠更深入的挖掘,并询问问题何以发生才能得到。先问第一个"为什么",获得答案后,再问其为何会发生,以此类推,问五次"为什么"。丰田汽车公司的成功秘诀之一,就是把每次错误视为学习的机会,不断反思和持续改善,精益求精。通过识别因果关系链,来进行诊断。

五个"为什么"分析法并没有多么玄奥,只是通过一再追问为什么,就可以避免停留在表面现象,而深入系统分析根本原因,也可避免其他问题。所以若能找到问题的根本原因,许多相关的问题就会迎刃而解。

<h1 style="text-align:center">第二节　创 业 机 会</h1>

学习目的与要求

通过本节学习,学生应达到如下要求:

(1) 了解创业机会与创意的区别和联系,学会将创意转化为创业机会。

(2) 理解创业机会的特征与类型。

(3) 理解创业机会来源,如何寻找创业机会。

(4) 掌握创业机会识别步骤和创业机会评价。

(5) 增强创业意识、社会责任感、科学精神等。

引导案例

穆罕默德·尤努斯和格莱珉银行

穆罕默德·尤努斯(Muhammad Yunus),孟加拉国经济学家、格莱珉银行(Grameen Bank,又称孟加拉国乡村银行)的创始人,有"穷人的银行家"之称。穆罕默德最初并没有打算创业。然而,1974 年孟加拉国发生严重饥荒,受此影响他开展扶贫相关研究,他向 42 个家庭提供了 27 美元的小额贷款。他没有为帮助这些需要帮助的家庭而感到骄傲,相反,他感到羞愧的是,他找不到一家银行愿意把钱借给穷困潦倒的村民。银行家们讥讽他,说这些穷人的信用不可靠。穆罕默德便自己想办法给贫困村民提供微额贷款,最终创立专门服务穷人的格莱珉银行。正如他所说,"我对如何为穷人经营银行一无所知,所以我必须从头开始学习一切"。通过对他的非正式贷款模式进行持续改进,穆罕默德将格莱珉银行协助数以百万计的孟加拉国贫民摆脱了贫困。2011 年,格莱珉银行已成为孟加拉国最大的农村银行,这家银行有着 650 万的借款者,为 7 万多个村庄提供信贷服务。格莱珉银行的偿债率高达 98%,足以让任何商业银行嫉妒。

资料来源:作者整理。

思考题:

(1) 挖掘你身边的好创意。

(2) 你认为创意和创业机会是什么关系?

一、创业机会与创意

机会是未明确的市场需求或未使用的资源或能力。创业机会在广泛的领域有多种定义,包括经济、创业和战略。这些定义虽然在细节上有所不同,但有着不同寻常的共识,即在要素或产品市场存在竞争性缺陷时存在的机会。在完全竞争条件下,企业或个人不具备创造经济财富的潜力,经济财富只有在竞争不完善的情况下才会出现。企业家利用这些竞争的不完善来产生经济利益。只要企业家使用稀有而昂贵的商业资源和能力来利用这些机会,就可以获取持续竞争优势。但是,所有的创业机会并不是一样的。

创业机会的定义很多,比较受认同的定义为:创业者可以利用的商业机会,这个机会必须具有吸引力、持久性和适时性,而且这个机会涉及的产品或服务必须能够为它的购买者或最终使用者创造一定的价值。其中,商业机会是指实现某种商业营利目的的可行的突破口、切入点、环境、条件等。创业机会是指具有商业价值的创意,是一种特殊的商业机会。因此,创业机会属于独特的商业机会范畴,而不是一般意义上的商业机会,创业机会和商业机会之间并不存在严格的界限。大多数创业者都是把握了商业机会从而成功创业的。如蒙牛的牛根生看到了乳业市场的商机,好利来的罗红看到了蛋糕市场的商机等。但是,仅有少数创业者能够把握创业机会从而成功创业,创业成功,不仅会改变人们的生活方式,甚至能创造出新的产业。随着人们对创业机会价值潜力的探索,社会会逐渐衍生出一系列的商业机会,从而衍生出更多的创业活动。

创意是指具有新颖性和创造性的想法,是一种让受众产生共鸣的独特思路。通过前面章节所述的创新思维训练,每个大学生都可以获得创意。但每个创意并非都是具有市场价值的创业机会,从创意到显著市场价值的转换必须具备一定的条件,如强烈的市场意识和充足的商业化运作能力等。

【案例分享】
创意案例集

二、创业机会的特征与类型

1. 创业机会的特征

有的创业者认为自己有很好的想法和点子,对创业充满信心。有想法、有点子固然重要,但是并不是每个大胆的想法和新异的点子都能转化为创业机会。许多创业者因为仅仅凭想法去创业而失败了。那么如何判断一个好的商业机会呢?《创业学:21世纪的创业精神》的作者杰弗里·A.蒂蒙斯教授提出,好的商业机会有以下四个特征:第一,它很能吸引顾客;第二,它在商业环境中行得通;第三,它必须在机会之窗存在的期间被实施(机会之窗是指商业想法推广到市场所花的时间,若竞争者已经有了同样的思想,并把产品已推向市场,那么机会之窗也就关闭了);第四,必须有资源(人、财、物、信息、时间)和技能才能创立业务。

2. 创业机会的类型

创业机会的类型很多,常见的有以下两种。

(1)按照创业机会的来源,创业机会可分为问题型机会、趋势型机会和组合型机会。其中,问题型机会由现实中存在的未被解决的问题产生;趋势型机会是在变化中看到未来的发展方向,预测到未来的潜力;组合型机会是将现有的两项以上的技术、产品、服务等因素组合,实现新的用途和价值。

(2)根据目的-手段关系的明确程度,创业机会可分为:① 识别型机会。它是指市场中的目的-手段关系十分明显时,创业者可通过目的-手段关系的连接来辨识机会。② 发现型机会。它是指当目的或手段任意一方的状况未知,等待创业者去进行机会发掘。③ 创造型机会。它是指目的和手段皆不明朗,因此创业者要比他人更具先见之明,才能创造出有价值的市场机会。

三、创业机会来源

1. 问题

创业的根本目的是满足顾客需求。而顾客需求在没有满足前就是问题。寻找创业机会的一个重要途径是发现和体会自己和他人在需求方面的问题或生活中的难处。比如，上海郊区某高校有一位毕业生发现本校师生从学校往返市区交通十分不便，创办了一家客运公司，这就是把问题转化为创业机会的成功案例。

2. 变化

创业的机会大都产生于不断变化的市场环境，环境变化了，市场需求、市场结构必然发生变化。著名管理大师彼得·德鲁克将创业者定义为那些能"寻找变化，并积极反应，把它当作机会充分利用起来的人"。这种变化主要来自产业结构的变动、消费结构升级、城市化加速、政府政策的变化、人口结构的变化、人口思想观念的变化、居民收入水平提高、全球化趋势等诸方面。比如，居民收入水平提高，私人轿车的拥有量将不断增加，这就会派生出汽车销售、修理、配件、清洁、装潢、二手车交易、陪驾等诸多创业机会。

3. 创造发明

创造发明提供了新产品、新服务，更好地满足顾客需求，同时也带来了创业机会。比如随着计算机的诞生，计算机维修、软件开发、计算机操作培训、图文制作、信息服务、网上开店等创业机会产生，即使你不发明新的东西，你也能成为销售和推广新产品的人，这当中也有创业机会。

4. 竞争

如果你能弥补竞争对手的缺陷和不足，这也将成为你的创业机会。看看你周围的公司，你能比它们更快、更可靠、更便宜地提供产品或服务吗？你能做得更好吗？若能，你也许就找到了创业机会。

【案例分享】
创业项目
来源

四、创业机会识别

创业机会识别指的就是在现实或潜在的问题中看到未被满足的需求，并筛选出具有现实价值的市场需求的过程。创业机会识别是创业领域的关键问题之一。从创业过程角度来说，它是创业的起点。创业过程就是围绕着机会进行识别、开发、利用的过程。识别正确的创业机会是创业者应当具备的重要技能。

创业机会以不同形式出现。虽然以前的研究中，焦点多集中在产品的市场机会上，但是在生产要素市场上也存在机会，如新材料的发现等。许多好的创业机会并不是突然出现的，而是对于"一个有准备的头脑"的一种回报。在机会识别阶段，创业者需要弄清楚创业机会在哪里和怎样去寻找。主要通过三个方面：

1. 现有的市场机会

对创业者来说，在现有的市场中发现创业机会，是很自然和较经济的选择。一方面，它与我们的生活息息相关，从中能真实地感觉到市场机会的存在；另一方面，由于总有尚未被满足的需求，在现有市场中创业，能减少创业机会的搜寻成本，降低创业风险，有利于成功创业。现有的创业机会存在于：不完全竞争下的市场空隙、规模经济下的市场空间、企业集

群下的市场空缺等。

（1）不完全竞争下的市场空隙。不完全竞争理论或不完全市场理论认为,企业之间或者行业内部的不完全竞争状态,导致市场存在各种现实需求,大企业不可能完全满足市场需求,必然使中小企业具有市场生存空间。中小企业与大企业互补,满足市场上不同的需求。大中小企业在竞争中生存,市场对产品差异化的需求是大中小企业并存的理由,细分市场以及系列化生产使得小企业的存在更有价值。

（2）规模经济下的市场空间。规模经济理论认为,无论任何行业都存在企业的最佳规模或者最适度规模,超越这个规模,必然带来效率低下和管理成本提升。行业不同,企业所需要的最经济、最优成本的规模也不同,企业从事的不同行业决定了企业的最佳规模,各企业最终要适应这一规律,发展适合自身的行业业务。

（3）企业集群下的市场空缺。企业集群主要指地方企业集群,是一组在地理上靠近的相互联系的公司和关联的结构,它们同处在一个特定的行业领域,由于具有共性和互补性而联系在一起。集群内的企业彼此间发展高效的竞争与合作关系,形成高度灵活、专业化的生产协作网络,具有极强的内生发展动力,依靠不竭的创新能力保持地方行业的竞争优势。

2. 潜在的市场机会

潜在的市场机会来自新科技应用和人们需求的多样化等。成功的创业者能敏锐地感知社会大众的需求变化,并能够从中捕捉创业机会。新科技应用可能改变人们的工作和生活方式,创造新的市场机会。通信技术的发展,使人们在家里办公成为可能;互联网的出现,改变了人们工作、生活、交友的方式;网上购物、网络教育的快速发展,使信息的获取和共享日益重要。

需求的多样化源自人的本性,人类的欲望是很难得到满足的。在细分市场里,可以发掘尚未被满足的潜在市场机会。一方面,根据消费潮流的变化,捕捉可能出现的市场机会;另一方面,根据消费者的心理,通过产品和服务的创新,引导需求并满足需求,从而创造一个全新的市场。

3. 衍生的市场机会

衍生的市场机会来自经济活动的多样化和产业结构的调整等方面。首先,经济活动的多样化为创业拓展了新途径。一方面,第三产业的发展为中小企业提供了非常多的成长点,现代社会人们对信息情报、咨询、文化教育、金融、服务、修理、运输、娱乐等行业提出了更多更高的需求,从而推动国民经济中的第三产业日益发展。由于第三产业一般不需要大规模的设备投资,它的发展为中小企业的经营和发展提供了广阔的空间。另一方面,社会需求的易变性、高级化、多样化和个性化,使产品向优质化、多品种、小批量、更新快等方面发展,也有力地刺激了中小企业的发展。其次,产业结构的调整与国企改革为创业提供了新契机。随着国企改革的推进,民营中小企业除了涉足制造业、商贸餐饮服务业、房地产等传统业务领域外,将逐步介入中介服务、生物医药、大型制造等有更多创业机会的领域。

成功识别创业机会所需的条件有哪些呢？面对相同的创业机会,并非所有潜在创业者都能把握。成功识别创业机会是创业愿望、创业能力和创业环境等多因素综合作用的结果。

首先,创业愿望是创业机会识别的前提。创业愿望是创业的原动力,它推动创业者去发现和识别创业机会。创业者没有创业愿望,对再好的创业机会也会视而不见,或失之交臂。其次,创业能力是机会识别的基础。识别创业机会在很大程度上取决于创业者的创业能力。《当代中国社会流动报告》通过对 1993 年以后私营企业主阶层变迁的分析发现,私营企业主的社会来源越来越以各领域精英为主,经济精英的转化尤为明显。国内外研究和调查显示,与创业机会识别相关的能力主要有远见与洞察能力、信息获取能力、技术发展趋势预测能力、模仿与创新能力、建立各种关系的能力等。最后,创业环境的支持是机会识别的关键。创业环境是创业过程中多种因素的组合,包括政府政策、社会经济条件、创业和管理技能、创业资金和非资金支持等方面。一般来说,以下情形会鼓励更多的人创业:社会对创业失败比较宽容,有浓厚的创业氛围;国家对个人财富创造比较推崇,有各种渠道的金融支持和完善的创业服务体系;产业有公平、公正的竞争环境。

【案例分享】
李维斯发明
牛仔裤

五、创业机会识别步骤

要识别一个创业机会,可以通过以下步骤实现:

第一,要弄清楚企业的客户是谁。

企业瞄准的是小众市场还是大众市场,在本地、本国、全网或全球有多少潜在客户?客户基数决定了企业的天花板。

第二,判断现在是合适的创业时机吗。

创业时机不要太晚,也不要太早。不要太晚是指进入红海创业的意义不大,创业者很可能会被大量竞争对手甚至已经实现垄断的巨头打败。例如现在进入共享单车行业。不要太早指的是,只有技术条件和政策条件都允许,创业的项目才更容易成功。比如,移动端视频应用直到近几年才火起来,这要归结于智能手机性能的提升以及 4G、5G 网络的普及。试想,在 2G 网络时期传播视频,技术上即便可行,资费也实在太贵,消费者无法接受。安卓系统出现后,小米在中国人渴求高性价比智能手机的时代进入市场,而锤子则过于后知后觉,在智能手机市场成熟后才姗姗来迟。进入时机恰当的小米成了赢家。

第三,判断创业项目市场是否有潜力。

得益于互联网,企业摆脱了所在地的限制,地处二三线城市团队开发的 App 一样有机会被全球用户下载。因此,互联网企业的估值增长潜力相对纯本地服务企业而言是比较大的。判断潜力要以更大的尺度思考问题。比如,中国 20 世纪五六十年代的婴儿潮,在今天就变成了老人潮,提早为老年客户提供产品和服务就是明智的选择。

第四,确定自己是否做好了创业的心理准备。

心理准备不仅是对没有稳定收入、工作繁忙、生活被打乱等问题的预料和接受,更有对突发情况甚至失败的处理方法的事先考虑。当然,全情投入一项工作后不该瞻前顾后想太多,但在创业开始之前,创业者还是有机会估量一下的。不要带着这些问题进入工作,它们会降低工作的效率和团队的士气。在团队誓师之前将这些问题思考清楚,然后抛在脑后。

第五,分析竞争对手产品的弱点是否令创业项目有机可乘。

举个例子可能更易理解。在早年小灵通盛行的时候,电话费是一笔不小的支出。一角钱一条的短信是当时主要的联系方式。这个时候中国移动推出了飞信,用飞信给中国移动用户发短信不花钱,于是飞信一度占领市场,然而现在飞信却早已经没了踪迹。这是因为飞信仅限给中国移动用户发短信免费,而微信的出现则打破了这个限制,所有的人都可以免短信费使用,并且有的功能比飞信还方便,所以微信便快速取代飞信,并在中国的移动互联网时代的社交应用领域扎稳了根基。

这些事例说明一个简单的道理:没有最好,只有更好。如果竞争对手没有做到极致,创业者就有机会用更优秀的产品一争高下。

六、创业机会评价

发现了创业机会,并不意味着要创业,更不意味着成功就在眼前。这是因为并非所有的创业机会都有足够大的价值潜力来填补为把握机会所付出的成本,并非所有机会都适合每个人,创业活动是创业者与创业机会的结合。在整个创业过程中,评价创业机会非常短暂,但它非常重要,是创业者发现创业机会之后做出是否创业决策的重要依据。

有价值的创业机会一般具有以下四个方面的特征,具体如下。

(1)有吸引力。有价值的创业机会需要有足够大的市场和丰厚的利润,而且容易赚钱。

(2)持久性。有价值的创业机会一般具有可持久开发的潜力,并且能够为企业带来持续竞争优势。

(3)及时性。有价值的创业机会需要很快满足某项重大的需要或愿望,或者尽快帮助人们解决一些重大问题。一旦过了某个期限,这个创业机会将随之逝去。

(4)价值性。有价值的创业机会依附于为购买者或终端用户创造或增加价值的产品、服务或业务。

因此,对于创业者来说,关键在于如何从众多机会中找寻出真正有价值的创业机会,并采取快速行动来把握机会。

第三节 创业风险及防范

学习目的与要求

通过本节学习,学生应达到如下要求:

(1)了解创业风险的分类与构成。

(2)理解创业风险特征。

(3)理解大学生创业项目风险分析。

(4)掌握创业风险防范。

(5)增强创业意识、社会责任感、法制意识、职业道德和规范等。

引导案例

屡败屡战的孙剑波

稀饭网CEO孙剑波创业的头两年,曾经和好友做过出版、广告、媒体代理等多个行当,但很少有人知道他刚出校门的第一个创业项目其实是设计一种T恤,幻想能用可怜的资金打造一个个性T恤的品牌。其实,这并非一个很差的创意,个性T恤在美国流行文化的带动下确实开创了很大的市场,而他与合作者也确实具备打造一个品牌的创意能力和设计能力。但是,他们忽略了国内消费者的成熟程度和服饰市场渠道的复杂局面。更关键的是,忽略了盗版仿制者对品牌的破坏力。这个项目最终未能避免失败的命运。

这一短暂的创业历程,几乎成为接下来两年他们转而从事出版和广告等行当的缩影,用孙剑波的话来说,就是一个挫折接着一个挫折,一个失败接着一个失败。创业者犯过的错误,他们都犯过了;创业者可能遇到的艰辛险阻,他们也都遇到过;创业者传奇中的好故事,他们倒是一件都没碰上。短短两年,他们以极大的密度经受了别人在其他环境下10年才能经受的磨难,用最短的时间从学校人变为了社会人。

"我创业3年多,从来不知道什么叫一帆风顺。"孙剑波说,"挫折和磨难甚至曾让我丧失尊严和自信,但而今回头去看,全是财富。"

资料来源:无波.孙剑波:屡败屡战的"稀饭"CEO.商务时报,2008.

思考题:

(1) 通过这个案例,你能收获什么?

(2) 如何理解"创业有风险,入行需谨慎"这句话?

一、创业风险分类与构成

当创业机会面临某种损失的可能性时,这种可能性及引起损失的状态便被称为风险。大多数创业机会都蕴含着诸多的不确定性,所以创业机会也会存在某种程度的风险。因此,创业风险是指创业环境的不确定性,创业机会与新企业的复杂性,创业者、创业团队与创业投资者的能力与实力的有限性,所导致的创业活动偏离预期目标的可能性及其后果。

在创业的过程中,有些风险是可以预测的,有些风险是不可预测的;在某些时候,风险越大,未来的收益也可能越大。因此,对于创业者而言,在制定行动方案时要理性、思维严密,使行动方案可实施性强、可及时调整,并做好风险防范措施,以为企业健康、持续发展奠定基础。

1. 创业风险分类

创业风险的类别有很多。如按风险影响程度的范围,创业风险可分为系统风险与非系统风险;按风险来源的主客观性划分,创业风险可分为主观风险和客观风险;按照创业风险内容的表现形式,创业风险可分为机会选择风险、环境风险、人力资源风险、技术风险、市场风险、管理风险和财务风险等。

其中,系统风险指创业环境的不确定性带来的风险,创业者自身难以掌控,只能加强预警避之;非系统风险指创业者自身行为的不确定性带来的风险,创业者自身可以防范甚至化解。但不论是哪类风险,在创业机会识别阶段,创业者都应该尽可能预测到相应的风险,进而理性把握相关风险。

2. 创业风险构成

创业风险由风险因素、风险事件和风险损失构成。其中,风险因素是指能够引起或增加风险事件发生的机会或影响损失的严重程度的因素,是事故发生的潜在条件,又称风险条件;风险事件是指因创业风险的可能性变成现实而发生的,引起损失后果的事件;风险损失是指由于风险事件的出现给创业者或创业企业带来的能够用货币计量的经济损失。

风险事件是风险因素综合作用的结果,是产生风险损失的原因,也是风险损失产生的媒介物。风险因素引起风险事件,风险事件导致风险损失。因此,风险因素、风险事件、风险损失密切相关。

二、创业风险特征

创业风险种类繁多,贯穿并交织于整个创业活动。通过了解并学会识别创业风险的特征,可以帮助大学生创业者更好地规避风险。

1. 客观存在性

在创业的过程中,由于内外部因素发展的不确定性是客观存在的,创业风险也必然是客观存在的,是不以人的意志为转移的。客观存在性要求创业者采取正确的态度承认和正视创业风险。当然,客观存在性并不否认创业风险的存在也有主观的一面。

2. 不确定性

在创业过程中,大学生创业者面临各种各样的不确定因素,如可能遭受现有市场竞争对手的排斥,进入新市场面临需求的不确定。如肯尼迪爱坐旋转椅,他当美国总统时,旋转椅市场曾一度被看好。而到了里根入主白宫之后,因他爱吃豆胶软糖,市场上对各种牌子的豆胶软糖的销售激增。类似这样的市场不确定性,有时真令创业者难以预测和捉摸。

3. 相关性

创业者面临的风险与其创业行为及决策是紧密相连的。同一风险事件对不同的创业者会产生不同的风险损失,同一创业者由于其决策或采取的策略不同,会面临不同的风险结果。

4. 双重性

对于创业者,创业成功或失败皆有可能,创业风险也具有盈利或亏损的双重性。在创业活动中往往风险越大的创业项目回报越高,潜能也越大,所以回避风险同样意味着回避收益。

三、大学生创业项目风险分析

1. 盲目选择项目

大学生创业时如果缺乏前期市场调研和论证,只是凭自己的兴趣和想象来决定投资方向,甚至仅凭一时心血来潮做决定,一定会遭遇失败。

因此,大学生创业者在创业初期一定要做好市场调研,在了解市场的基础上进行创业。

一般来说,大学生创业者资金实力较弱,应选择启动资金不多、人手配备要求不高的项目,从小本经营做起比较适宜。

2. 缺乏创业技能

很多大学生创业者眼高手低,当创业计划转变为实际操作时,才发现自己根本不具备解决问题的能力。

因此,一方面大学生应先去相关企业工作或实习,积累相关的管理经验。另一方面,大学生应积极参加各类各级的创业培训或创新创业竞赛,积累创业知识,接受专业指导,提高创业成功率。

3. 资金风险短缺

创业者在创业初期一般都会遇到资金风险,是否有足够的资金创办企业是创业者遇到的第一个问题。企业创办起来后,创业者就必须考虑是否有足够的资金支持企业的日常运作。对于初创企业来说,如果连续几个月入不敷出或者因为其他原因导致企业的现金流中断,都会给企业带来极大的威胁。

另外,如果没有广阔的融资渠道,创业计划只能是一纸空谈。除了银行贷款、自筹资金等传统方式外,创业者还可以充分利用风险投资、创业基金等融资渠道。

4. 社会资源贫乏

企业创建、市场开拓、产品推介等工作都需要调动社会资源,大学生在这方面可能会感到非常吃力。

因此,大学生平时应多参加各种社会实践活动,扩大自己人际交往的范围。创业前,可以先到相关行业领域工作一段时间,通过这个平台,为自己日后的创业积累人脉。

5. 管理风险

一些大学生创业者虽然技术出类拔萃,但理财、营销、沟通等管理方面的能力普遍不足。要想创业成功,大学生创业者必须技术、经营两手抓,可从合伙创业、家庭创业或虚拟店铺开始,锻炼创业能力,也可以聘用职业经理人负责企业的日常运作。

大学生创业失败者大都是管理方面出了问题,其中包括决策随意、信息不通、理念不清、患得患失、用人不当、忽视创新、急功近利、盲目跟风、意志薄弱等。特别是大学生知识单一、经验不足、资金实力和心理素质明显不足,更会增加在管理上的风险。

6. 竞争风险

寻找蓝海(未知的市场空间)是创业的良好开端,但并非所有的新创企业都能找到蓝海。更何况,蓝海也只是暂时的,所以,竞争是必然的。如果创业者选择的行业是一个竞争非常激烈的领域,那么在创业之初极有可能受到同行的强烈排挤。一些大企业为了把小企业吞并或挤垮,常会采用低价销售的手段。对于大企业来说,由于规模效益或实力雄厚,短时间的降价并不会对它造成致命的伤害,而对初创企业降价则可能意味着彻底毁灭的危险。因此,考虑好如何应对来自同行的残酷竞争是创业企业生存的必要准备。

7. 团队分歧的风险

现代企业越来越重视团队的力量。创业企业在诞生或成长过程中最主要的力量来源一般都是创业团队,一个优秀的创业团队能使创业企业迅速地发展起来。但与此同时,风险也蕴含在其中,团队的力量越大,产生的风险也就越大。一旦创业团队的核心成员在某

【案例分享】
缺乏调研的商业加盟

【案例分享】
百信鞋业的衰落

些问题上产生分歧不能达到统一时,极有可能对企业造成强烈的冲击。特别是与股权、利益相关联时,很多初创时关系很好的伙伴都会闹得不欢而散。

8. 缺乏核心竞争力

对于具有长远发展目标的创业者来说,他们的目标是不断地发展壮大企业,因此,企业是否具有自己的核心竞争力就是最主要的风险。一个依赖别人的产品或市场来打天下的企业是永远不会成长为优秀企业的。核心竞争力在创业之初可能不是最重要的问题,但企业若要谋求长远的发展,这就是最不可忽视的问题。没有核心竞争力的企业终究会被淘汰出局。

9. 人力资源流失风险

一些研发、生产或经营性企业需要面向市场,大量的高素质专业人才或业务队伍是这类企业成长的重要基础。防止专业人才及业务骨干流失应当是创业者时刻注意的问题,在那些依靠某种技术或专利创业的企业中,拥有或掌握这一关键技术的业务骨干的流失是创业失败的最主要风险。

10. 意识上的风险

意识上的风险是创业团队最内在的风险。这种风险无形,却有强大的毁灭力。风险性较大的意识有投机、侥幸、试试看、过分依赖他人等心理。

四、创业风险防范

创办一个企业,存在很多风险。尤其在校大学生或者刚毕业的大学生创业,可能在财务、信息、管理等方面存在风险,所以,大学生创业者一定要做好防范措施,并保持良好的心态去创业。

1. 规避财务风险

初创企业规避财务风险至关重要,创业者应能读懂财务报表,创业者决策时要有成本意识。

(1)把私人的钱跟企业的钱分清。要把企业经营的钱单列一个账户,要把所有收支都记账,营业收入不等于利润,严格区分私人账户和企业账户,不要错把贷款当善款。

(2)尽量把固定资产投资压到最低。场地大小租用应适当,不宜讲排场。创业初期不需要豪华的办公室,除非是业务必需。

(3)贷款使用应当合理。企业资金运用的黄金定律是:注意贷款的投资使用周期。短期贷款应用于短期投资;长期贷款应用于长期投资。

(4)若资金周转困难应增加自筹资金。将短期贷款转为长期贷款或者借新还旧只能解一时之急,更重要的是改进经营方式,及时收回应收货款;加强促销,减少库存。

(5)建立经营支付能力预警制度。生产企业经营周期是:投资购置原材料→生产→库存→营销→销售成功→收回投资+利润→进入下一个投资循环。商贸企业经营周期是:投资购进货物→库存→营销→销售成功→收回投资+利润→进入下一个投资循环。投入生产或者经营的钱,要经过一个经营周期才可以收回,其间企业需要重视资金周转情况。

2. 降低信息匮乏风险

大学生创业时容易犯的错误是:在信息不足的情况下,就盲目地认为自己的产品一定不愁销路。这主要是因为:信息不全,低估了竞争对手的实力;调研不够,低估了只有投入没有盈利的潜伏期。研究表明:61%的创业者是因为市场信息匮乏而创业失败。大学生创业者可采取以下方法降低信息匮乏的风险。

（1）业务外包，可降低人力资本。大学生创业者在创业初期要减少初期资金投入，增长实践经验。在企业遇到经济危机和企业低谷时，也可以用业务外包的形式来规避风险。

（2）合作经营。对于大学生初创者，可以选择与他人以合作经营的方式开始创业，这样有利于分担风险、资源互补、合作双赢。但前期要做好利益均沾、合作共赢、风险共担的约定，写好合作意向并签好合同。

（3）承包别人的业务积累创业经验。大学生创业前应先从承包别人的业务做起，逐步积累行业经验。如承包相关企业的某个业务部门，开始最初的业务拓展，以积累客户群体。只有经过实践的锻炼，才可以获得创业的体会，进而提高创业能力。

3. 避免管理风险

创业者要及时转变人生角色，树立起创业者应有的责任感和事业心。尤其要学习和掌握企业管理的一些基本规律和技能，避免因管理不善而造成企业经营失败。

（1）注重细节，掌握经营的步骤。创业者只有细致地了解企业经营的全过程，才可以对成本和利润有真实的了解。尤其要注意不要把个人情感带到管理中。

（2）精细管理，做好企业危机处理。任何企业在经营中，都会遇到大大小小的危机事件。一旦出现这种情况，要像消防队员一样，先灭火，后查找原因；快速处理，不回避、不推诿责任；坦诚地对待合作伙伴和客户。

（3）注重诚信，做好合同管理。诚信是一个企业生存和壮大的立足点。因此，创业者要注意遵守合同、信守承诺，这是一个需要时时注意的环节。在合作时及时签订合同，有利于建立自己企业的诚信度。合同是对双方的约束，也可以作为企业的一种自我保护手段。

本章小结

通过本章的学习，学生应学会常见的创造性思维技法及应用，学会将创意转化为创业机会，理解创业机会来源和如何寻找创业机会，掌握创业机会识别步骤和评价方法，理解创业风险的分类及特征，理解大学生创业项目风险分析，学会创业风险的防范。

本章习题

1. 创新思维有哪些特征？

2. 常见的创新思维有哪些？

3. 创新思维技法有哪些？

4. 创业机会与创意有何区别？

5. 创业机会的特征有哪些？

6. 创业机会的来源有哪些？

7. 如何寻找创业机会？

8. 如何评价创业机会?

9. 创业风险具有什么特征?

10. 如何防范创业风险?

即测即评

案例评析

共享单车的生与死

共享单车是中国互联网行业最近一次波及全民的创业大潮,短短三年时间,从萌芽到成熟,超过 2 300 万辆各种颜色的自行车进入了中国大街小巷,记录在案的运营公司有 77 家,超过 600 亿资金汇入其中。而后仿佛一夜之间,共享单车从"新四大发明"坠落为"融资黑洞",目前仅剩下摩拜、青桔、哈啰等一些公司。

悟空单车作为国内首家退场的共享单车平台让更多的人对共享单车市场有了更深入的了解。悟空单车的倒闭,是共享单车大战不断升级、进入洗牌的开端。

2016 年,全国共享单车用户数达 426 万人,共享单车日订单超过 300 万笔。悟空单车是由重庆战国科技有限公司研发的。2016 年 12 月悟空单车启动"合伙人计划",在全国范围寻求投资合伙人。创立初期悟空单车率先实施"贴纸计划",计划在 10 万辆单车上张贴走失儿童信息,帮助寻找走失儿童。2017 年 6 月悟空单车官方通告正式退出共享单车市场。至此,悟空单车只在重庆地区投放了 1 200 辆单车,正式运营仅仅 5 个多月后,悟空单车就退出市场。

在悟空单车宣布退出的同时,2017 年 6 月初摩拜单车却宣布完成超过 6 亿美元的新一轮融资,创下当时共享单车行业单笔融资最高纪录。随着资金、供应链向摩拜等头部企业集中,中小共享单车品牌举步维艰。真可谓是几家欢喜几家愁。

资料来源:作者整理。

案例分析:如何判别创业机会?

案例解析:当很多人都发现一个产品是"风口"时,它也许就不是一个"风口",而是一个陷阱。创业者要针对自己的具体情况,判别什么是自己最好的创业机会。悟空单车的失败有很多原因:一是目标市场选择有误。悟空单车把首个目标市场选在了重庆这个著名的"山城",这是个致命的错误。由于重庆是山城,很多市民可能并不会优先选择自行车作为出行方式，企业前期客户有限，推广困难。二是无清晰市场定位。悟空单车的投放时间为2017年1月，这个时间点摩拜已创立半年以上，并完成了北、上、广、深的一线城市布局。此时对后续进入共享单车市场的企业要求较高，新进入者需要拥有较为清晰的商业模式以及相对新颖的产品才能在市场上分一杯羹。盲目追求"风口"，只能沦为"炮灰"。三是无产品特点。众所周知，互联网行业普遍竞争较为激烈。若想在竞争激烈的行业中存活，必须在产品方面进行创新，市场并不会允许众多千篇一律的产品存在。互联网的每个细分行业最多只有2~3家领头企业可以活得很好，其余的企业一般利润不大。

第 四 章　组建创业团队

本章提要

　　企业能否长存,能否在激烈的市场竞争中取得优势,团队建设很重要。优良的团队会使得企业运营良性循环。打造最具核心竞争力的企业核心价值观和企业形象,需要建设一支作风正派、团结共进、协作互助的企业团队。创业型企业尤其需要建设团队,起步阶段团队建设好了,后期才会有发展空间。学生在大学的学习生活中不仅能获得知识、提升能力,还能从中获得人生的感悟和思想的升华。

学习重点和难点

　　重点:理解创业者应具备的能力、创业团队的 5P 要素。
　　难点:理解一支优秀的创业团队的组建与管理。

第一节 创 业 者

学习目的与要求

通过本节学习,学生应达到如下要求:

(1) 了解创业者的基本含义。

(2) 理解如何成为一名创新创业者。

(3) 理解创业动机如何产生。

(4) 掌握寻找创业的驱动力。

(5) 培养吃苦耐劳、坚韧不拔、诚信、遵纪守法、爱国爱人民等能力和素养。

引导案例

华为创始人任正非的故事

1. 第一次转型

任正非 39 岁时从部队转业,来到深圳的企业工作。工作几年后,任正非以 2.1 万元资本注册了华为公司。因为一个偶然的机会,一个做程控交换机产品的朋友让任正非帮他卖些设备,华为成为香港康力公司的 HAX 模拟交换机的代理,凭借深圳在信息方面的优势,从香港进货把产品销到内地,以赚取差价——这是最常见的商业模式,对于身处深圳的公司而言,背靠香港就是最大的优势。当时任正非本人也不是通信技术的专家。他在大学学的专业是供暖,十几年的军旅生涯可能使他成为中国比较早用上电话的人,却远不足以令他对这个产业有深入了解。

在卖设备的过程中,他看到了中国电信行业对程控交换机的需求,同时他也看到整个市场被跨国公司把持。当时国内使用的几乎所有的通信设备都依赖进口,也就是"七国八制",即美国 AT&T、加拿大北电网络、瑞典爱立信、德国西门子、比利时贝尔、法国阿尔卡特,以及日本 NEC 和富士通。中国企业在其中完全没有立足之地,任正非决定要自己开始做研发。

2. 告别代理商身份,成为企业家

任正非后来解释自己早期的这一次转型的原因的时候说:"外国人到中国是为赚钱来的,他们不会把核心技术教给中国人,而指望我们引进、引进、再引进,中国企业始终没能独立。以市场换技术,市场丢光了,却没有哪样技术被真正掌握了。而企业最核心的竞争力,其实就是技术。"军人出身的任正非似乎天生具有比一般人更加强烈的爱国热情和攻坚决心,而他在那个时候认识到"技术是企业的根本",便和代理商这个身份告别,踏上了企业家的道路。

1991 年 9 月,华为租下了深圳宝安县(今宝安区)蚝业村工业大厦三楼,最初只有 50

多人,开始研制程控交换机。所有人吃住都在里面,不管是领导还是员工,做得累了就睡一会儿,醒来再接着干。这在华为成了一项传统,被称为"床垫文化",直到华为漂洋出海与国外公司直接竞争的时候,华为的员工在欧洲也打起地铺,令外国企业叹为观止。12月,首批3台BH-03交换机包装发货。事后员工获悉,此时华为已经没有现金,再不出货就会面临破产。1992年,华为的交换机批量进入市场,当年产值即达到1.2亿元,利润则过千万元,而当时华为的员工还只有100人而已。

当时通信制造领域势头最好的四家企业是巨龙通信、大唐电信、中兴通讯、深圳华为,其中除了华为之外,全部都是国有企业。

华为能够在跨国企业和国有企业之中异军突起,有人说华为靠的是客户关系和价格优势。而任正非总结的原因,是华为身上的狼性文化——敏锐的嗅觉、不屈不挠、奋不顾身的进攻精神、群体奋斗。

3. 走出国门

在国内市场站稳脚跟之后,任正非却很快认识到,将来不会有仅仅依靠区域市场生存的电信设备商,所有的电信设备商都必须是国际标准化的。从1996年,华为就开始了国际化布局。任正非说一种对于危险的警惕,让他做出了这个决定。他也知道在那个时候,华为在国际市场上就是一个无名小卒,一切都要从零开始,而从艰难生活走过来的任正非,在这件事情上愿意大手笔地投入。从1996年到2000年,华为以参加国际电信展的方式来给自己打造品牌和知名度。它还推出"东方丝绸之路""东方快车"等品牌计划让国际客户来熟悉陌生的华为。

1997年任正非参观美国IBM之后,意识到华为与国际一流企业在管理上的差距,决定要向IBM学习。1998年,华为与IBM合作项目"IT策略与规划"正式启动,内容是规划和设计华为未来3~5年需要开展的业务流程和所需的IT支持系统,包括集成产品开发、集成供应链、IT系统重整和财务四统一等八个项目。为此,仅顾问费一项,华为的投入每年就在5 000万美元,再加上其他费用,据统计,华为为了业务流程变革所付出的成本高达10亿元。

做了品牌国际化和管理国际化两手准备之后,华为的国际化扩张道路才算真正进入跑道,而这一起跑,就是加速度的。到2008年,华为取得了233亿美元的合同销售额,其中海外销售占比达75%,与此同时,华为2008年全年纳税总额高达120亿元。2004—2008年,华为合同销售额从56亿美元快速上升至233亿美元,海外销售占比从43%上升至75%,年均增速高于40%。早在1994年,任正非说了一句志怀高远的话:"将来电信设备市场将会三分天下,西门子、阿尔卡特和华为。"2009年,华为成为世界第四大电信设备制造商。

4. 充满矛盾的企业家

企业创始人任正非一直保持着高度的警惕和对市场的敏锐。尽管他脾气暴躁,对企业进行一种高压式的管理;尽管他个性低调,从内部流传出来的讲话充满了上一个时代的用语;尽管他被人指责所谓的国际化管理过于激进,加剧竞争……任正非似乎是一个充满缺点的企业家,低调平添他的神秘,不爱出镜不妨碍他成为被提及概率极高的中国企业家。

资料来源:作者整理。

思考题：

（1）任正非是如何把握机会成为一名企业家的？

（2）任正非作为成功的企业家具有什么特征？

一、创业者的含义及特质

（一）创业者的含义

创业者是指某个人发现某种信息、资源、机会或掌握某种技术，利用或借用相应的平台或载体，将其发现的信息、资源、机会或掌握的技术，以一定的方式转化，创造更多的财富、价值，并实现某种追求或目标的人。创业者是一种主导劳动方式的领导人，是一种"无中生有"的创业现象制造者，是一种具有使命、荣誉、责任能力的人，是一种组织运用服务、技术、器物作业的人，是一种具有思考、推理、判断的人，是一种能使人追随并在追随的过程中获得利益的人，是一种具有完全权利能力和行为能力的人。

在欧美学术界和企业界，创业者被定义为组织、管理一个生意或企业并承担其风险的人。英文中的entrepreneur（创业者）有两种基本含义：一是指企业家，即在现有企业中负责经营和决策的领导人；二是指创始人，通常理解为即将创办新企业或者是刚刚创办企业的领导人。

创业者的概念经历了一个演变的过程。1755年，法国经济学家坎蒂隆首次将创业者的概念引入经济学领域。1880年，法国经济学家萨伊首次给创业者下定义，他将创业者描述为将经济资源从生产率较低区域转移到生产率较高区域的人，并认为创业者是经济活动过程中的代理人。奥地利经济学家熊彼特认为创业者应该是创新者，具有发现和引入新的、更好的、能赚钱的产品、服务和过程的能力。

我们将创业者的概念分为狭义和广义两个方面。狭义的创业者是指参与创业活动的核心人员；广义的创业者是指参与创业活动的全部人员。一般情况下，在创业过程中狭义的创业者会比广义的创业者承担更多的风险，也会获得更多的收益。

（二）创业者的特质

不积跬步，无以至千里；不积小流，无以成江海。纵观国内外商场上叱咤风云的成功者，从华为的任正非到百度的李彦宏，从脸谱（Facebook）的扎克伯格到优步（Uber）的加勒特·坎普（Garrett Camp）……我们能够发现，这些成功人士、创新创业路上的佼佼者，他们身上拥有的与众不同的特质，成为他们打拼事业过程中最强有力的支撑。

1. 创业者拥有无与伦比的冒险精神

创新创业本身就是一项冒险活动。创业者要有胆量，敢下注，想赢也敢输。创新创业，是最需要强大心理承受能力的一项活动。

创新创业需要胆量，需要冒险。冒险精神是创业者精神的一个重要组成部分，但创新创业毕竟不是赌博。创业者的冒险，迥异于冒进。什么叫冒险？什么叫冒进？冒险是这样一种东西：经过努力，有可能得到成果，而且那成果值得争取，否则就只是冒进。创业者一定要分清冒险与冒进的关系，要区分清楚什么是勇敢，什么是无知，无知的冒进只会使事情变得更糟，努力的行为将变得毫无意义。

2. 创业者拥有坚定的信念

创新创业是一场无法退出的人生修炼，是不断向上的动态攀岩。创业者每天都面临着很多的困难和不确定性,为公司的生存和发展殚精竭虑,战战兢兢,如履薄冰。面对这种强烈的不确定性,创业者最最需要的,就是拥有坚定的信念,不靠天,不靠地,只有靠自己。面对别人的竞争时,坚守商业准则和做人的原则,坚信自己的创新创业梦是正确的,坚信事在人为、人定胜天,坚信所有的困难都是用来被打败和克服的。坚定的信念会帮助创业者散发强大的人格魅力,帮助创业者带领整个团队在创新创业路上越走越稳,越走越踏实。

3. 创业者有敏锐的商业嗅觉,即商业敏感性

敏锐意味着可以从平常的现象中发现不平常的东西,从别人未注意的细节中捕捉到有价值的信息,从貌似无关的表象中找到因果关系,进而找到事业新的生长点。创业者的敏感是指对外界变化的敏感,尤其是对商业机会的快速反应。

4. 创业者有强大的抗压能力

当你做出创新创业这个决定的同时,意味着很多。意味着选择了一条充满了各种不确定性的荆棘之路,甚至可能是寝食不安的狼狈;意味着放弃了找一份安稳的工作,放弃了朝九晚五、每月按时领薪水的生活;意味着失去很多陪伴家人、朋友的时间……这绝不是危言耸听,创业者需要拥有无与伦比的创业精神和一颗强有力的"大心脏"。

创新创业的压力,是创业者必须承受的,无法转嫁到别人身上。创新创业是创业者自己选择要走的人生,要想让同行的团队成员付出更多,创业者得付出同等价值,最起码是说得过去的价值,而且必须是现在付出,而不是画大饼。

5. 创业者精力充沛,持续学习

从管理到技术,从开发新产品到解决公司面临的各种或突发或棘手的问题,从统筹规划公司的方方面面到对每一个环节的精益把关,需要创业者具备各种各样的知识和能力。显然,要满足这样的需求,仅靠从课堂上学到的知识是远远不够的,创业者需要不停地以开放的心态、足够的好奇心和灵活的头脑来学习和接纳各种新的知识,"求知若饥,虚心若愚"。这些知识不仅来自书本,更来自我们每天都要接触的社会,来自生活,生活便是我们最好的老师。

创新创业初期不能只有情怀,创业者在成长的路上要找到属于自己的目标和短板,通过不断学习去提升自己,积累一定知识后要通过实践去磨炼,知行合一。对于所遇到的问题创业者要保持自己独立的思考,现在所经历的每一件事都是未来与别人竞争的资本。

6. 创业者善谋略

创业是一个斗体力的活动,更是一个斗心力的活动,创业者的智谋将在很大程度上决定其创业成败。尤其是在目前产品同质化严重、市场有限、竞争激烈的情况下,创业者不但要能够守正,更要能出奇。

二、创业者的素质及能力

(一)创业者的素质

素质是一个人在社会生活中思想与行为的根本表现。创业素质是创业行动和创业任务所需要的全部主体要素的总和。创业是一条伟大的艰辛路,创业者若要获得创业成功需要一些基本素质。对此不同的学者从不同的角度提出了不同的看法。通过对众多文献所涉及的几十种素质进行整理归纳,创业者应具备的基本素质可概括为四个维度。

【案例分享】
全国劳动模范——李连成

1. 身体素质

身体素质，顾名思义，就是一个人的身体体能和健康水平。俗话说"身体是革命的本钱"，做任何事情都需要有个好身体，创业尤其如此。因为创业所涉及的事务是非常复杂的，特别是在创业初期，要涉及大量的业务内容，在工作队伍还没有完全组建起来的时候，很多工作都必须创业者亲力亲为，这就需要创业者有良好的身体素质。如果没有一个好身体，很可能折腾几下就累倒了，创业也就无从谈起了。

2. 心理素质

创业之路，是充满艰险与曲折的。自主创业就等于是一个人去面对变化莫测的激烈竞争以及随时出现的需要迅速正确解决的问题和矛盾，这需要创业者具有非常强的心理调控能力，能够持续保持一种积极、沉稳的心态，即有良好的创业心理素质。它是对创业者的创业实践过程中的心理和行为起调节作用的个性心理特征，与人固有的气质、性格有密切的关系，主要体现在人的独立性、敢为性、坚韧性、克制性、适应性、合作性等方面，反映了创业者的意志和情感。创业能否成功在很大程度上取决于创业者的创业心理素质。正因为创业之路不会一帆风顺，所以，如果不具备良好的心理素质，缺乏坚忍的意志，一遇挫折就垂头丧气、一蹶不振，那么创业者在创业的道路上是走不远的。宋代文学家苏轼说过："古之立大事者，不惟有超世之才，亦必有坚忍不拔之志。"只有具有处变不惊的良好心理素质，树立愈挫愈强的顽强意志，才能在创业的道路上自强不息、竞争进取、顽强拼搏，才能从小到大，从无到有，闯出一番属于自己的事业。

从心理学角度分析，创业心理素质可以分解为认知性创业心理素质和非认知性创业心理素质。认知性创业心理素质包括感知、记忆、思维、想象等，它为创业活动提供智力支持；非认知性创业心理素质包括动机、情感、意志、性格等，它为创业活动提供精神动力。

在市场经济中，机会与风险共存。只要创业，就必然会有风险，事业的范围和规模越大，伴随的风险也就越大。没有承担风险的意愿与能力，创业者就会畏首畏尾、裹足不前，创业的理想也就会成为空谈。愿意承担风险是创业者对事业追求的一种积极的心理状态。

创业是摸着石头过河，没有什么严格与统一的规范。创业者不可能凭借教科书的理论或他人的成功经验一蹴而就，而是需要在创业的过程中不断探索与实践，面对复杂的市场环境需要清醒的头脑与果断的决策。但是失误与挫折总是难以避免的，能够冷静面对挫折是创业者走向成功的重要条件。

3. 文化素质

多维的知识储备是进行创业的基本要素。创业需要专业技术知识、经营管理知识和综合性知识三类知识。创业实践证明，良好的知识结构对于成功创业具有决定性的作用，创业者不仅要具备必要的专业技术知识，更要掌握必备的现代科学、文学、艺术、哲学、伦理学、经济学、社会学、心理学、法学等综合性知识和经营管理知识。

4. 道德素质

良好的道德素质是创业者必备的，它体现了成功创业者的人格魅力：讲信誉，守诺言，言行一致，身体力行，胸襟广阔，厚人薄己，敢于承担责任，勇于自我否定，尊重人才，以人为本，倡导团队合作和学习，帮助团队成员获得成就感，坚持顾客价值、企业价值和社会价值的创造。具有良好口碑的人格魅力可以帮助创业者凝聚人心，鼓舞士气，赢得更多合作者

【案例分享】
大国工匠——
胡双钱

的信任和支持。

（二）创业者的能力

如果说创业者的素质更多地体现在创业者情感和意志品质等方面，具有隐性特点，那么创业者的能力则具有一定的外显性。创业者的能力在创业活动中能够在短期内被他人识别和认知，并且能够产生较为直观和明显的作用。创业者的能力，直接影响创业者能否成功，以及创业收益的大小。蒂蒙斯认为，在创业过程中机会的模糊、市场的不确定性、资本市场的风险以及外在环境的变迁等因素经常影响创业活动，使得创业过程充满风险。因此，创业必须依靠创业者的领导力、创造力、决策力与沟通力来发掘问题，掌握关键要素，弹性调整创业机会、创业资源、创业团队三个层面的搭配组合（见图4-1），使得新事业能够顺利进行。

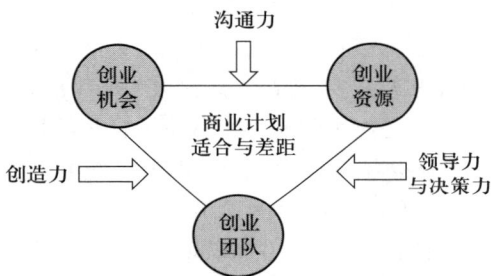

图4-1　蒂蒙斯创业模型

更具体地说，在识别创业机会的过程中，需要创业者具有创造力和决策力；在获取创业资源时，需要创业者具备良好的沟通力；在组建和管理创业团队时，需要创业者具备卓越的领导力。

1. 创造力

创造力是指产生新思想以及发现和创造新事物的能力。创造力高的人对于客观事物中存在的明显失常、矛盾和不平衡现象易产生强烈兴趣，对事物的感受性特别强，能抓住易为常人所漠视的问题，意志坚强，比较自信，自我意识强烈，能认识和评价自己与别人的行为和特点。

创造力的表现行为有三个特征：① 变通性。即思维能随机应变、举一反三，不易受功能固着等心理定势的干扰，因此能产生超常的构想，提出新观念。② 流畅性。如果一个人针对某种刺激的反应既快又多，能够在较短的时间内表达出较多的观念，此人便具备流畅性。③ 独特性。即对事物具有不寻常的独特见解。创造力的构成也可归结为三个方面：① 作为基础因素的知识，包括吸收知识的能力、记忆知识的能力和理解知识的能力。② 以创新思维能力为核心的智能。既包括敏锐、独特的观察力，集中的注意力，持久的记忆力和灵活的操作力，也包括创新思维能力，还包括掌握和运用创新原理、技巧和方法的能力等，这些是构成创造力的重要部分。③ 创造个性品质，包括意志、情操等方面的内容。

整个创业过程都需要创业者的创造力。创业机会的发现和创意的形成需要创新思维，发挥创造力，这种创造力即商业敏锐性。创业者只有凭借商业敏锐性才能够识别商机，激发灵感。同样,创业机会的开发、创业资源的整合、商业模式的设计更是创造力的集中体现。

2. 领导力与决策力

创办一个企业,不仅需要处理各种事务性问题,还要为企业建章立制,即便只有一两个人的小店铺或家庭企业也不例外。企业虽小,但面临的环境以及经营发展的变化却不小。因此,创业者还需要具备相当的领导力与决策力,能把企业的人员与业务安排得井井有条,并能及时处理所遇到的一切问题。

决策是创业过程中极为重要的环节,起着承前启后的枢纽作用。从学校毕业后选择自主创业还是受人雇用需要决策,选择何种创业项目也需要决策。决策是人们确定未来行动目标,并从两个以上实现目标的可行方案中选择一个最优方案的分析判断过程。西方决策理论学派的代表人物西蒙认为:管理就是决策,决策是管理的核心。它对创业者的能力要求是快速判断、快速反应、快速决策、快速行动及快速修正。因此,创业者需要具有良好的决策力。决策不仅仅是做出选择,在选择之前必须进行详尽的资料搜寻和评估工作,事后更要进行检讨,这样才能真正累积经验,提高日后决策的成功机会。

领导力的本质就是影响力,是把握组织的使命并影响下属围绕这个使命奋斗的一种能力。它是一种较高层次的综合能力,包括团队组建与管理能力、战略定位能力、企业文化设计与培育能力、应付突发事件的能力等。创业者需要扮演企业细致的"管家"、活跃的"外交家"、战略的"设计师"、执行的"工程师"、发散思维的"开拓者"、内敛倾向的"保守派"等角色,需要将技术研发、市场开拓和财务管理等方面的人才凝聚在一起,需要将不同个性的人凝聚在一起,形成协同优势。

3. 沟通力

创业者的沟通力表现为能够妥善地处理与外界公众(政府部门、新闻媒体、客户等)之间的关系,以及能够协调下属部门成员之间关系的能力。创业者应该妥当地处理与外界的关系,尤其要争取政府监管部门的支持与理解,同时要善于团结一切可以团结的人,团结一切可以团结的力量,求同存异、共同协调地发展,做到不失原则、灵活有度,善于巧妙地将原则性和灵活性结合起来。总之,创业者只有搞好内外团结、处理好人际关系,才能建立一个有利于创业的和谐环境,为成功创业打好基础。

沟通力难以完全依靠书本而习得,它实际上是一种社会实践能力,需要在实践活动中学习,不断积累、总结经验。这种能力的形成要注意三点:一是敢于与不熟悉的人和事打交道,敢于冒险和接受挑战,敢于承担责任和压力,对自己的决定和想法要充满信心和希望。二是养成观察与思考的习惯。社会上存在许多复杂的人和事,在复杂的人和事面前要多观察多思考,观察的过程实质上是调查的过程,是获取信息的过程,是掌握第一手材料的过程,观察得越仔细,掌握的信息就越准确。观察是为思考做准备,观察之后必须进行思考,做到三思而后行。三是处理好各种关系。可以说,社会活动是靠各种关系来维持的,要处理好关系就必须善于应酬。应酬是处事、待人、接物的表现。应酬的最高境界是在毫无强迫的气氛里,把诚意传达给别人,使别人受到感应,并产生共识,自愿接受自己的观点。搞好应酬要做到宽以待人,严于律己,尽量做到既了解对方的立场,又让对方了解自己的立场。协调交往能力并不是天生的,也不会在学校里就形成了,而是创业者走向社会后慢慢积累社会经验,逐步学习社会知识而形成的。

三、创业动机及驱动因素

(一)创业动机的概念

创业动机是指创业者由于个体内在或外在的需求,而在创业时所表现出来的目标或愿景。创业动机常常决定着创业者的行业选择、目标定位等具体取向,源自个体的心智与教育成长环境,是个体在综合自我、环境、价值、目标、期望等诸多因素之后所形成的内在的、个人的初始动力,是创业的开始和最基本的驱动力。

(二)创业动机的分类

按照马斯洛的需求层次理论,现实中创业者的创业需求(动机)由低级到高级、由简单到复杂,可分为以下五类。

(1)生理需求。有的人创业是为了不依赖他人独立地生存。

(2)安全需求。有的人创业是为了拥有永远不会失去的安全感。

(3)归属需求。有的人放弃可以无忧无虑生存的工作,为了拥有更宽广的发展空间和人脉而创业。

(4)尊重需求。有的人放弃高薪而去创业,是为了过一种更加受人尊重的生活,用自己的能力去打拼创立属于自己的自由王国。

(5)自我实现需求。有的人干脆在创业成功的时候卖掉自己的企业,转身去做咨询、公益、慈善等,这也是一种追求体现自身价值的生活方式。

由此可以看出,如果创业仅仅是为了赚钱,这都还不算是真正的成功,因为这样的追求还只是为了满足自己最基本的需求,就算经过奋斗满足了生理需求(有吃、有穿)、安全需求(有房子、有固定收入)、归属需求(有家、有爱人、有天伦之乐)、尊重需求(有钱、有权、有势)的时候,依然还不能算是一个成功者,因为这一切仅仅是为成功所做的一种准备和铺垫,或者说是一种积累和储备。

(三)创业动机的驱动因素

1. 四因素结构模型

唐纳德·F.库拉特科等学者在总结前人研究的基础上,对来自美国中西部的234名创业者进行了结构化访谈,经过对数据进行收集和分析,提出了创业动机的四因素结构模型,分别为:外部报酬、独立/自主、内部报酬、家庭保障。各因素的指标见表4-1。

表4-1 创业动机四因素指标

外部报酬	独立/自主	内部报酬	家庭保障
(1)获得个人财富 (2)增加个人收入 (3)增加收入机会	(1)人身自由 (2)个人保障 (3)自我雇佣 (4)做自己的老板 (5)控制自己的职业命运	(1)得到公众的认可 (2)迎接挑战 (3)享受兴奋 (4)个人成长 (5)证明自己的能力	(1)家庭成员将来的保障 (2)建立一个可以传承下去的家族企业

之后,有学者对此结构进行了校验,在肯定库拉特科等学者的四因素结构的基础上进行了修订,外部报酬维度去掉了"获得个人财富",增加了"增加销售额和利润""改善生活"

指标;内部报酬维度去掉了"享受兴奋",其他指标都保留;家庭保障维度增加"接近家庭""为退休做准备"两个指标。

库拉特科等学者的四因素结构模型与后面学者们提出的四因素结构相比有以下不足:库拉特科等学者的研究初期没有进行预访谈,正式访谈也只是结构化的访谈,而没有结合半结构访谈或开放式访谈,这样导致不能穷尽所有可能的因素;后来学者的研究则避免了上述缺陷,对库拉特科等学者的指标进行了修订和发展。

2. 二因素结构模型

曾照英和王重鸣基于国外学者的研究,提出了中国情境下创业动机的二因素结构模型:事业成就型和生存需求型。其中,事业成就型包括获得成就认可、扩大圈子影响、成为成功人士、实现创业想法、控制自己人生 5 个维度,生存需求型包括不满薪酬收入、提供经济保障、希望不再失业 3 个维度,如图 4-2 所示。

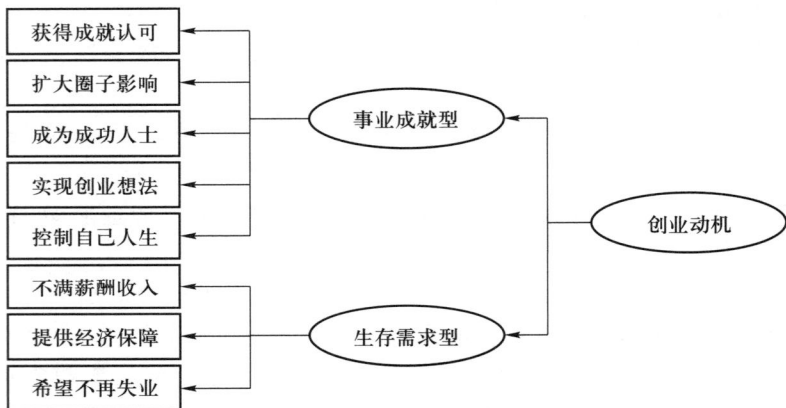

图 4-2　创业动机的二因素结构模型

之前学者对创业动机维度的定义是基于西方创业者的创业动机研究得出的结果,而这个模型则是针对中国的创业者。因此,这在一定程度上丰富了我国创业动机研究的内容。

第二节　创 业 团 队

学习目的与要求

通过本节学习,学生应达到如下要求:

(1) 了解创业团队的含义及创业团队对创业成功的帮助。

(2) 学习如何创建创业团队。

(3) 了解一个高效创业团队应具备的特征。

(4) 思考创业团队的管理策略。

(5) 培养团队合作精神、爱国主义、理想信念、道路自信、价值认同等能力和素养。

【知识拓展】
不可取的十一种创业动机

引导案例

成功团队的典范——"腾讯五虎将"

腾讯公司之所以能够取得今天的巨大成就,除了选对行业、抓住了进入互联网行业的契机,跟腾讯公司早期的五人核心团队"腾讯五虎将"优势互补、合理搭配也有很大的关系。首席执行官马化腾善于把复杂事情简单化;首席技术官张志东善于把事情做得完美;首席信息官许晨晔个性随和有主见,但不轻易表达,是有名的"好好先生";首席行政官陈一丹个性严谨且张扬,能在不同的状态下激起大家的激情;首席运营官曾李青是腾讯公司五个创始人中最有激情和感召力的一个,其大开大合的性格,比马化腾更具攻击性,更像拿主意的人。这个团队的成功之处,就在于职、权、责、利的明确划分。能力越大,责任越大,权力越大,收益也就越大。

资料来源:王文利,许丽洁.创业大讲堂——大学生创业的八堂必修课.西安:西安电子科技大学出版社,2016.

思考题:如何组建自己的团队?

创业团队对创业成功至关重要。被誉为"创业学之父"的杰弗里·蒂蒙斯在其创造的蒂蒙斯模型中,将创业团队、创业资源和创业机会视为创业的三大核心要素,任一要素的弱化都会破坏三者之间的平衡。其中,创业团队在这种不平衡到平衡的状态变化中发挥着重要的作用。

一、创业团队的内涵、关键因素及价值

(一)创业团队的内涵

团队是群体的一种形态,但是不等同于群体。二者的根本差别在于:团队中成员的作用是互补的,而群体中成员的作用在很大程度上是可以互换的。团队缺少任何人都不能很好地运转,而群体缺少谁都可以运转。具体表现在:团队的成员对是否完成团队目标一起承担成败责任并同时承担个人责任,而群体的成员则只承担个人成败责任;团队的绩效评估以团队整体表现为依据,而群体的绩效评估是以个人表现为依据;团队的目标实现需要成员间彼此协调且相互依存,而群体的目标实现却不需要成员间的互相依存性。此外,团队较之群体在信息共享、角色定位、参与决策等方面也更胜一筹。

团队是群体的特殊形态,是一种为了实现某一目标而由互相协调依赖并共同承担责任的个体所组成的正式群体。团队是由两个或者两个以上拥有不同技能、知识、经验和能力的人组成,具有特定的工作目标,成员之间可以相互愉快地工作在一起,互相依赖、技能互补、成果共享、责任共担,通过成员间的协调、支援、合作和努力共同完成目标。真正的团队不光是一群人聚在一起,其工作能力总是能超过由同样的一组个体集合而成的非团队。

综上,创业团队的内涵是指在创业初期(包括企业成立前和成立早期),由一群才能互补(分工)、责任共担、愿为共同的创业目标而奋斗,并能做到利益让渡的人所组成的特殊群体。

（二）创业团队的关键因素

有学者认为,创业团队需要具备五个关键因素,这些要素对应的英文词语首字母均为P,因此被称为创业团队的 5P 模型(见图 4-3)。

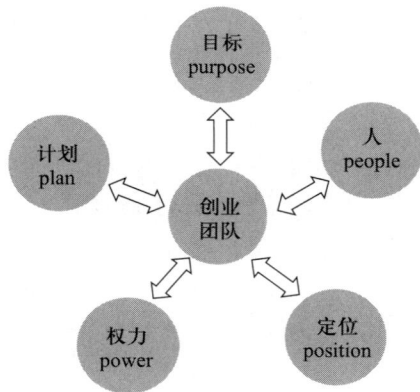

图 4-3　创业团队的 5P 模型

1. 目标（purpose）

创业团队是为实现共同目标而组织在一起的,所以,只有目标确定,才能让创业者有组建团队的基础,才能让创业团队有清晰明确的方向,同时,才能体现创业团队存在的价值。

确定创业团队目标,主要有这样几个好处。

（1）共同目标能让成员精神振奋,能与企业的政策和行动相互协调和配合。

（2）成员能充分发挥才能和创作潜能,从而创作出超乎寻常的成果,体现工作的乐趣。

（3）共同目标能有效地帮助成员学会成长和实现自我价值。

2. 人（people）

人,是团队的根本,是一切活动的基础。但创业团队的这些人,必须是创业者所需要的,而不是一些随便的人选。新手创业者可以从以下几方面来选择创业团队需要的成员。

（1）选择创业团队成员时,应充分考虑人员的知识结构,选择各有所长的成员能事半功倍。例如,在技术、管理、销售以及客户资源方面均有人手,则团队能在运转中充分利用个人的知识和经验优势。

（2）在企业发展的不同时期,对成员选择的侧重点各有不同。例如,创业初期技术人员比较重要;发展期则需要引入市场开拓人才;发展稳定期,成熟的管理者则成为公司的中流砥柱。

（3）将关键员工纳入团队,根据其一个时期内的贡献、工作业绩和工作成果考虑分红或持股计划。

（4）有效的创业团队需要有强有力的核心人物、透明沟通的平台、规范的运作方式、有效的执行能力及具有凝聚力的企业文化。

3. 定位（position）

定位,可简单理解为位置的寻找。团队定位主要分为两个方面:团队和个人。下面分别进行介绍。

（1）团队由谁组建、成员如何选择以及团队如何激励下属等，这属于团队在整个公司中的定位。

（2）团队成员在团队中的定位，即具体分工情况。

（3）在进行团队定位时，可从多个方面入手和思考：① 团队对谁负责？由谁负责？② 团队是什么类型？③ 团队面临的首要任务是什么？④ 依据什么标准和原则，来决定团队的成员和团队的各种规范？

4. 权力（power）

团队成员的工作积极性和绩效，很大程度取决于团队权力分配，也就是职权的分配。

通常情况下，团队权力主要包括投资决策权、人事聘任权、经营决策权以及薪酬分配权等。授予团队权力可从以下几个方面来考虑。

（1）团队的活动范围是什么？有多大？

（2）它从事哪些业务和活动？

（3）它有多大的组织规模？

（4）它能够处理可能影响整个组织的事务吗？

（5）它的工作重心集中在某一特定领域吗？

（6）不同团队的界限是什么？

（7）团队在多大程度上可以自主决策？

5. 计划（plan）

在带领团队完成既定的目标时，通常情况下，都需要制定相应的计划，从而保证整个工作顺利进行以及成员工作的安排等。

制定计划可以从以下几个方面进行考虑。

（1）团队有多少成员才合适？

（2）团队需要什么样的领导者？

（3）领导者的权力和职责分别是什么？

（4）团队领导者职位是常设的还是由成员轮流担任？

（5）应该赋予其他团队成员特定职责和权力吗？

（6）各个团队应定期开会吗？

（7）如何界定团队任务的完成？

（8）如何评价和激励团队成员？

（三）创业团队的价值

团队创业之所以比个人创业更容易成功，是因为相对于个人而言，创业团队在多个方面更能体现出优势。

1. 资源优势

创业团队中每个成员具有不同的知识结构、成长背景、经验积累、经济社会资源等，这些资源集合在一起要比单个创业者丰富得多，从而可以更有效地解决企业面临的许多问题，增加企业成功的可能性。创业团队也可以解决个人创业在时间、精力上的不足问题，避免创业企业过分地依赖于一个人而导致失败。

2. 决策优势

创业团队成员之间合理分工、各负其责，能更有效地把握具体问题，加快决策的速度和效率，发挥好"三个臭皮匠，顶个诸葛亮"的力量，增加决策的科学性。通过任务分担可以为管理者腾出更多时间来思考企业战略等问题，为企业重大决策提供时间保证，也可以避免单个高管人员的变动给企业带来致命的影响，保证创业团队决策的连续性。

3. 创新优势

美国经济学家熊彼特在其著作《经济发展理论》中提出的创新理论包括下列五种具体情况：开发新产品，或者改良原有产品；采用新的生产方法；发现新的市场；发现新的原料或半成品；创建新的产业组织。不管是哪一种创新，创业团队均可把多种资源优势、技能和知识糅合在一起，从而增加成功的可能性。创业团队内每一位成员具有不同的思维方式、信息获取渠道和机会评价标准，这也使创业团队比个人更有可能发现创新点，为企业赢得更多的商机。

4. 绩效优势

创业团队形成的合力，使其工作绩效大于所有个体成员独立工作时的绩效之和。团队成员通过团结合作、优势互补、集体效应可以鼓舞士气、增强凝聚力，其产生的群体智慧和能量将远远大于个体。曾有学者研究得出这样的结论：工作群体绩效主要依赖于成员的个体贡献，而团队绩效则基于每一个团队成员的不同角色和能力及其尽力产生的乘数效应。许多研究和实践都证明了团队工作方式能够有效提高企业绩效。

因此，组建一个创业团队一方面能够降低个人的创业风险，另一方面也能够通过优势互补、有效管理形成团队合力，在市场竞争中取胜。

【案例分享】
嫦娥四号
团队

二、创业团队的组建

（一）创业团队组建的基本原则

1. 目标明确合理原则

目标必须明确，这样才能使团队成员清楚地认识到共同的奋斗方向是什么。与此同时，目标也必须是合理的、切实可行的，这样才能真正达到激励的目的。

2. 互补原则

创业者之所以寻求团队合作，其目的就在于缩短创业目标与自身能力间的差距。只有当创业团队成员相互在知识、技能、经验等方面实现互补时，才有可能通过相互协作发挥出"1+1>2"的协同效应。

3. 精简高效原则

为了减少创业期的运作成本、最大比例地分享成果，创业团队成员构成应在保证企业能高效运作的前提下尽量精简。

4. 动态开放原则

创业过程是一个充满了不确定性的过程，创业团队可能因为能力、观念等多种原因不断有人离开，同时也有人要求加入。因此，在组建创业团队时，应注意保持团队的动态性和开放性，使真正完美匹配的人员能被吸纳到创业团队中来。

（二）创业团队组建的一般程序

创业团队的组建是一个相当复杂的过程,不同类型的创业项目所需的团队不一样,组建步骤也不完全相同。概括来讲,创业团队的组建程序如图4-4所示。

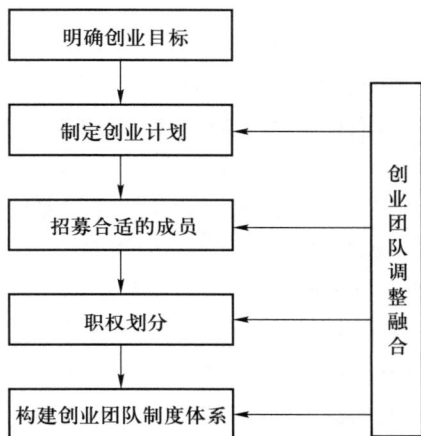

图4-4 创业团队组建程序图

1. 明确创业目标

创业团队的总目标就是要通过完成创业阶段的技术、市场、规划、组织、管理等各项工作,实现企业从无到有、从起步到成熟。总目标确定之后,为了推动创业团队最终实现创业目标,需将总目标加以分解,设定若干可行的、阶段性的子目标。

2. 制定创业计划

在确定了总目标以及一个个阶段性子目标之后,紧接着就要研究如何实现这些目标,这就需要制定周密的创业计划。创业计划是在对创业目标进行具体分解的基础上,以团队为整体来考虑的计划。创业计划确定了在不同的创业阶段需要完成的任务,通过逐步实现这些阶段性子目标来最终实现创业总目标。

3. 招募合适的成员

招募合适的成员是创业团队组建最关键的一步。创业团队成员的招募,主要应考虑两个方面:一是互补性,即考虑其能否与其他成员在能力或技术上形成互补。这种互补性既有助于强化成员间的合作,又能保证整个团队的战斗力,更好地发挥创业团队的作用。一般而言,创业团队至少需要管理、技术和营销三个方面的人才。只有这三个方面的人才形成良好的沟通协作关系后,创业团队才可能实现稳定高效运转。二是规模适度。适度的团队规模是保证团队高效运转的重要条件。团队成员太少则无法实现团队的功能和优势,而过多又可能产生交流的障碍,团队很可能分裂成许多较小的团体,进而大大削弱团队的凝聚力。一般认为,创业团队的规模控制在12人以内最佳。

4. 职权划分

为了保证团队成员执行创业计划、顺利开展各项工作,必须预先在团队内部进行职权划分。创业团队的职权划分就是根据执行创业计划的需要,具体确定每个成员所要担负的职责以及相应所享有的权利。成员间职权的划分必须明确,既要避免职权的重叠和交叉,也要避免职权无人承担造成工作上的疏漏。此外,由于创业团队还处于创业过程中,所处的创业环境是动态复杂的,不断面临新的问题,其成员可能不断更换,因此创业团队成员的职权也应根据需要不断进行调整。

5. 构建创业团队制度体系

创业团队制度体系体现了创业团队对成员的控制和激励能力,主要包括团队的各种约束制度和各种激励制度。一方面,创业团队通过各种约束制度(主要包括纪律条例、组织条例、财务条例、保密条例等)使其成员避免做出不利于团队发展的行为,实现对其行为的有效约束,保证团队的秩序稳定。另一方面,创业团队要实现高效运作要有有效的激励机制(主要包括利益分配方案、奖惩制度、考核标准、激励措施等),使成员看到随着创业目标的实现,其自身利益将会得到怎样的改变,从而达到充分调动成员的积极性、最大限度发挥成员作用的目的。要实现有效的激励,首先就必须把成员的利益分配方案界定清楚,尤其是关于股权、奖惩等与成员利益密切相关的事宜。需要注意的是,创业团队的制度体系应以规范化的书面形式确定下来,以免不必要的混乱。

6. 创业团队调整融合

完美组合的创业团队并非创业一开始就能建立起的,很多时候是在企业创立一定时间以后,随着企业的发展逐步形成的。随着创业团队的运作,创业团队组建时在人员匹配、制度设计、职权划分等方面的不合理之处会逐渐暴露出来,这时就需要对创业团队进行调整融合。问题的暴露需要一个过程,因此创业团队调整融合也应是一个动态持续的过程。创业团队调整融合要专门针对运行中出现的问题,不断地对相关方面进行调整,直至满足实践需要为止。在创业团队调整融合的过程中,最为重要的是保证成员间经常、及时、有效的沟通与协调,培养和强化团队精神,提升团队士气。

需要注意的是,创业团队的组建过程并不是一个完全严格的顺序过程。事实上,很多创业团队的组建过程没有明确的步骤划分界限,如制度体系构建、创业团队调整融合可能贯穿于企业发展的整个过程之中。创业者在组建创业团队的时候应在上述基本原则的指导下,根据实际情况灵活加以运用。

(三)创业团队成员招募

很多时候创业伙伴都是我们认识的人,是经常活动在自己周边的朋友。但是也有很多的创业团队成员,他们在加入团队前互不相识。对于大学生创业来说,创业团队成员该从哪里招募?

1. 学校的社团组织

学校里有很多社团组织,那里有很多活跃且有理想、有抱负、有特长、有技能的大学生,在那里你可以找到志同道合的朋友,也可以找到兴趣爱好相同的伙伴。社团组织中的学生一般来说,都是内心充满理想和追求,并且愿意付出更多努力来实现自己目标的人。

2. 公共的社交场合

对于大学生来说公共的社交场合很多,比如,各种学术和技能比赛、文艺汇演、学术会议,还有其他一些公共活动。大学生需要有意识地关注这些场合的人员群体,并主动结交朋友。这些人一般都来自不同的院校,具有不同的文化特质。

3. 众创空间

目前,在各大高校都出现很多的众创空间,一个城市也会有几个不同规模的众创空间,众创空间的伙伴更多的是怀揣着创业梦想,或者具有技术能力,或者具有创新思维的一群人,在这里寻求创业团队成员,可以在很大程度上解决很多创业初期的困难问题。

4. 他人推荐

人才资源很多时候来自他人推荐。这种创业团队成员招募方式已经进行了初步的筛选,既节省了时间和精力,又节省了一定的资金成本。

5. 公开招聘

我们可以通过一些互联网平台如微信朋友圈,发布一些招聘信息,去招聘我们需要的创业伙伴,从中筛选得到我们的创业团队成员。

(四)创业者自我评估

在任何情况下,选择适合的创业团队成员的过程,都应当开始于创业者所做的仔细的自我评估。这是因为,从现实的角度看,除非创业者知道他们已经拥有什么,否则,他们不可能知道他们需要从别人那里得到什么。为了选择与自己在知识、技能和特性方面具有互补性的合作者,创业者首先必须对自己的人力资本进行认真的自我评估。这是一件非常困难的事情,因为,人们通常意识不到自身的行为,而且在很多情况下,只能根据其他人对自己的反映来理解自己的特征。创业者自我评估主要考虑以下五个方面:

1. 知识基础

创业者所接受的教育以及经验可以表明创业者知道什么和不知道什么,以及需要从其他人(包括潜在的合作者)那里获得什么。他们必须具备一定的知识基础和教育基础,能够很好地配合。

2. 专门技能

每个人都有一系列独特的完成某些任务的能力,创业者应该理解并列举自身技能,将其作为创建新企业的初步步骤。

3. 动机

思考创业动机有利于评判创业者和那些潜在合作者之间的动机差异,避免隐患。

4. 承诺

承诺是指完成事情(在逆境中也继续前进)以及实现与新企业相关的个人目标的意愿。

5. 个人特质

创业者要了解自身在责任感、外倾性、友好性、情绪稳定性、经历开放性这五大关键维度上处于什么位置。

(五)创业团队的维持

每个人的思想、个性等都是不一样的,因此,任何团队中的个人在合作过程中,相互之间出现不一致、矛盾甚至冲突都是难免的。而如果不能很好地预防、化解这些问题,团队往往会解体。创业团队也不例外,为了成功创业,必须维持好创业团队的稳定、团结和战斗力。那么,如何很好地维持创业团队呢?必须遵守以下一些原则:

1. 始终坚持企业愿景

共同的愿景是将团队成员凝聚在一起的核心。创业团队的成员必须有共同的愿景,认同创业团队努力的目标和方向,同时还要遵循创业团队共同的行动纲领和行为准则。创业团队成员要把坚持这个愿景、坚守这些纲领和准则作为铁的纪律,时刻不能动摇。

2. 明确责、权、利关系

责、权、利关系是创业团队成员关系的最主要内容。清晰的责、权、利关系是创业团队团结的最基本条件。创业团队要以法律文本形式把最基本的责、权、利界定清楚,尤其是股权、期权和分红权等基本权利,还要确定一个清晰的利润分配方案。此外还要明确增资、扩股、融资、撤资、人事安排、解散等与团队成员利益密切相关的事宜。

3. 进行持续沟通

沟通信息、思想和情感是加强团队成员凝聚力的重要途径。创业团队要保证成员间通畅的沟通渠道,使成员进行持续不断的沟通。不仅在出现矛盾、发现问题、遇到困难时要沟通,平时工作时更要沟通。特别是团队领袖,要做到完全开诚布公,把自己的所有想法以及和企业有关的所有信息都同团队成员分享。

4. 坚持公平正直

领袖是团队的核心,其所做所为对于维持团队的稳定、团结和战斗力至关重要。创业团队的领袖不仅要在维护团队的愿景和规则、把握事业方向等方面发挥作用,还要在个人道德和为人处世的作风方面发挥作用,尤其要做到公平正直。只有做到公平正直,才能赢得团队其他成员的信赖和尊重;否则,领袖办事不公、为人不正,就会失去成员的尊重和信赖,团队就会逐渐离心离德、战斗力减弱。

5. 不惜淘汰"异己"

维护团队团结非常重要,但也不能为了团结而团结,当矛盾、冲突不可避免时,也要坦然接受。特别是,当发现创业团队成员中有人做了违反企业规章、道德准则,或者危害创业团队和企业利益的事情时,要坚决地与之斗争,并且不惜代价,将这样的人淘汰出团队。否则,如果为了维护表面上的团结而姑息养奸,会给创业团队和企业造成更大危害。

【知识拓展】
成功创业团队中的主要角色

三、创业团队的管理策略

创业团队管理的重点是在维持创业团队稳定的前提下发挥创业团队的多样性优势。有效的创业团队管理能使各个本来分散的个体和具有不同能力、不同个性的人,组成一个有共同目标、相互协调的整体。创业团队管理就是要使创业团队具有不断改善、不断革新的精神,使每个人的才能不停留在原有水平上,而是不断地发展和增强,达到"1+1>2"的效果。进行创业团队的管理,主要从以下几方面进行。

(一)打造团队精神

团队精神是各个成员的精神支柱,是创业成功的基石。和谐向上的团队精神能充分调动团队成员的团队意识,使其相互理解和支持,为实现团队的目标服务。

1. 重视团队精神

一个团队或企业没有团队精神,一切美好的想法和愿望都将成为"零";一个员工没有团队意识,无论学历有多高、技术有多精,对企业来讲都是"零"。只有具备团队精神的团队,才会形成一种无形的向心力、凝聚力和创造力。

2. 形成团队精神

（1）培养团队成员的敬业精神。敬业是积极向上的人生态度。而兢兢业业做好本职工作是敬业精神中最基本的一条。要做到敬业,就要具有"三心",即耐心、恒心和决心。任何事情都不是一蹴而就的,不可只凭一时的热情、"三分钟的热度"来做,也不能在情绪低落时就马马虎虎、应付了事。特别在创业初期,团队成员要勇敢地面对并解决困难,而不是一遇到困难就退缩。

（2）建设学习型团队。每个成员的学习、每次团队的讨论,都是团队成员思想不断交流、智慧不断碰撞的过程。如果团队中每个成员都能把自己掌握的新知识、新技术、新思想与其他团队成员分享,集体的智慧势必大增,团队的学习力就会大于个人的学习力,团队智商就会大大高于每个成员的智商,从而达到整体大于部分之和的效果。

（3）建设竞争型团队。竞争型团队必须具有竞争意识,敢于正视自己,敢于面对强手。竞争型团队要提高自身水平和技能,能有效完成团队任务。在建立内部竞争机制时,要注意成员之间的关系是建立在理性基础上的竞争,而不是斗争,协作是团队的核心,要用争论来激活团队的气氛,激发成员的竞争意识;要以发展来吸引人,以事业来凝聚人,以工作来培育人,以业绩来考核人,用有情的鼓励和无情的鞭策让团队的每个成员都能以积极的态度工作,实现自我和超越自我,最大限度地发挥团队威力。

3. 塑造团队文化

高效的团队注重文化的塑造,尤其是共同价值观的培养。团队文化是由团队价值观、团队使命、团队愿景和团队氛围等因素综合在一起而形成的。塑造团队文化的关键就是在团队形成与发展的过程中确立团队价值观、团队使命和团队愿景,并以此为基础逐渐形成相应的团队文化氛围。

（二）设置创业团队的组织结构

设置创业团队的组织结构时,必须以团队的战略任务和经营目标为依据,具体要注意以下几点:

1. 权责分明

团队的任何一项工作都离不开其他人的配合,只有协作配合好,才能顺利完成管理工作。对于初创的创业团队,成员分工一般都比较粗放,很多事情不分彼此,成员一起决策、共同实施。但一定要注意落实责任、权责分明,避免出错或者失误后互相推诿,造成团队成员之间的矛盾。

2. 分工适当

分工并不是越细越好,分工过细会导致工作环节增加,往往引起工作流程延长,会削弱分工带来的好处。解决扯皮的关键是整个团队或成员要在团队精神的指导下相互协调,以完成总体目标。

3. 适时联动

适时联动是为了完成待定任务,成立打破部门分工、跨越部门职能的专门的功能小组。小组成员具有双重身份,既要向本部门主管汇报工作,又要对小组组长负责。

这种模式适用于已经具有一定规模的创业企业。创业团队初期由于没有专门的跨部门功能小组,各成员各司其职,在企业规模不是很大的情况下,运行状况还比较好。但是随着企业不断扩大规模,尤其在更新速度不断加快的新项目和一些比较重大的项目上,缺乏全盘的统筹和协调,会造成企业运转困难。因此,一个专门负责新项目或一些重大项目的组织协调工作的机构就显得尤为重要。

当有新项目时,组织各职能部门职员成立跨部门功能小组,小组成员在向本部门主管报告的同时要向小组组长报告该项目所辖职能的进展状况,直到项目完成、小组解散。这样,跨部门功能小组在组长的协调下,就能充分发挥团队精神,提高工作效率。

(三)优化创业团队的运作机制

1. 明确权利与责任

创业团队内部要妥善处理各种权利关系,确定谁适合从事何种关键任务和谁对关键任务承担什么责任。在治理层面,主要解决剩余索取权和剩余控制权的问题。同时,还必须建立进入机制和退出机制,约定以后团队成员退出的条件和约束,以及股权的转让、增股等问题。

而在管理层面,最基本的原则有三条:一是平等原则,制度面前人人平等;二是服从原则,下级服从上级,行动要听指挥;三是秩序原则,不能随意越级指导,也不能随意越级请示。大学生创业团队内部的管理界限没有那么明显,但一定得把决策权限理清,做到有权有责。

2. 制定员工激励办法

创业团队需要妥善处理内部的利益关系。大学生创业的资金筹措本来就是难题,分配就更应合理谨慎。团队的管理者要认真研究和设计整个团队的报酬体系,使之具有吸引力,并且使报酬水平不受贡献水平的变化和人员增加的限制,即能够保证按贡献付酬和不因人员增加而降低报酬水平。

3. 建立绩效评估体系

绩效评估必须与个人的能力、团队的发展、个人扮演的角色和取得的成绩结合起来。传统的绩效评估体系和绩效管理只关注个人绩效如何,而不去考虑个人绩效与团队绩效的结合。造成这种状况的原因多种多样,包括评估不及时、各方意见不能真实反映实际情况、评估含糊不清、易掺入情感因素、忽略了被评估人的绩效给他人带来的影响等。成功的绩效评估不再限定于只注重个人的绩效,而是更加注重整体表现。这样的绩效评估能让员工个人了解团队合作的重要性,个人需要不断进行自我调整,以适应不断变化的环境和业务发展。

4. 创业团队的领导者

创业团队的领导者是创业团队的灵魂,每个创业团队都必须有一个领导者。创业团队的领导者是整个团队力量的协调者和整合者,其能力和行为对于创业团队的高效运转乃至创业项目的实施有着至关重要的作用,主要体现在以下几个方面。

(1)项目策划。项目策划包括策略思考与计划编制等,创业团队的领导者是项目策划的召集人和组织者。项目策划必须注意以下问题:第一,必须弄清策划项目的价值所在、所涉及的范围和有关的限制因素,创建企业市场服务的定位;第二,确定由谁作为该项目的策划小组负责人;第三,必须考虑当选定创业目标,在资金、人脉等各方面条件都已准备妥当

或已积累了相当的实力后,要带领团队准备完整的创业计划。创业计划除了能让创业者自己坚定创业目标、梳理创业内容之外,还可以说服他人合资、入股,甚至可以募得创业基金。

（2）组织实施。创业团队的领导者在制定行动计划后,要组织团队成员去实施。计划的执行程度和领导者的组织实施能力呈正相关关系。领导者组织团队实施计划的过程中,必须注意以下问题:第一,团队行动必须随着企业创业环境的变化而变化,必须与企业的发展目标相适应;第二,设计组织改革的方案时要集思广益,团队成员需要共同参与思考设计组织改革的基本框架和操作流程;第三,要创造一个有利于企业的良好氛围,创业团队的领导者要充分发挥自己的组织领导能力,确立改革创新的理念,使企业能够沿着健康的方向运行。

（3）提高领导力。创业团队的领导者是一个指挥员,要精明果敢,根据具体情况设计出最佳的组织结构形式;善于量才用人,用其所长,避其所短,最大限度地发挥团队成员的主观能动性,做到统筹兼顾,合理安排,指挥调度得当;善于抓住决策时机,及时下达正确的指令,使下属成员步调一致。

（4）加强控制。控制是指根据既定的目标不断跟踪和修正所采取的行为,以实现预期目标或绩效。控制的主要目的是使正确的行动得到长期保持,错误的行动得到及时纠正。通过评估监控创业团队的绩效,将实际的表现与预先设定的目标进行比较,纠正显著的偏差,使创业回到正确的轨道。团队领导者须采取两个具体的措施:考核与激励。即对执行计划的团队和个人加以考核和督促,激励员工以提高其工作兴趣和工作效率。

本章小结

俗话说:"一个好汉三个帮。"在当今时代,仅靠个人单打独斗去创业已越来越困难。任何一个成功、伟大的企业,其背后一定有一个坚不可摧的优秀团队,而且任何企业的成功和伟大都体现在团队的卓越和优秀上。本章主要讲述了创业者和创业团队组建。通过本章的学习,学生应注重日常行为举止,使自己具备创业者的基本素质和必备能力;在大学期间就应树立正确、合理的创业动机,学会组建自己的创业团队。

本章习题

1. 你的父母、亲戚或者好朋友是企业家吗？如果是,进行一次访谈,看看他们是如何成为企业家的。

2. 创业动机一般是如何产生的？

3. 请你认真思考、总结个人创业与团队创业的利与弊。

4. 分析《西游记》中唐僧取经团队的成员构成,分析唐僧师徒分别适合在企业中担任什么职位。如果你是唐僧,你会开除哪位徒弟？为什么？

5. 你是否有过担任学生干部的经历？如果有,你觉得当好一名学生干部和维持好创业团队之间,有没有什么共通之处? 学生干部的哪些工作原则可以用于维持创业团队?

📖 即测即评

🔒 案例评析

携程四君子

这是一个奇妙的组合。他们所创办的两家企业在三年内先后登陆纳斯达克。在崇尚英雄主义的时代,他们成为团队合作的典范,被称为"第一团队"。他们就是曾先后创办携程和如家的梁建章、季琦、沈南鹏和范敏。

1. 创业四人组

1999 年 3 月,在一家上海餐厅,梁建章和季琦决定要做一家网站。但具体做什么样的网站呢? 两人经过了一番思索和探讨,在否定了多个想法后,最终确定了方向——旅游网站。

在考虑公司做什么的同时,梁建章和季琦也在琢磨扩充创业团队。他们认为团队似乎还缺少一个"有钱人",便想到一个共同的熟人,季琦的同届校友沈南鹏。沈南鹏早就有参与互联网创业的想法,当梁建章和季琦找到他时,便毫不犹豫地答应下来。此时,他已经是摩根建富中国区的主管和摩根建富董事。

开办旅游网站的计划在梁建章等人的讨论中不断成型,但他们很快发现,团队还缺少一个熟悉旅游行业的人。幸运的是,他们很快就找到了这个人,这个人就是时任上海旅行社总经理的范敏。1999 年,经季琦劝说,范敏决意加入携程,此前他已经在旅游行业里工作了十年。

携程创立之初,依据各自经历大体定下了人事架构:梁建章任首席执行官(CEO),沈南鹏任首席财务官,季琦任总裁,范敏任执行副总裁。1999 年 5 月,携程正式成立了。梁建章、沈南鹏和范敏并没有辞职,而是利用业余时间参与创业,创办公司的重任落在了季琦身上。

在 1999 年年末 2000 年年初,酒店预订成为携程主要的业务方向。通过艰辛的尝试,携程和 1 000 多家酒店建立了合作关系。2000 年上半年,梁建章和季琦共同担任了一段时间的联席 CEO。从 2000 年年中开始,季琦便改任总裁,由梁建章担任 CEO。梁建章提出了一个口号:"像制造业一样生产服务。"为了实现对服务质量的精确控制,从 2001 年年底开始,梁建章将制造企业使用的六西格玛管理引入携程,经过一年多的研究后,从 2003 年开始实施。在梁建章的带领下,携程将服务流程不断细化,把很多服务分解为可以量化和控制的操作环节,建立了一套完整的管理和业务流程。这些让携程拥有了强大的执行力和服务能力,让其从众多竞争者中脱颖而出。

内部管理体系的完善给携程打下了坚实的基础,在做好酒店预订业务后,携程又开始拓展其他业务。2002 年 5 月,携程全国机票中央预订系统正式开通,送票业务覆盖 10 个城市。2003 年 10 月,携程就建成了国内最大的机票预订网络,覆盖 35 个城市,成为网络订票的领军者。

在携程订房的后台数据中,梁建章等人发现了一个巨大的商业机会,那就是经济型酒店。2002 年,携程和首旅共同投资创建连锁酒店如家。在如家飞速发展的同时,携程迎来了发展过程中的一个里程碑,2003 年 12 月携程旅行网在纳斯达克股票交易所正式挂牌交易。

2. 各自精彩

在 2005 年,孙坚正式加盟了如家。在孙坚的带领下,如家的运营越来越标准化。而季琦则再次体现了一个创业家的风度,虽然如家就像自己一手养大的孩子,但他还是从大局出发,尊重董事会的决议,离开了 CEO 的位置,并出售了携程的全部股份。随后,季琦成立了力山森堡(上海)投资管理有限公司。2005 年 8 月,沈南鹏也出售了携程的全部股份,成为红杉中国基金的创始人及执行合伙人。继季琦和沈南鹏的离开,梁建章也选择了离开。在 2006 年 1 月 23 日,梁建章辞去了 CEO 一职,留任董事局主席,此后他常年游学美国,过上了一种简单而纯粹的生活。范敏则继续留在携程,担任 CEO 一职,在他心中,携程需要继续保持稳步增长。

范敏打了一个比方来形容四个创始人的定位:"我们要盖楼,季琦有激情、能疏通关系,他就是去拿批文、搞来土地的人;沈南鹏精于融资,他是去找钱的人;梁建章懂 IT、能发掘业务模式,他就去打桩,定出整体框架;而我来自旅游业,善于搅拌水泥和黄沙,制成混凝土去填充这个框架,楼就是这样造出来的。"

范敏认为,"拿到批文和搞到土地"之后,季琦算是基本完成使命,当然会出去另谋天地,所以成为第一个离开携程的人。携程成功上市之后,沈南鹏也功成身退,成为第二个离开的人。而在打基础、定框架的工作完成之后,梁建章就退出一线,到董事长的位置上去谋划下一代业务模式。不停地往框架里添加内容是一个更为持续的工作,所以范敏逐渐挑起了大梁。

资料来源:携程四君子——中国最美创业故事.前瞻网,2020-11-19.

案例分析:

(1)携程的创业团队具有什么样的特征?

(2)携程创业团队四位成员具有什么样的互补性?

(3)从他们的互补性来看,创业团队招募成员要注意哪些问题?

案例解析:

(1)携程团队的四个人在性格特点、专业能力方面都是互补的,他们在团队中承担不同角色,起不同的作用,每个人都是不可或缺的。

（2）论及性格，季琦有激情、锐意开拓；沈南鹏风风火火，有一股老练的投资家做派；梁建章偏理性，用数字说话，眼光长远；范敏则善于经营，将方方面面的关系处理得体。四人特长各异，各掌一端；在公司内部有相当的共识。

（3）创业者之所以寻求团队合作，其目的就在于缩短创业目标与自身能力间的差距。只有当团队成员相互在知识、技能、经验等方面实现互补时，才有可能通过相互协作发挥出"1+1>2"的协同效应。

第 五 章　**商业模式设计**

本章提要

　　本章要求学生了解商业模式的定义和本质,了解商业模式的类型和特点,理解商业模式的构成要素、商业模式与创新的关系,掌握商业模式的设计与开发。

学习重点和难点

　　重点:商业模式设计与开发。
　　难点:商业模式开发方法。

第一节　商业模式概述

学习目的与要求

通过本节学习,学生应达到如下要求:

(1) 理解商业模式的定义和本质。

(2) 理解商业模式的类型和特点。

(3) 理解商业模式评价标准。

(4) 增强创新精神、社会责任感等。

引导案例

比亚迪的发展之路

从靠制造电池起家的"门外汉",到如今成为中国新能源汽车的领军品牌,比亚迪公司已经走过 10 多个年头,经历了从学习、摸索到创新的过程。作为巴菲特入股的第二家中国公司,比亚迪公司提出的目标是 2025 年成为全球产销量第一的汽车公司。

比亚迪在刚刚进入汽车行业时,更多的是模仿优秀的品牌,学习技术,包括发动机、整车制造等技术。花了整整 10 年的时间,比亚迪公司把发动机、变速箱、控制软件、车身、汽车电子等技术牢牢掌握,做到了真正意义上的从学习模仿到掌握核心技术。

在众多"外行造车"失败的情况下,比亚迪公司能够一枝独秀的原因,在于其独特的商业模式:集中内部资源,在已有的商业领域成功后,迅速进行战略转移,繁衍一个又一个新业务,汽车业务即是比亚迪公司培育出的业务之一。

比亚迪不仅借鉴了电池和手机代工业务的优势,整合各业务群中的优势元素,同时,也整合汽车产业的上下游,奉行"跟随者与模仿者"的发展策略。

资料来源:作者整理。

思考题:

(1) 分析比亚迪的商业模式。

(2) 分析你所了解企业的商业模式。

一、商业模式的定义和本质

著名管理学大师彼得·德鲁克说:"当今企业之间的竞争,不是产品之间的竞争,而是商业模式之间的竞争。"时代华纳前首席技术官(CTO)迈克尔·邓恩说:"相对于商业模式而言,高技术反倒是次要的。在经营企业的过程当中,商业模式比高技术更重要,因为前者是企业能够立足的先决条件。"但是,商业模式的内容十分广泛。凡是与企业活动有关的内容,几乎都可以纳入商业模式范围。如我们经常提到的商业模式包括电子商务模式、

B2B 模式、B2C 模式、拍卖模式、代理模式、广告收益模式、会员模式、佣金模式、社区模式等。

那么,什么是商业模式呢? 清华大学雷家骕教授指出:商业模式就是一个企业如何利用自身资源,在一个特定的包含了物流、信息流和资金流的商业流程中,将最终的商品和服务提供给客户,并收回投资、获取利润的解决方案。它涉及三个问题:如何为客户创造价值? 如何为企业创造价值? 如何将价值在企业和客户之间进行传递? 因此,商业模式是以价值创造为核心,描述了企业如何创造价值、传递价值和获取价值的基本原理。

那么,什么是商业模式的本质呢? 琼·玛格丽塔说:商业模式就是一个企业如何赚钱的故事。电商平台之所以日进斗金,而本身没有生产一样产品,正是得益于成功地创造了商业模式。因此,商业模式的本质就是公司通过什么途径或方式挣到钱。

随着工业技术的进步、全球竞争的激化、信息技术的飞跃、消费者生活方式的变迁,经营环境的演变,已经大大改变了商业游戏规则。企业正处于一个前所未有的变革时代,经营环境和竞争方式的改变已经远远超过传统的产品、技术、营销等范畴,传统思维已不能解决所有问题。现在竞争已经不是产品、技术、人才、营销的单项竞争了,而是商业模式的竞争。

案例分享

诺基亚的衰落与苹果的崛起

诺基亚的衰落与它自身的商业模式密不可分。不可否认,诺基亚曾拥有很多优势。但在手机互联网时代,当苹果依靠卖软件卖出一个“苹果王朝”的时候,诺基亚还依旧坚守自己的价值主张——靠卖硬件挣钱。

苹果的获利依靠的是一个完整的商业模式,而不是单纯地依靠某几款产品。苹果通过 iTunes 和 App Store 平台开创了一个全新的商业模式——“酷终端+用户体验+内容”。它很好地实现了客户体验、商业模式和技术三者之间的平衡,并能持久盈利。事实证明,苹果模式对其他手机厂商形成了致命的、毁灭性的打击。

二、商业模式的类型和特点

1. 商业模式的类型

商业模式有很多种,一般大致可分成以下四种类型:

(1)产品盈利模式。它是指在日常经营管理中,经营者始终以产品作为利润的生成和产出的载体,企业所有经营要素均是围绕产品差异化来进行培育和配置的。

(2)规模盈利模式。它是指在企业或者商业的发展过程中,把扩大市场空间或者经营范围作为对抗竞争、获取利润的基本保障的生意经营思路。如手机零售连锁经营等。

(3)服务盈利模式。它是通过提供客户需求的服务,或在产品中增加或创新服务的方式来为产品增值,从而更有效地满足客户利益的一种盈利模式。这在零售行业中应用较为广泛。零售行业本身不能为客户提供决定产品质量的物质价值,但是能够决定产品到达客户手中的方式和途径,服务的水平、形式、内容往往能够为产品增加价值,在盈利要素的占比中服务是相当可观的。

（4）其他盈利模式,如渠道盈利模式、品牌盈利模式、产业联盟盈利模式等。

2. 商业模式的特点

（1）有效性。商业模式的有效性,一方面是指能够较好地识别并满足客户需求,使客户满意,不断挖掘并提升客户的价值。另一方面,商业模式的有效性还指通过模式的运行能够提高自身和合作伙伴的价值,创造良好的经济效益。

（2）整体性。好的商业模式至少要满足两个必要条件:第一,商业模式必须是一个整体,有一定结构,而不仅仅是一个单一的组成因素;第二,商业模式的组成部分之间必须有内在联系,这个内在联系把各组成部分有机地关联起来,使它们互相支持、共同作用,形成一个良性的循环。

（3）差异性。商业模式的差异性是指既具有不同于原有的任何模式的特点,又不容易被竞争对手复制,通过保持差异取得竞争优势。这就要求商业模式本身必须具有相对于竞争者而言较为独特的价值取向,以及不易被其他竞争对手在短时间内复制和超越的创新特性。

（4）适应性。商业模式的适应性,是指其应付变化多端的客户需求、宏观环境变化以及市场竞争环境的能力。

（5）可持续性。企业的商业模式不仅要能够难于被其他竞争对手在短时间内复制和超越,还应能够保持一定的持续性。

（6）生命周期特性。任何商业模式都有其适合的环境和生存土壤,都会有一个形成、成长、成熟和衰退的过程。一个世纪前,企业通过赠送产品来赢得财富,创造了一种新的商业模式,而今天当各个企业都用打折或买一送一的方式销售时,这就不再是一种有竞争优势的商业模式。

总之,商业模式不能简单地模仿,且成功的商业模式都是很简单的。一个企业的商业模式内在地决定于它所控制的资源和拥有的能力。"竞争战略之父"迈克尔·波特（Michael Porter）指出:战略就像是秘方,如果少放一种成分就不灵了。

三、商业模式的构成及要素

商业模式由运营模式、业务模式和赢利模式构成。运营模式指企业整合其内部或外部可获得资源以达到经营高效、成本节约、风险降低的手段、方式;业务模式指企业创造客户价值或满足客户需求的手段、方式;赢利模式则指企业获取利润的手段、方式。

商业模式的构成要素有哪些呢? 亚历山大·奥斯特瓦德（Alexander Osterwalder）、伊夫·皮尼厄（Yves Pigneur）在《商业模式新生代》（Business Model Generation）中提出了一种用来描述商业模式、可视化商业模式、评估商业模式以及改变商业模式的通用语言（俗称"九宫格"、商业模式画布）,即商业模式的 9 个构成要素,分别为:客户细分、价值主张、渠道通路、客户关系、收入来源、核心资源、关键业务、重要伙伴、成本结构。

1. 客户细分

客户细分是指企业打算通过营销来吸引客户群,并向他们出售产品或服务。这些群体具有某些共性,从而使公司能够(针对这些共性)创造价值。定义客户群的过程也被称为市场划分。市场划分有利于企业进行市场定位,也对企业的商业模式有重要影响。如戴尔公司把企业客户与政府机构作为它的目标市场,惠普公司则把个人、小企业和首次购买计算机的客户看作目标客户。就这两家企业而言,它们的选择对形成自己的商业模式有重要影响。初创企业尤其要注意在拓宽产品、市场范围时,尽量不要超出自己的能力。

另外,由于初创企业的资源有限,能够针对目标客户的需求,精准地创造和获取价值是初创企业获得成长的重要原因。而追求较大范围内客户的初创企业将面临更大挑战,它们很难像那些极其专业化的企业那样获得竞争优势。

2. 价值主张

价值主张是指企业通过其产品和服务能向客户提供何种价值。它是企业核心战略的一部分,能够明确企业如何与竞争对手进行竞争。价值主张必须清楚地定义目标客户、客户的问题和痛点、独特的解决方案等。

价值主张的提出自然需要依据企业所选择的产品及市场范围。初创企业将自己和竞争对手进行差别化十分重要。如果新企业的产品或服务不能与竞争对手相区别,那么客户有什么理由购买呢？企业一般会在成本领先或者差异化战略中选择其一,从而在市场上给自己定位。企业选择的战略会对其价值主张产生直接影响。如采用成本领先战略的企业,努力在产业里获得相对竞争对手而言的最低成本,给产品定低价,以此吸引客户,其价值主张也自然要与此建立联系;采用差异化战略的企业提供独特而差异化的产品,以服务、质量、时间或客户重视的其他方面为竞争基础,其价值主张也自然要与此类差异化的基础建立联系。通常情况下,初创企业采用成本领先战略很困难,因为成本领先要求规模经济,而规模经济需要时间积累。

3. 渠道通路

渠道通路(或销售渠道)是指企业用来接触并将价值传递给目标客户的各种途径,它涉及企业的市场和销售策略。创业企业如何销售产品或服务？有些产品和服务可以在网上销售,有些产品需要多层次的分销商、合作伙伴或者增值零售商的销售。

企业对销售渠道的选择,深刻地影响企业演化类型以及开发的商业模式。如一个初创企业研发了一项新型汽车电池技术,并为此申请了专利。为了形成自己的商业计划,该企业在如何把该技术推向市场有几种选择:① 将技术以特许经营方式转让给现有电池制造企业,如比亚迪和宁德时代等;② 自己生产使用这一技术的电池,并建立自己的销售渠道;③ 与某个电池制造企业合作生产,并通过其运营商的合作关系来销售电池。即使确定了其中的某一种方式,比如②,该企业仍然可以在建立销售渠道上做出不同的选择,如通过网络、代理商、直营店等销售。

4. 客户关系

客户关系是指企业同其客户群体之间所建立的联系。如企业可以通过即时通信工具(如微信、QQ 等)、企业网站、博客、微博等多种途径与客户建立和发展强有力的客户关系。如果企业与客户之间建立了良好的沟通、反馈机制等,可以为企业产品或服务提供有利的信息,并为企业建立良好的口碑。

另外,企业愿意提供的客户服务水平,也影响它的商业模式。如免费送货和安装、客户培训、延长保修时间、免费咨询电话和服务网站等。这些服务能够提高客户的满意度,使企业和客户建立一种双赢的良性关系。

5. 收入来源

收入来源(或收益方式)是指企业通过各种收入流来创造盈利的途径,明确了收入来源,即明确了盈利模式。与收入来源有关的因素还有定价问题。合理的定价既能得到客户的认可,也会为企业带来足够的利润。如有的企业依靠卖产品获得收入,有的企业如门户网站依靠用户访问量获得广告主投入而获得广告费收入等。

企业的收入来源不在于多,企业应重视其质量和效率。对于初创企业,稳定的收入是确保企业正常运行的必要条件。

6. 核心资源

核心资源是指企业实施其商业模式所需要的资源,企业拥有的资源直接影响其商业模式。如果缺乏资源,企业则难以实施其战略。企业的核心资源属于战略性资产,是企业拥有的稀缺且有价值的事物,包括设备、品牌、专利、客户数据信息等。企业要有自己的核心资源如企业的品牌,就有可能创造可持续竞争优势,这也是吸引投资者的主要因素。

7. 关键业务

关键业务(或企业内部价值链)是指业务流程的安排和资源的配置,是为了向客户提供产品和服务的价值,是一系列相互之间具有关联性的支持性活动,如制造产品、满足客户需求等。关键业务要素主要表现为:是否具有标准化或者柔性生产系统,是否能够建立优秀的研发部门,是否能够进行高效的供应链管理等。

关键业务属于基础设施,对整个商业模式具有支撑作用。如果把价值主张比喻为商业模式这个主体的大脑,那么关键业务应该是这个主体的身体。如华为能够迅速成长成为世界知名的品牌,与其产品开发部门的艰苦努力、营销传播部门的积极进取是密不可分的。因此,作为一个创业者应该找出商业模式中的关键业务,把有关的业务流程安排和资源配置工作做好,为商业模式的顺利运行打造强有力的基础设施。

8. 重要伙伴

重要伙伴是指企业与其他企业为有效提供价值而形成的合作关系网络。主要包括上下游伙伴、竞争或互补关系的伙伴、联盟或非联盟伙伴。企业的合作关系网络是商业模式的重要构成因素。初创企业不具备执行所有任务所需的资源和能力,因此它们尤其要依赖其他合作伙伴发挥作用。

对于初创企业,创业者努力做的事情就是说服其他企业与自己合作,降低自己的风险。但与初创企业合作是有风险的,特别是当面对未经市场检验的新商业模式时,风险会更高。如果初创企业的商业模式能同时提升合作伙伴的绩效,风险程度才会降低。

9. 成本结构

成本结构是指运用某一商业模式的各类成本。创业公司的成本有哪些?初创者有时只关注直接成本,低估了营销和销售成本、日常开支和售后成本而导致企业倒闭。在计算成本时,可以把预估的成本与同类公司发布出来的报告对比一下。在成本结构中需要关注固定或流动成本比例、高或者低经营杠杆等问题。

对于初创企业,商业模式的某个构成要素如果不能发挥作用,则会导致整个商业模式失败。特别是技术出身的创业者,易在销售渠道及客户关系方面出现问题。

总之,一个可行、有投资价值的商业模式是创业者需要在商业计划书中强调的首要内容。实际上,没有商业模式,创业就只是一个梦想。

四、商业模式与创新

商业模式与创新是息息相关的。我们可以找到与商业模式的九个构成要素中的任何一个相对应的商业模式创新案例,其中最明显的是价值主张的创新。比如,移动电话出现在市场上的时候,带来了一种与固定电话不同的价值主张;互联网发展的早期非常流行的门户网站如雅虎,帮助人们在网上寻找信息;低成本航空公司春秋航空公司把廉价航空服务带给了普通大众;戴尔将互联网作为分销渠道并获得了巨大的成功;吉列在依靠其一次性剃须刀与客户建立了持续性的关系同时,也创造了大量的财富;苹果依靠其出色的设计和电子产品得以复活;思科因对供应链活动的创新而成名;英特尔通过与合作伙伴共同建设加工平台而实现了繁荣;谷歌依靠与搜索结果相关的文字广告而盈利;沃尔玛依靠巨大的销量成为供应链的主导,借以降低成本;等等。

常见的商业模式创新逻辑与方法有界面模式变动引发的创新、运作流程变动引发的创新、资源组合变动引发的创新、价值主张变动引发的模式创新。界面模式是指企业为了获取利润而进行各种决策时所遵循的标准或法则,包括营销原则、采购与供应原则、环境原则和公众原则。产品的目标市场、生产规模、成本模式、定价方式和市场定位是构成企业界面模式的重要内容。企业将全部资源以有效率的形式组织在一起,进行生产和销售产品/服务的活动,这些活动有效地衔接并不断重复,就形成了企业的运作流程,包括原材料采购、产成品的生产与销售、资金往来、后勤保障等。资源组合是指企业为了实现价值主张而需要投入的全部资源,包括各种有形与无形的资源。如果环境条件改变了,即使价值主张没变,资源组合也可能随着外部环境的变化而改变。价值主张通过回答企业的产品是什么和企业的客户是谁这样一些基本问题得以体现,并通过企业的产品向市场传递。价值主张一旦确定,企业各种对内对外原则都将随之确定。

第二节　商业模式设计与开发

学习目的与要求

通过本节学习,学生应达到如下要求:

(1)理解商业模式的设计框架。

(2)掌握商业模式画布。

(3)掌握商业模式开发方法。

(4)增强创新精神、全球视野、社会责任感等。

【案例分享】
沃尔玛和家乐福商业模式对比

【案例分享】
铤而走险,《纸牌屋》爆棚

引导案例

格局和思维决定未来

从前,有甲、乙、丙三个人各拿一两银子做生意。甲用一两银子买来草绳做草鞋,赚了一钱银子;乙看到春天来临,用一两银子买了纸和竹子做风筝,赚了10两银子;丙看到人参资源稀缺,于是用一两银子买了人参种子,到人迹罕至的深山播下,七年后收获上好的野山参,收获3万两银子。

从上面案例可以看出,甲做的是衣食住行的生意,这是必需的需求,总会有市场,每个人都可以做,因此收获十分利,如同现在很多人靠产品与规模取胜。乙做的是吃喝玩乐的生意,跟随的是潮流,目标客户范围扩大百倍,而收获十倍利,如同娱乐网站赚大众无聊时的钱,靠眼光取胜。丙看的是未来的商机,敢做而善忍,最终创造了数万倍的利润,靠的是格局取胜。格局不能决定一个企业现在能赚多少,却能决定企业未来能做多大和能走多远。

资料来源:作者整理。

思考题:

(1) 浅谈商业模式对企业的作用。

(2) 提出一个项目并设计一种商业模式。

商业模式的开发,处于新企业创建的可行性分析之后与商业计划书完成之前。如果企业成功进行了可行性分析,明确了有潜力的产品或者服务,商业模式开发阶段需要考虑的就是如何围绕它制定核心战略、构建合作关系网络、建立客户关系、配置独特资源,以及形成价值创造的方法。

任何一个商业模式的实现都取决于一些关键要素的达成,创业者需将其找到、分解,并找到最合适的人来做,告诉他做到什么程度就能拿到什么程度的回报。一个可以看到、可以清晰计算出个人回报的量化指标,往往胜过千言万语的激励。顶尖的企业一定是制造游戏规则的,此后所要做的仅仅是管理和维护它所制定的规则。

一旦商业模式得以清晰确定,创业者应该对其提出如下问题:

(1) 我的商业模式是否有意义?

(2) 我需要的合作伙伴是否愿意参与?

(3) 如果合作伙伴愿意参与,如何激励他们? 我们的利益是否一致?

(4) 客户的情况如何? 他们是否愿意花时间和本企业交易?

(5) 如果客户愿意购买产品,如何激励他们?

(6) 我是否能激发足够数量的合作伙伴和客户,以便补偿一般管理费用并能获利?

(7) 业务独特性如何? 如果本企业获得成功,大量竞争者是否很容易跟进和模仿?

一、商业模式的设计思路

商业模式是企业的立命之本。创立之初的商业模式也并不是一成不变的,应当随着市场需要、产业环境、竞争形势的变化而不断调整。设计商业模式的思路为:从创业者现有的资源以及市场竞争的实际情况出发,充分考虑社会资源的整合优化,确定如何为客户、合作伙伴提供最大化的价值。这是商业模式设计重点。商业模式设计是创业机会开发环节的一个不断试错、修正和反复的过程。

另外,处于不同状态的企业对于商业模式的需求也是不同的。如初创企业要设计好商业模式:由于创业冲动,许多创业者只考虑投资创业的钱和事。对于有了钱又有了事怎么能够成功地赚来更多的钱,往往讨论不够、分析不够,从而导致企业倒闭。成长期的企业要创新商业模式:处于成长期的企业一般来说已经初步形成了自己的商业模式,但是许多企业由于找不到突破口,长期徘徊在一定的销售规模,甚至出现亏损、创业失败。因此,处于成长期的企业最重要的就是要找创新的商业模式作为突破口。成熟型企业要完善商业模式:这类企业的商业模式比较成熟,但容易因为已经取得的成功而犯下墨守成规和盲目自大的错误,因此在这个阶段,最好的办法是对原有的商业模式进行细节和操作层面的完善。扩张型企业要重视商业模式:这类企业由于商业模式选择上的失误从此衰落甚至走上不归路的比比皆是。盲目追求高速成长,缺乏对资本运营的把握能力,是导致这类企业失败的关键所在。

1. 商业模式的设计框架

著名管理学家加里·哈默尔(Cary Hamel)认为,有效的商业模式必须包括四个关键要素:核心战略、战略资源、伙伴网络和顾客界面。

(1)核心战略。核心战略从三个方面描述了企业如何与对手进行竞争。一是企业的使命,描述了企业为什么存在及其商业模式与其实现的目标,如华为公司的使命"把数字世界带入每个人、每个家庭、每个组织,构建万物互联的智能世界"等。二是产品或市场范围,定义了企业集中关注的产品和市场。三是差异化基础。企业一般可以选择成本领先战略或是差异化战略。成本领先战略是企业努力在产业内获得最低的成本来吸引客户;差异化战略是企业以提供独特而差别化的产品,以质量、服务、时间或其他方面为竞争基础。

(2)战略资源。对于企业来讲,战略资源对创业机会、创业能力以及服务客户的独特方式都存在很大约束。因此,企业拥有的战略资源会影响商业模式的持续性。常见的战略资源有核心竞争力和战略资产。核心竞争力是一种资源或者能力,是企业胜过竞争对手的竞争优势的来源。战略资产是企业拥有的稀缺、有价值的事物。

(3)伙伴网络。初创企业往往不具备所有的所需资源,因此需要依赖伙伴网络。伙伴网络包括供应商、合资企业、社会团体、战略联盟和行业协会等。建立伙伴网络有利于企业保持敏捷性、集中于核心能力、共担风险和成本、快速进入市场等。

(4)顾客界面。顾客界面指企业如何与顾客相互作用,包括目标市场、销售实现与支持和定价结构。目标市场是企业在某个时点追求或尽力吸引的有限的个人或企业群体;销售实现与支持描述了企业产品或服务进入市场的方式,或将产品或服务送达顾客的方法;定价结构随企业目标市场与定价原则不同而变化,新企业的定价结构必须符合顾客对产品或服务的价值认知,即顾客能够接受的价格是顾客愿意支付的价格,而不是基于产品成本加上一定比例的加成。

2. 商业模式画布

商业模式画布是一种用来描述商业模式、可视化商业模式、评估商业模式以及改变商业模式的通用语言,如表5-1所示。它能够帮助团队催生创意,降低猜疑,确保团队找对目标客户和合理解决问题;能够帮助团队看清楚自己的商业游戏规则; 使得商业模式可视化,团队成员可使用统一的语言讨论不同商业领域;提供更多的灵活多变的计划,而且更容易满足客户的需求。更重要的是它可以将商业模式中的元素标准化,并强调元素间的相互作用。

表5-1　商业模式画布模板

重要伙伴	关键业务	价值主张	客户关系	客户细分
	核心资源		渠道通路	
成本结构			收入来源	

其中,商业模式画布的九个基本构造块(构成要素)包括客户细分、价值主张、渠道通路、客户关系、收入来源、核心资源、关键业务、重要伙伴和成本结构。

二、商业模式的开发方法

1. 价值链分析

商业模式的内容涵盖了企业的整个运营流程,也就是我们通常所说的价值链。它是一个整体的、系统的概念,而不仅仅是一个单一的组成因素,是由包括融资、研发、生产、营销等相关联的价值活动所构成的。它是企业构造价值链的方式。

价值链是指产品从原材料阶段,经过制造和分销活动,直至到达最终用户手中的一系列转移活动链条。价值链解释商业模式如何会出现、如何进一步发展。价值链分析有助于识别机会以进行商业模式的开发。价值链分析主要内容有行业价值链分析、竞争对手价值链分析和企业内部价值链分析。其中,行业价值链分析是将企业的上游企业、下游企业列出,并找出主要供应商(上游企业)及主要客户(下游企业)进行成本与利润分析,最后决定并购、外包、与供应商及客户联盟合作等策略;竞争对手价值链分析是企业通过了解竞争对手在生产价值链的每一环节上如何完成任务以及其成本情况,并与本企业进行比较,利用定性分析的方法明确企业的相对成本地位,即企业同竞争对手相比是处于成本竞争优势还是劣势,从而采取一定的战略行动,消除成本劣势、创造成本优势;企业内部价值链分析是强调通过对企业的生产经营活动、基本职能活动、人力资源管理活动的组织,完成成本最低、差异化最佳,从而价值增值最大的目标。

创业者可以通过审视一个产品或服务的价值链,来发现在价值链的哪个阶段能够以其他更有意义的方式增加价值。价值链活动可以分为两大类:基本活动和辅助活动。基本活动涉及企业进货物流、生产经营、发货物流、市场营销、服务。辅助活动涉及行政管理、人力资源管理、技术开发、资源获取等,基本活动和辅助活动构成了企业的价值链(见图5-1)。不管集中于价值链的哪一种活动,创业者都要确定自己在整个价值链中的地位和角色,并进一步明确合作伙伴以给企业提供有效支持。如为了给顾客创造更多价值,京东、亚马逊等电商公司追加资源用于物流配送系统,并取得了积极效果。这个例子说明了价值链为什么会被当作发展企业战略、分析企业竞争力的工具而被广泛应用。

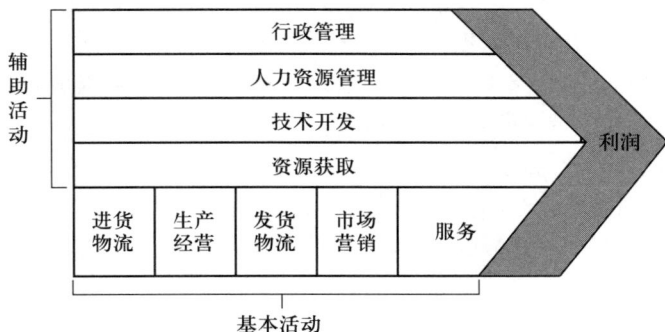

图5-1　价值链

企业参与的所有价值活动并非全都创造价值,实际上只有某些特定的价值活动才真正创造价值,这些真正创造价值的经营活动,就是价值链上的"战略环节"。企业要保持的竞争优势,实际上就是企业在价值链某些特定的战略环节上的优势。运用价值链分析的方法来确定核心竞争力,就是要求企业密切关注组织的资源状态,要求企业特别关注和培养在价值链的战略环节上获得重要的核心竞争力,以形成和巩固企业在行业内的竞争优势。企业的优势既可以来源于价值活动所涉及的市场范围的调整,也可来源于企业间协调或共用价值链所带来的最优化效益。

【案例分享】
《英雄》商业运作模式的价值链分析

2. **参照法**

参照法是以国内外商业模式作为参照,根据本企业的有关商业权变因素(如环境、战略、技术、规模等)的不同特点进行调整,确定本企业商业模式设计的方向。如当当网是通过对亚马逊的模仿才取得今天的巨大成功的。当当网最大限度地借鉴亚马逊的商业模式和支撑业务发展的图书数据等后台要素,同时结合中国国内特有的消费、支付、政策法律、信息化、物流配送等实际情况进行创新。

3. **相关分析法**

相关分析法是在分析某个问题或因素时,与相关的其他问题或因素进行对比,分析其相互关系或相关程度的一种分析方法。相关分析法需要根据影响因素与商业模式一一对应确定企业的商业模式。利用相关分析法,可以找出相关因素之间规律性的联系,研究如何降低成本达到价值创造的目的。如亚马逊通过分析传统书店,在网上开办电子书店。

4. **关键因素法**

关键因素法是以关键因素为依据来确定商业模式设计的方法。通过对关键成功因素

的识别,找出实现目标所需的关键因素集合,确定商业模式设计的优先次序。具体步骤为:① 确定商业模式设计的目标;② 识别所有的关键因素,分析影响商业模式的各种因素及其子因素;③ 确定商业模式设计中不同阶段的关键因素;④ 明确各关键因素的性能指标和评估标准;⑤ 制定商业模式的实施计划。

5. 商业模式再造

不断创新是企业保持生命力的唯一途径。设计得再好的商业模式也不可能永恒,商业模式必须根据客户需求的变化以及市场竞争形势的演变而做出调整和变化,即商业模式再造。商业模式再造主要有以下途径:① 通过量的增长扩展现有商业模式,主要是通过扩大规模,解决量的瓶颈问题;② 更新已有商业模式的独特性,主要更新的是企业向客户提供的价值,借以抵抗价格战带来的竞争压力;③ 在新领域复制成功模式,如企业用现成手法向新市场推出新产品,即在新条件下复制自己的商业模式;④ 通过兼并增加新模式,通过购买或出售业务来重新为自己的商业模式定位;⑤ 发掘现有能力,增加新的商业模式,如公司围绕自身独特的技能、优势和能力建立新的商业模式,以实现增长;⑥ 根本改变商业模式,这种情况在 IT 业尤为多见。

知识拓展

红海和蓝海

红海即已知的市场空间,企业面临着激烈的竞争、利润的缩小、价格战以及市场的萎缩。蓝海即未知的市场空间,企业面临竞争压力小、利润空间大等。然而要开创蓝海,或者说在商业模式上进行创新,是否必须进入那些未知的、毫无把握的市场天地呢?实际上也不尽然。我们所熟知的任何产业都是具有边界的,一旦这个产业中的众多企业面临着瓜分市场份额、在竞争中相互比照的局面的时候,这个产业就已经成为红海。但是在红海之外还有广袤的市场天地,其间蕴藏着巨大的需求,这就是我们所说的蓝海。蓝海的开创并不一定要在完全未知的市场天地中达成,相反,我们可以在红海中开辟一片蓝色的领域。

三、商业模式的评价标准

一个好的商业模式要符合五个方面的标准:定位要准、市场要大、收入扩展要快、壁垒要高、风险要低。因此我们在评价商业模式时,就要重点从这五个方面入手。

1. 定位

定位的核心是要寻找到一个差异化的市场,为这个市场提供独有优势的产品。确立好定位的关键是细分市场,并寻找到能够利用自身优势来提供该细分市场所需要的产品和服务。在进行定位时,需要考虑五个最基本的问题:① 是否进行了差异化的市场分析?② 定位是否为目标市场和客户创造了价值?③ 是否确定了独特的定位?④ 企业产品和竞品是否有明显差别?⑤ 是否设计出了客户所需要的产品或服务?总之,定位最重要的目的就是找到细分市场,为这个市场提供满足客户需要的、有价值的、独有的产品,让客户愿意为此付费。

2. 市场

不是随意找一个细分市场提供所需的产品和服务就算一个优秀的定位,关键在于要寻找一个快速、大规模、持续增长的目标市场,这是确定定位是否优秀的一个关键标准。在目标市场确立时,最需要关注的是四个问题:① 目标市场规模是否足够大? ② 企业是否能满足目标客户重要的基本需求? ③ 目标市场是否能保证高速增长? ④ 企业如何保证持续性的增长?

3. 收入扩展

这是很多商业模式在设计时最容易忽略的一个问题,也是决定该模式是快速增长还是平缓增长的最关键环节。收入是否快速扩展,是衡量商业模式能否迅速做大企业的最关键因素。任何一个企业的收入规模根本上都取决于客户数量及平均客户贡献两个因素。因此要想快速增长,就要设计能快速增加付费客户数量的各种策略,或者是提高平均客户贡献额。在设计收入扩展策略时,最需要考虑的是三个问题:① 获取新客户的方法和难易程度如何? ② 定价策略是否有利于快速扩展客户和利润最大化? ③ 客户是否会持续消费?

商业模式从本质上讲就是如何从客户身上挣钱。如果想挣钱最快,要么客户数量扩展速度最快,要么客户平均贡献额最高,两者兼备当然最佳。但从商业实践的角度来看,真正起到关键作用的实际上是客户数量的扩展速度。

4. 壁垒

如果企业商业模式具备了上述三点,却发现有很高的行业壁垒无法攻破,那么也只能望洋兴叹。如果谁都可以进入这个让人摩拳擦掌、前途无限的市场,那么凭什么你会取得成功呢? 所以创业者一定要扪心自问:为什么是你而不是别人? 因此,不仅我们要特别钟情于目标客户,目标客户也要特别青睐我们。好的商业模式一定要和自身的优势紧密结合。最好是自己独有的优势,以便构筑最好的竞争壁垒。关于进入壁垒,我们要考虑五个方面的问题:① 进入该行业本身是否有壁垒? 比如法律、技术、专利、资质或者垄断资源。行业不能有高的进入壁垒,否则执行起来会有很大困难。② 是否存在产业链的制约因素? 如何解决? ③ 如何利用自身优势来构筑竞争壁垒? ④ 如何建立行业竞合关系? ⑤ 如何构筑价值链?

总之,自己进入行业时壁垒要低,进入行业后要能建立起高的壁垒,让竞争者难以进入。

5. 风险

设计商业模式的最后一个环节,就是要综合评估可能面临的各种风险。在评估风险时,需要考虑五个方面:① 是否存在政策及法律风险? ② 是否存在行业监管风险? ③ 是否存在行业竞争风险? ④ 是否有潜在的替代品威胁? ⑤ 是否已经存在价值链龙头? 这是考虑商业模式所面临的风险时最需要注意的一点。你准备进入的行业不能有链主存在,即不能有价值链的龙头存在,因为具有优秀商业模式的企业应当具有发展成为龙头和链主的最大可能性,而不是在一开始发展就受制于别人。

我们评估风险的目的并不是规避所有风险。事实上,几乎所有重大的商业成功无不是冒着很多不确定的高风险取得的。

本章小结

通过本章的学习,学生应能理解商业模式对企业的重要性,尤其是如何设计和开发商业模式。通过学习商业模式画布,学生应能明白商业模式的设计。通过学习商业模式开发方法,学生应能理解如何设计新的商业模式,并对其设计的商业模式进行评价。

本章习题

1. 商业模式有哪些类型?
2. 商业模式的构成要素有哪些?
3. 企业处于不同阶段时,商业模式有何不同?
4. 商业模式的作用有哪些?
5. 商业模式的设计框架主要有哪些?
6. 用商业模式画布分析你熟悉的企业的商业模式。
7. 常见的商业模式开发方法有哪些?
8. 尝试在自己熟悉的行业中,提出一种全新的商业模式,或者对现有的商业模式进行改进。

即测即评

案例评析

案例1:麦当劳的故事

诞生于1955年的麦当劳建立了世界上最为成功的商业模式之一,其在全世界共拥有30 000多家分店。2021年Interbrand发布的全球最佳品牌榜中,麦当劳位列第九。麦当劳一度被人们信奉为餐饮业的精神领袖、杰出的品牌运作大师,被当作美国的国家形象和美国文化精神的化身。

麦当劳的总裁克罗克曾说过,自己做的不是快餐生意,而是房地产生意。麦当劳在西方是采取特许经营的方式。麦当劳首先把一个特别好的店铺租下来,一租就是 20 年,跟房东谈好了 20 年租金不变;然后吸引加盟商,把这个店铺再租给加盟商,对每一个加盟商增加 20% 的租金;以后根据房地产升值的情况,租金还会成比例地递增。他认为他赚的钱是房地产的钱,而不是快餐的钱。

资料来源:网络整理。

案例分析:设计商业模式很重要。

案例解析:经营麦当劳的目的不是直接营利,而是招租。麦当劳真正核心的营利来源是房地产增值带来的租金差,核心竞争能力是品牌运作能力、复制能力。

案例 2：星巴克咖啡

星巴克(Starbucks)于 1971 年成立于美国,现为全球最大的咖啡连锁店,是世界领先的特种咖啡的零售商、烘焙者和品牌拥有者。在全球各地,星巴克一周销售 4 000 多万杯咖啡饮料,每月销售差不多 2 亿杯,按每杯 3 美元算,仅咖啡销售额就是每月 6 亿美元!

资料来源:网络整理。

案例分析:用商业模式画布的 9 个构造块分析。

案例解析:

(1) 客户细分。星巴克的消费群体是一二线城市的白领精英、社会中上阶层、咖啡爱好者等。

(2) 价值主张。为以中产阶级为主流的社会中上阶层提供一个风格清新的社交场所;细节包括打包盒、咖啡托盘、防溢贴纸、快餐加热等;削减成本方面包括星享卡积分、微信公众号电子集点卡;产品有由咖啡豆研磨的咖啡、相比于肯德基等快餐店更低热量的西式早餐等。

(3) 渠道通路。特殊渠道:为航空公司和别家零售店的服务;直营渠道:处理外卖业务;零售渠道:为自己的店铺和合资店铺服务。

(4) 客户关系。差异化策略:体验营销、感官营销、口碑营销;星巴克随行卡、全球化无线上网服务等。

(5) 收入来源。星巴克除了咖啡之外,还卖各种甜点、咖啡豆、杯子,以及不断推陈出新的娱乐休闲性产品,如玩具。

(6) 核心资源。客户资产:星巴克一个主要的竞争战略就是在咖啡店中同客户进行交流,特别重要的是咖啡师同客户之间的沟通。星巴克也通过征求客户的意见,加强客户关系管理。每个星期总部的项目领导人都当众宣读客户意见反馈卡。员工资产:星巴克要打造的不仅是一家为顾客创造新体验的公司,更是一家高度重视员工情感与员工价值的公司。供货商资产:星巴克的关系模式也向供应链上游延伸到供货商,包括咖啡种植园、面包厂、纸杯加工厂等。星巴克对供应商的挑选、评估等程序相当严格。星巴克花费大量人力、物力、财力来开发供应商,能够力保与供应商保持长期稳定关系,这样可节约转换成本,避免供应商调整给业务带来的冲击。

(7) 关键业务。星巴克的服务创新最大闪光点就是无线上网和星巴克随行卡。无线上网优势在于非高峰时间吸引更多顾客光顾星巴克,而且高峰期缩短顾客感知排队时间。

星巴克随行卡的妙处则是使顾客的忠诚度提高。另外,让忙于工作的现代人有个可以喘息的场所。星巴克的核心产品是咖啡,还有一些延伸产品,比如蛋糕等。星巴克的一系列经典产品为卡布奇诺、焦糖玛奇朵、美式咖啡、拿铁、浓缩咖啡、摩卡。星巴克的经营方式主要是直销和零售,直销有专门的店面,零售就是与各大超市合作。

(8)重要伙伴。航空公司(机场安检内外)、百事可乐公司(星冰乐)、唱片公司(录制"每月音乐带"供播放)、7-11 便利店(咖啡精品预购杂志)、Barnes&Nobile 书店(星巴克吸引人流小憩而非急于购书,增加书店销售额)。

(9)成本结构。为什么星巴克那么贵?因为其一杯咖啡 28 元,含 33.9%(9.5 元)水电、广告等运营费,20%(5.6 元)房租,14.3%(4 元)原材料成本,9.6%(2.7 元)净利润,8.2%(2.3 元)人工成本,5.4%(1.5 元)行政开支,4.3%(1.2 元)设备折旧成本和 4.3%(1.2 元)税。

第六章 创业资源

本章提要

通过对本章的学习,学生可以了解创业过程中的资源需求和资源获取途径,认识创业资金的筹集渠道和风险,掌握创业融资的测算、创业资源的管理技巧和策略。学生既要懂得个体、企业与国家命运密不可分,要有勇于担当的社会责任感、企业家精神,又要在筹资中注意规避高利贷风险、融资陷阱,树立长远发展观,诚信为本,杜绝不劳而获的思想。

学习重点和难点

重点:了解创业资源的获取途径、获取技能及创造性利用,资金筹集渠道和风险。

难点:创业所需要的资金测算。

第一节　创业资源概述

引导案例

郭国平：用创业行动解决量子计算人才流失和产业缺位问题

在蒸汽机时代,马力就是国力;在信息时代,算力就是国力。郭国平说,研究量子计算就像"用一个一个原子垒起一座金字塔"一样难,但为了中国早日有"量子算力",他愿为此奋斗终生。

郭国平于1996年考入中国科学技术大学。在这里,他加入了著名量子信息学家郭光灿的研究团队,开始学习量子光学,从事量子通信及量子通信器件研究。2005年,他放弃已经做得风生水起的量子通信研究,改攻量子计算。郭国平说,他愿做别人眼中的"愣头青",因为"这个东西对国家太重要了"。

2017年,郭国平在实验室办起公司——合肥本源量子计算科技有限责任公司。"本源量子"寓意"量子技术追溯科技本源"。

公司初创期间,资金匮乏,郭国平卖掉自己的一套房子保住公司;公司走上正轨后,郭国平名下股份估值近亿元人民币,他将这些股份无偿分给研发团队的年轻人。

如同一颗磁石,"本源量子"吸引了投资,更吸引了一批量子相关专业毕业生。团队从2017年的10余人,扩张到如今的上百人,研发人员占比超过75%,研究生学历人才超40%。人才是"本源量子"最大的优势,也是量子计算领域最重要的资源。2020年9月,在郭国平的带领下,团队自主研发的六比特超导量子计算云平台正式上线,全球用户可以在线体验来自中国的量子计算服务。

郭国平是新时代创业者的典型代表,他勇于创新、富有创业者精神,同时也敏于行动,用产业化来解决人才流失问题,让最顶尖的技术人才发挥自己的创新才能,拥有宝贵的人力资源。

资料来源:罗国锋,林希.新时代创业思维.北京:中国铁道出版社有限公司,2021:33-34.

思考题:

(1) 郭国平在创业过程中如何吸引了宝贵的人力资源?

（2）郭国平把企业发展与国家命运紧密结合在一起,给了我们什么样的启示?

一、创业资源的内涵与种类

创业三要素分别为:机会、团队和资源,其中资源占有很重要的地位。根据资源基础理论和资源依赖理论,新企业所获得的资源直接影响它的命运。创业要想取得成功,创业者一定要善于获取、整合和使用与创业项目有关的资源。

1. 创业资源的内涵

概括地讲,创业资源是企业创立以及成长过程中所需要的各种生产要素和支撑条件。对于创业者而言,只要是对其创业项目和新创企业发展有所帮助的要素,都可归入创业资源的范畴。

创业资源对于创业活动的重要意义不局限在单纯的量的积累上,创业过程实质上是获得各类创业资源并将其重新整合,支持企业获取竞争优势的过程。从这一角度看,创业活动本身是一种资源获取和重新整合的过程。

2. 创业资源的种类

目前,学术界对创业资源的分类大致有以下五种类型。

（1）创业资源按其来源分类。创业资源按其来源分类可分为自有资源和外部资源。自有资源是创业者自身所拥有的可用于创业的资源,如自有资金、创业机会信息等。外部资源是指创业者从外部获取的各种资源,包括从朋友、合伙人或其他投资者、经营者那里获取的资源,如设备或其他原材料等。创业者自有资源的拥有状况（特别是技术和人力资源）会影响外部资源的获得和运用。

（2）创业资源按其存在形态分类。创业资源按其存在形态可以分为有形资源和无形资源。有形资源是具有一定物质形态的、价值可用货币度量的资源,如组织赖以生存的自然资源以及建筑物、机器设备、原材料、产品、资金等。无形资源是不具有物质形态的、价值难以用货币精确度量的资源,如信息资源、人力资源、政策资源以及企业的信誉、形象等。无形资源往往是撬动有形资源的重要手段。

（3）创业资源按其性质分类。创业资源根据资源的性质可分为六种资源,即人力资源、社会资源、财务资源、物质资源、技术资源和组织资源。

① 人力资源。人力资源也指一定时期内组织中的人所拥有的能够为企业所用,且对价值创造起贡献作用的教育、能力、技能、经验、体力等的总称。首先,创业者是创业企业最重要的人力资源;其次,合适的员工也是创业企业人力资源的重要部分,高素质人才和生产人员等的聘用和开发,是企业可持续发展的关键因素。

② 社会资源。为了应对需要,满足需求,所有能被提供且足以转化为具体服务内涵的客体,皆可称为社会资源。创业企业的社会资源主要指由于人际和社会关系网络而形成的关系资源。社会资源可以是人力资源的一部分,或者说是特殊的人力资源。社会资源对创业活动非常重要,因为社会资源能使创业者有机会接触到大量的外部资源,有助于其通过关系网络降低潜在的风险,加强合作者之间的信任和声誉。开发社会资源是创业者的重要使命。

③ 财务资源。财务资源是指企业所拥有的资本以及企业在筹集和使用资本的过程中所形成的独有的不易被模仿的财务专用性资产,包括企业独特的财务管理体制、财务分析

与决策工具、健全的财务关系网络以及拥有企业独特财务技能的财务人员等。

④ 物质资源。物质资源是人类社会经济活动所依托的客观存在物。它是人类社会生存和发展的基础。创业物质资源是创业活动的生存和发展基础,是创业和经营活动所需要的有形资产,如厂房、土地、设备等,有时也包括一些自然资源,如矿山、森林等。

⑤ 技术资源。技术是自然科学知识在生产过程中的应用,是直接的生产力,是改造客观世界的方法、手段。创业技术资源包括关键技术、制造流程、作业系统、专用生产设备等。

⑥ 组织资源。创业企业的组织资源一般指企业的正式管理系统,包括企业的组织结构、作业流程、工作规范、信息沟通、决策体系、质量系统以及正式或非正式的计划活动等,有时候组织资源也可以表现为个人的技能或能力。

(4)创业资源按其对生产过程的作用分类。创业资源还可以按照其对生产过程的作用分为生产型资源和工具型资源。生产型资源是指生产某些物品所需投入的东西,它是直接用于生产过程或用于开发其他资源的资源,如物质资源中的照相机、汽车或办公室,被认为直接用于生产产品或提供服务;工具型资源是指被专门用于获得其他资源的资源,工具型资源包括通用型工具、共用型工具及专用型工具,这些工具的划分也不是不变的。

(5)创业资源按其在创业过程中的作用分类。创业研究学者通常将创业资源按其在创业过程中的作用分为两类:一类是运营性资源,主要包括人力资源、技术资源、资金资源、物质资源、组织资源和市场订单等资源。另一类是对企业生存和发展具有关键作用的战略性资源。

二、创业资源与一般商业资源的异同

创业资源与一般商业资源既有相同点,也有一定的差别。

从广义上看,创业资源与一般商业资源的基本内容大致相近,都包括人力资源、社会资源、财务资源、物质资源等,这些是创业活动或商业活动中所需要的各种生产要素和支撑条件。

从狭义上看,创业资源与一般商业资源的差异主要表现为以下三点。

第一,创业资源与创业过程相伴而生,它是一项事业、一个企业或组织从无到有、从小到大的创建过程中所依赖的各种要素和支撑条件。对于创业活动而言,不确定性强是初创期的主要特征,因此创业者所拥有或者可以利用的资源数量少且规模小。一般商业资源往往泛指事业、企业或组织所具备的生产要素和支撑条件,通常比创业资源数量多且规模大。

第二,创业资源的范围往往小于一般商业资源。尽管创业资源与一般商业资源的基本内容相近,但并不是所有的一般商业资源都是创业资源,因为只有创业者能够拥有或者可以获得和利用的资源才是创业资源。在创业的过程中,创业机会只有与相应的创业资源进行匹配,才能形成现实的创业行为,没有匹配的创业资源,即使有了大好的创业机会,创业者也难以迅速利用这个机会。

第三,创业资源更多表现为无形资源,一般商业资源则更多表现为有形资源。创业资源的独特性更强,创业者的个人能力和社会网络资源是其中最为关键的资源。一般商业资源中,规范的管理和制度则是企业成功的基础资源。

三、创业资源获取的途径与技巧

获取创业资源的途径分为市场途径和非市场途径两大类。当创业所需要的资源可在市场中得到并交易时,就可采用市场途径;在其他情况下则可以采用非市场途径。对创业资源获取技巧的了解,有利于创业者更好、更快、更低成本地获取所需资源。

1. 创业资源获取途径

(1)通过市场途径获取。通过市场途径获取资源的方式包括资源购买、资源联盟和资源并购等。资源购买是指利用财务资源通过市场购入的方式获取外部资源,除购买厂房、设备和原材料等物质资源,还可以购买专利和技术、聘请有经验的员工等。对创业者来说,市场途径可能是其最常用的,大部分资源尤其是物质资源、技术资源、人力资源等都可从市场上购买得到。

资源联盟是指通过联合其他组织,对一些难以开发或无法自己开发的资源实行共同开发。很多企业依托高校或科研机构构建研发培训体系,也就是产学研联盟,就是资源联盟的典型表现,借此既可以节约研发经费,又可以使研发培训体系具有前沿性和系统性,而高校或科研机构的人员则可以将自己的研究成果转化成生产力,实现社会价值。

资源并购是通过股权收购或资产收购,将企业外部资源内部化的一种方式。资源并购的前提是并购双方的资源尤其是知识等新资源具有比较高的关联度。

(2)通过非市场途径获取。通过非市场途径获取资源的方式主要有资源吸引和资源积累等。

资源吸引指发挥无形资源的杠杆作用,利用创业企业的商业计划、通过对创业前景的描述、利用创业团队的声誉来获得或吸引物质资源(厂房、设备)、技术资源(专利、技术)、资金资源和人力资源(有经验的员工)。在接触资源拥有者的过程中,可以通过对创业前景的描述或对团队良好声誉的展示,获得资源拥有者的信任和青睐,从而吸引其主动将拥有的资源投入创业企业之中。如中国“互联网+”大学生创新创业大赛的创业者就是在利用这种方式来获取资源。

资源积累指利用现有资源,在企业内部通过培育形成所需的资源,主要包括自建企业的厂房、装置、设备,在企业内部开发新技术,通过培训来增强员工的技能和知识,通过企业自我积累获取资金等。创业者很多时候会采用资源积累的方式来筹集企业所需的人力资源或技术资源。

(3)资源获取决策。通过市场途径还是非市场途径取得资源,主要取决于资源在市场上的可用性和成本等因素。若证明快速进入市场能够带来成本优势,则资源购买可能就是获取资源的最佳方式。

获取资源贯穿创业的全过程,在创业的初始阶段,获取资源尤为重要。对多数创业企业来说,由于初始资源缺乏和不完整,创业者需要取得资源供应商的信任来获取资源。但无论如何,采用多种途径同时获取不同资源总是正确的选择。

2. 创业资源获取技巧

为了及时足额并以较低的成本获得创业所需的资源,创业者需要掌握一定的创业资源获取技巧。

(1)充分重视人力资源的获取。震旦集团创始人陈永泰曾经说过:“聪明的人都是通过别人的力量去达成自己的目标。”人力资源在创业资源中的决定性作用要求创业者必须充分重视人力资源的获取。创业者一方面应努力加强自身能力的培养,另一方面更应重视

【案例分享】
落难英雄背后的强大资源

创业团队的建设。一支知己知彼、才华各异、能力互补、目标一致和彼此信任的团队是创业资源中最为重要的资源，也是创业成功必不可少的保证。因此，创业初期创业者需要花大量时间在人力资源的培养和获取上。

20 世纪 60 年代，美国心理学家斯坦利·米尔格拉姆（Stanley Milgram）曾经提出过"六度人脉"理论。六度人脉，是指地球上所有的人都可以通过六层以内的熟人链和任何其他人联系起来。通俗地说，只要你愿意，最多通过六个人你就能够认识世界上的任何一个陌生人。这个理论表面上看起来不可思议，但实际上告诉我们：只要我们足够努力和付出，我们可以利用自己的人脉资源达到不可思议的效果。也就是说，创业者在获取人力资源时，不妨拓宽眼界，充分利用已有的人脉资源，如亲戚、商业伙伴、以前的客户、同学、校友、同事、邻居、棋友、票友、俱乐部的成员等所有有能力的人。

除了开发人力资源，我们还要学会管理人力资源。要管理人力资源，就要懂得一些最基本的交流技巧。人力资源管理需要用心，更需要耐心和慧眼。乔布斯曾说过："我过去常常认为一位出色的人才能顶两名平庸的员工，现在我认为能顶 50 名。我大约把 1/4 的时间用于招募人才。"

（2）以能用和够用为原则。创业者在筹集资源时应坚持能用的原则，只有满足企业需求、可以支配并使其充分发挥作用的资源，才是值得花力气筹集的资源。另外，在筹集资源时应该本着够用的原则，既满足企业经营所需又不会因为过多产生较高的成本。当代大学生应该培养善于发现的眼睛和善于创新的大脑，以便可以更多地变废为宝，为实现经济的可持续发展贡献自己的力量。

（3）尽可能筹集多用途资源和杠杆资源。多用途资源即有多重用途的资源，而有杠杆效应的资源称为杠杆资源。一般来说，时间资源和人力资源既是用途最多的资源也是最具有杠杆效应的资源。整合资源其实就是一个借力的过程，懂得借力才能让资源聚沙成塔。就比如我们想撬动一块比自身重十几倍的石头，难道要天天去锻炼肌肉，增强自身的力气吗？当然不是，想撬动这块石头，既可以找十几个人来一起帮忙，又可以换个思路，那就是找一个支点，根据杠杆的原理撬动这块大石头。创业者要善于进行时间管理和人力资源管理，既懂得把有限的时间、有限的人力资源用在刀刃上，还要善于通过授权有效发挥团队成员的作用，以撬动更多的资源。

第二节　创 业 融 资

学习目的与要求

通过本节学习，学生应达到如下要求：

（1）了解创业融资的相关理论，注意高利贷风险，要合法融资，充分利用国家优惠政策等。

（2）掌握创业所需资金的测算、创业融资的主要渠道及各种渠道的差异。

（3）了解创业融资的一般过程。

（4）理解创业融资过程中企业家应该承担社会责任、遵守法律、以诚信为本。

引导案例

1898 咖啡馆：一家独特的众筹咖啡馆

阿基米德说,给我一个支点,我就能撬动整个地球。互联网增进了人们的联系,缩小了人与人之间的距离。可是,社会依然有太多的闲置资源,有太多的浪费。怎样把社会上闲置的资源串联起来,从而使它们发挥最大的效能呢?也许一家小小的咖啡馆就可以。沿北京大学东门向东走 150 米,一个叫作 1898 的咖啡馆映入眼帘。1898 年是北京大学的前身京师大学堂的成立时间。而正如其名字展示的一样,1898 咖啡馆也尽显燕园的学术气质。

与传统的咖啡馆不同,1898 咖啡馆是以众筹的方式融资成立的,第一批每人 3 万元;第二批每人 5 万元,人数限制得很严。咖啡馆的董事长杨勇毕业于北京大学,大学期间在一篇论文中他就有了这样的设想:"把具有一定发展潜力的青年人视为一家规模更小、风险性和成长性更高的企业,在其成长阶段,为其提供开发人力资源各要素的最优投入组合,以达到快速充分地开发潜力的目的。"当时可能连他自己都很难想象,在移动互联网全行业重新洗牌的节点上,他正在用一家小小的咖啡馆撬动着整个行业兴奋的神经,并用行动实践着自己读书时的理想。

1898 咖啡馆绝非简单的一家咖啡馆。杨勇鼓励股东多成立自己的小圈子,比如咖啡馆有一个 1898 投融资俱乐部,通过调动股东的积极性来做活动。股东做活动比员工做活动的效果好很多,股东办活动一般质量都会比较高。比如有一个校友是做动漫的,通常做动漫的融资不是特别容易。1898 咖啡馆开业以来,他在 1898 咖啡馆内部做了两次路演,几千万元就到账了。

资料来源:黄震,邓建鹏.做让用户尖叫的产品:互联网金融创新案例经典.北京:中国经济出版社,2014:83-85.

思考题:

(1) 1898 咖啡馆独特在哪里?

(2) 1898 咖啡馆怎样把资源串联起来,从而使它们发挥最大的效能呢?

一、创业融资分析

1. 创业融资的概念

狭义的融资,主要是指资金的融入,也就是通常意义的资金来源,具体是指通过一定的渠道,采用一定的方法,以一定的经济利益付出为代价,从资金持有者手中筹集资金,组织对资金使用者的资金供应,满足资金使用者在经济活动中对资金需要的一种经济行为。广义的融资,不仅包括资金的融入,也包括资金的运用,即包括狭义的融资和投资两个方面。

2. 创业融资的重要性

任何企业的生产经营活动都需要资金的支持。尤其是对于初创企业来说,在企业的销售活动能够产生现金流之前,企业需要技术研发,需要购买材料,需要生产产品,需要进行广告宣传,需要支付员工薪酬,还可能需要对员工进行培训。另外,要实现规模经济效应,企业需要持续地进行资本投资。加之产品或服务的开发周期一般比较漫长,这使得创业企业在早期需要大量资金支持。

3. 创业融资难的原因

许多调查显示,缺少创业所需资金及创业资金筹集困难是创业者面临的最大挑战。创业融资难的主要原因是创业企业的不确定性大、信息不对称以及资本市场欠发达等。

融资虽难,但是我们如果转换思维,站在投资人的角度重新审视融资,也能找到提高融资成功率的有效方法。

知识拓展

徐小平:投资如看人

徐小平,真格基金创始人。在他看来,天使投资最深的哲学,就是坚定不移地判断人,而不是判断模式。他有自己的四个判断角度。

学习能力:包括过去、现在和未来的学习能力。

工作能力:包括工作经验、技能和资源。

影响能力:也称个人魅力,也就是感染他人的能力。

坚持能力:克服困难的能力。

张野:看重创业者的四项能力

张野,青山资本创始人,中国新锐投资人代表。他认为早期投资其实很简单,除了大方向的判断,最核心的逻辑就是能够发现下一代的企业家,发现他、帮助他、陪伴他。但什么样的年轻人才是下一代的企业家呢?张野十分看重创业者的四项能力。

拥有伟大的愿景。伟大的愿景是企业存在的意义,也是支撑创业者走下去克服一个又一个困难的原动力。

拥有很强的个人魅力。个人魅力并不是说口才有多好,长得有多帅/美,而是打动别人和感染别人的能力。

拥有较强的突破性。创业者要能够突破认知障碍,不断突破自己的瓶颈,建立起对产品、技术、市场、营销等的认知框架,伴随企业一同成长。

敏锐的商业嗅觉。抓住新技术发展的机会,分析宏观经济的发展阶段和政策导向,观察细分行业在产业链条上的巨大变化,不断扩展视野,发掘潜在机会,成就创业梦想。

资料来源:尹胜君,李岳.创业 3+3.北京:电子工业出版社,2019:160.

二、创业所需资金的测算

按照资金的占用形态和流动性,创业资金可以分为流动资金和非流动资金。流动资金指占用在原材料、在制品、库存商品等流动资产,以及用于支付工资和各种日常支出的资金。非流动资金是指用于流动资产以外的资金,主要包括用于购买机器设备、建造房屋建筑物、购置无形资产等的资金。

在筹办期间,创业者需要按照资金分类逐一测算每个项目的资金需求,包括流动资金和非流动资金,最后加总得到开业前需要投入的资金金额,也就是测算企业所需的原始投资资金金额。创业者可以搜索同行业其他企业投资的数据进行参考。企业从开始营运起,也需要测算资金需求,尤其是在营运前期,不确定性较大,对营运资金需求的测算需要分月进行,即逐月分析生产经营过程中需要发生的各种支出及其具体金额,同时考虑生产经营过程中的资金流入,计算资金流出和资金流入的差额,分月计算营运前期每个月资金流出大于资金流入的金额,其结果就是需要追加的资金金额。

三、创业融资渠道

企业筹集的资金按照投资者在企业享有的权益不同可以分为股权融资和债权融资。政府资金支持、知识产权融资也是创业常用融资渠道。

1. 股权融资

股权融资形成企业的股权资本,也称权益资本、自有资本,是企业依法取得并长期持有,可自主调配运用的资金。股权融资所获得的资金,企业无须还本付息,但股东要分享企业的赢利与增长。广义上的股权融资包括内部股权融资(内部积累)和外部股权融资。

创业企业在创建的启动阶段及较早发展阶段,内部积累格外重要。采用内部积累方式融资符合融资优序理论的要求,也是很多创业者的必然选择。企业内部积累,是指通过企业内部留存形成的用于扩大企业生产经营规模的资金,其所有权属于企业,但没有被占用或没有被经济合理地占用。企业内部积累这类资金是企业内部自动生成或转移的,因此,它是企业最为稳妥也最有保障的融资来源。

外部股权融资主要有个人积蓄和亲友投资、风险投资和其他企业投资等方式。

就中国的现状而言,以家庭为中心,以亲缘、地缘、商缘等为经纬的社会网络关系,对包括创业融资在内的许多创业活动会产生重要影响,因此,创业者及其团队成员的家庭储蓄的投入一般归入个人积蓄投资的范畴。

如果亲友既看好创业项目,又信任创业者,则可能对项目投入部分资金,这部分资金也是创业初期股权融资的主要来源。调查显示,多数大学毕业生创业过程中遇到的最大困难是资金筹备,大部分创业者的创业资金来源为父母亲友的支持。

案例分享

小米的全员融资

小米初期的每个员工几乎都把全部身家拿出来投给小米,这就能让投资人相信,创业者是真正破釜沉舟地去创业。除了公司员工的投资外,小米当时能融到钱的原因,则是雷军通宵给投资人打电话,并向投资人承诺"你投500万我也投500万"。雷军总结,要融到花不完的钱,你得先找到一个真正的市场,然后要努力说服投资者自己是真正倾注了全部的精力和金钱来创业,这样投资人才能相信你会成功。

2. 债权融资

债权融资是指企业通过向个人或机构投资者借入资金,或者出售债券、票据筹集营运资金或资本开支。个人或机构投资者借出资金,成为公司的债权人,并获得该公司还本付息的承诺。债权融资形成企业的债权资本,也称借入资本,是企业依法取得并依约运用、按期偿还的资本。亲友借款、金融机构贷款、交易信贷和融资租赁等是常用的债权融资方式。

(1)亲友借款。个人积蓄不足时,创业者可以向其亲朋好友借入资金。亲友借款也是创业融资的主要方式之一。需要提醒的是,在向亲友借款时,创业者必须遵循现代市场经济的游戏规则、契约原则和法律形式来规范融资行为,保障各方利益,减少不必要的纠纷。

(2)金融机构贷款。金融机构贷款指企业向银行或非银行金融机构借入款项。其中商业银行是国家金融市场的主体,资金雄厚,可向企业提供长期贷款和短期贷款,因此商业银行贷款是企业负债经营时采用的主要融资方式。

(3)交易信贷和融资租赁。交易信贷指企业在正常的经营活动和商品交易中由于延期付款或预收货款所形成的企业间常见的信贷关系。创业者也可以通过融资租赁的方式筹集购置设备等长期性资产所急需的资金。

3. 政府资金支持

政府资金支持是中小企业资金来源的一个重要组成部分。综合世界各国的情况,政府资金支持一般能占到中小企业外来资金的10%左右,资金支持方式主要包括税收优惠、财政补贴、贷款援助、风险投资和开辟直接融资渠道等。创业者应结合自身情况,利用好相关政策,获得更多的政府资金支持,降低融资成本。

4. 知识产权融资

随着《中华人民共和国公司法》对非货币出资比例的放宽,以及大量高科技企业的创立,知识产权融资在创业融资中的地位更显重要。知识产权融资既可以采用股权融资的方式,也可以采用债权融资的方式,主要有知识产权作价入股、知识产权抵押贷款、知识产权信托、知识产权证券化等方式。

创业者在融资过程中,要多了解法律,走正规渠道,杜绝"空手套白狼"的想法,警惕非法集资,不能有非法获财的贪欲。

【知识拓展】
认清四大套路,远离非法集资

四、创业融资渠道的选择

1. 不同融资渠道的特点

股权融资和债权融资各有优缺点,创业者需要在融资之前进行了解,以便做出最有利于企业发展的融资决策。

对创业企业来说,股权融资和债权融资具有不同的特点,见表6-1。

表6-1　股权融资和债务融资比较

外部报酬	股权融资	债权融资
(1)本金	永久性资本,保证企业最低的资本需要	到期归还本金

续表

外部报酬	股权融资	债权融资
（2）融资成本	根据企业经营情况变动，相对较高	事先约定固定金额的利息，较低
（3）财务风险承担	低风险	较高风险
（4）企业控制权	股东按比例或约定享有，分散企业控制权	债权人无企业控制权，企业控制权得到维护
（5）限制条款	限制条款少	限制多
（6）是否具有杠杆作用	不具有杠杆作用	杠杆作用明显
（7）风险分担	可分担企业风险	不分担企业风险

由表6-1可见，债权融资的资金成本较低，合理使用还能带来杠杆收益，但债权资本使用不当会带来企业清算或终止经营的风险；股权融资的资金成本要在企业所得税之后支付，成本较高，但由于在企业正常生产经营过程中不用归还投资者，股权资本是一项企业可永久使用的资金，没有财务风险。创业者在融资时需结合实际因素予以考虑。

2. 融资渠道选择需要考虑的因素

在创业初期，融资是盘活企业资金的有效途径。企业的融资渠道选择对创业者而言尤为重要，创业者在筹集资金时应对债权资本、股权资本的优缺点进行比较，并考虑企业资金的可得性、企业自身的风险收益特征、企业生命周期阶段、融资的成本和风险，以及企业控制权分散等问题来进行综合分析。

【知识拓展】
创业融资最致命的几个弱点

第三节　创业资源管理

学习目的与要求

通过本节学习，学生应达到如下要求：

（1）了解创业资源整合和有效使用的方法。

（2）认识创业资源开发的技巧和策略。

（3）理解在创业资源管理中应该以史为鉴，树立正确的人才资源利用观，惜才、爱才、用才，注重公司长远发展。

引导案例

运筹帷幄，方能决胜千里

在智能手机大行其道的今天，小米手机占有重要的一席之地。然而鲜为人知的是，小米手机在面世之前曾经遭遇了很大的困境。

在小米第一代手机发布之前,小米的创始人雷军到访英华达,希望能够让对方为自己代工生产。按照行业惯例,代工厂一定会做一次背景调查,主要是了解公司背景、资金状况、管理能力等。令人窘迫的地方在于,整个手机上游供应链包括英华达,没有人知道雷军是何许人也。

从常理上说,没有人会愿意为一款尚未面世、销量未知的手机产品以及一个圈内人从未听说的人做代工生产,英华达自然也是半信半疑。然而雷军竟然可以将整个环节走通,并最终完成了一项庞大的系统工程。这一切都因为雷军是个资源整合高手。

首先,雷军整合了宝贵的人力资源。他的创业团队包括来自原谷歌中国工程研究院副院长林斌、原摩托罗拉北京研发中心高级总监周光平、原北京科技大学工业设计系主任刘德、原金山词霸总经理黎万强、原微软中国工程院开发总监黄江吉和原谷歌中国高级产品经理洪锋。这个团队给雷军提供了强有力的技术支持。

其次,雷军与英华达之间的成功合作。英华达是一家电子通信代加工企业,一般的手机厂商都需要自己的代工厂。而雷军在创业初期找到英华达时,凭借着自己对市场的了解以及团队的能力,打动了英华达,并且与对方展开了成功的合作。

最后,在资金环节,小米也创造了融资奇迹。曾在2011年年底就有小米资金流断裂的传闻,但传闻很快不攻自破,小米在2012年的销售额大约为126亿元,而小米前后三轮的总融资额为3.4亿美元。之所以融资,是因为小米需要更多的资金让整个周期运转起来。有业内人士说,小米的资金周转是他看到的手机厂商中最好的,基本上每个月就可以周转一次。

由此可见,雷军对整个产业链条的全局把控相当到位,也就是说,雷军充分地将各种资源整合和有效使用起来,最后造就了小米手机的神话。

资料来源:黄志坚.成功者必须学会的资源整合术.杭州:浙江大学出版社,2014:152.

思考题:

(1)雷军是怎样充分地将各种资源整合和有效使用起来的?

(2)从雷军造就小米神话的案例中,你有什么感悟?

一、创业资源的开发

创业资源开发是指创业者发现、利用新的资源或开拓资源的新用途的活动。在创业过程中,创业者需要在实现资源价值的基础上丰富资源库,进一步拓展资源的来源和用途,使企业获得持续的竞争优势。

1. 创业资源开发的原则

在企业的任何一个生命周期,资源的开发和利用都是至关重要的。无论是在创业初期还是在企业成长过程中,科学管理创业资源都是必不可少的,创业资源开发的原则具体包括:

第一,对现有创业资源进行优化配置。这就需要创业者对所拥有的创业资源进行分类排序。这不是说某种资源比其他资源更重要,而是指企业处于不同阶段起主导作用的资源是不同的,要分清主导资源和辅助资源,从而确保在资源配置时做到重点突出。

第二,要考虑"短板效应",进行查缺补漏。不能一味地考虑起主导作用的资源,而忽视其他资源的缺乏。因为木桶的盛水量是由最短的那块木板决定的,所以,要对潜在的资源枯竭问题进行预判,充分做好资源储备、预算管理方案,这样才能使各种创业资源在不同的阶段实现最佳的配置。

第三,效益原则,即能用和够用的原则。开发和筹集不能用或者多余的资源都是浪费。开发创业资源应该坚持能用的原则,只有满足自己需求的并可以支配和使其充分发挥作用的资源,才是需要的资源。

第四,综合原则。围绕重点项目、重要资源,挖掘潜力,逐步形成系列产品和配套服务,让资源发挥其最大功效。

2. 人脉资源的开发

人脉资源是一种潜在的无形资产,是一种潜在的财富。人脉即人际关系、人际网络,体现人的人缘、社会关系、通过各种渠道所达到的领域。人脉经常用于政治或商业的领域,但其实不论做什么行业都会使用人脉。一般说来,人脉资源的开发主要有熟人介绍、参与社团、利用网络等途径。

知识拓展

从刘备成功史看人脉资源重要性

刘备原是中山靖王刘胜的后代、正宗的帝王之胄,但后来家道中落,父亲早亡,与母亲以织席贩屦展为业。刘备15岁后,母亲让他外出行学。刘备不爱说话,但能善待他人,喜怒不形于色,喜欢结交豪杰,当地豪侠、商人都愿意依附、资助刘备。

当时的刘备是无名小辈,但他知道要闯出一番天地来必定要多多借力和吸纳人才。黄巾起义,刘备结识关羽和张飞,于是有了桃园三结义。再后来,刘备吸引来了赵云、徐庶,又通过徐庶的介绍三顾茅庐请出诸葛亮,诸葛亮的到来让刘备如虎添翼。在诸葛亮等人的帮助下,刘备招募了一大批人才,武将如魏延、马超、黄忠等,文士有与诸葛亮齐名的"凤雏先生"庞统。

刘备用人还有自己的特别之处,他不但给予充分的信任,更能进行充分的授权。刘备与手下的文武重臣关系都非常融洽,既是肝胆相照的君臣,又是相知相爱的朋友。刘备拥有广泛的人脉资源是他从织席贩屦的破落户成为一代帝王的秘诀。

刘备的故事其实就是一个励志故事,他告诉我们当代人,尤其是当代大学生:英雄不问出身,不论你多么缺乏资源,只要你拥有资源整合能力,尤其是学会整合人脉资源,就一定能实现自己的目标。

资料来源:黄志坚.成功者必须学会的资源整合术.杭州:浙江大学出版社,2014:70-71.

在个人创业过程中人脉资源是第一资源。有各种良好的人脉关系,可方便地找到其他各种创业资源。开发人脉资源是创业成功的基本条件,创业者需要注意以下人脉资源的特性。

(1)长期投资性。冰冻三尺非一日之寒,人脉资源不是一天就能够积累到位的。人脉资源需要长期的积累,而不是事到临头才去找人帮忙。在企业做业务也一样,任何人都有可能成为你的客户,因而你必须尽早开始建立联系。人脉资源的形成需要很多时间和精力,这也是一种投资。

（2）可维护性和可拓展性。人脉资源可以通过合作、交流、关心、帮助、友情、亲情等进行维护,并且在维护中可以不断地发展新的人脉关系,拓展人脉圈子。有些人对待人脉的态度非常功利。如果觉得这个人现在能够帮到自己,那就重视;如果觉得某人好像对自己没什么价值,那就避而远之。这种做法绝对不可取,一旦厚此薄彼,就有可能错过一些将来需要的资源。

（3）有限性和随机性。每个人一生中能认识的人是有限的,包括老师、同学、亲戚、同事、朋友、客户等,每个人能认识什么人也带有一定的随机性,而个人的发展会受到人脉资源的限制。巧妇难为无米之炊,一个再强大的人,如果不持续地积累资源,那么手头上的资源也总有耗尽的一天,所以我们要认认真真做人,坦坦荡荡做事,把有限的资源充分利用好,不断地积累,形成良性循环,才能在需要时做到收放自如。

（4）辐射性。熟人介绍是一种事半功倍的人脉资源开发的方法。介绍可以加快人与人相互信任的速度,降低交往成本,提高合作成功的概率。

一定要注意培养健康的人脉资源,要以自身的人格魅力来积聚,为此创业者需要不断提升自身的素质、人格、品质。高质量的人脉资源是创业者迅速提升企业的重要资源。我们应该铭记一个人脉关系法则,即"价值因为提供而存在"。一个成功的人脉关系建立者知道自己所提供的价值能否稳固双赢的人脉关系,而非单单是自己能从中获得什么,更重要的是持有愿意真诚付出的心态,所以建立人脉关系时,记住"互惠"是关键,有舍才有得,我们付出的也是我们将来能够收获的。

创业的整个过程都离不开人的推动和作用,优秀的人才从来不是天生的,都是实践中成长起来的,开发人脉资源关键在于创业者是不是能够识别"千里马",给人以机会和提携,让人迅速成长。人的想法也是不断变化的,虽然初创期创业者能用"概念""画饼"吸引来一些人才,但以后如何保留人才又是一个难题。随着初创企业发展到一定阶段,部分初创期的核心成员的能力与精力可能触碰"高压线"或者出现不能胜任的情况,这时就要采取必要的政策来推动公司管理的规范。

3. 信息资源的开发

当今社会是一个信息的社会,信息资源对很多创业者来说就是成功的机遇,而机遇转瞬即逝,要善于整合把握。信息资源与人力、物力、财力以及自然资源一样,都是创业企业的重要资源,因此,应该像开发、整合其他资源那样开发整合信息资源。

第一,迅速抓住有用的信息。随着信息技术的发展,信息爆炸式增长,各种信息充斥在我们周围,创业者如何在最有效的时间内获得最有效的内外部信息、抓住成功创业的机遇往往成了一个难题。

第二,创业者要高度重视开发信息资源。初创企业信息化的最高层次是决策,它具有前瞻性。对创业者而言,信息是不对称的,只有了解分析包括竞争对手、政府、行业、合作伙伴、客户等在内的周边环境的变化信息情况,我们才能做到"知己知彼,百战不殆",才能做到有的放矢,集中精力、财力、人力抓住转瞬即逝的成功机遇。

第三,初创企业在开发信息资源时,既要整合企业外部的资源,抓住发展机遇,又要整合管理好企业内部的信息资源,进行信息资源的规划。

4. 技术资源的开发

在创业初期,技术是最关键的创业资源,尤其是技术推动型的企业。开发技术资源时,可以考虑整合企业外的技术资源。一些企业的成功经验表明,企业开发技术资源时,可以尽可能多地与科研院所、高等院校合作,因为那里有技术上的前沿人才,而且科研院所、高等院校的人才也很愿意把自己的技术资源转化为产品,实现技术成果。

5. 资金资源的开发

初创企业面临的最重要问题之一就是资金资源的短缺。开发资金资源,不仅仅是解决"钱"的问题,最为关键的是,在资金资源开发过程中,不断优化资金结构,寻找战略合作伙伴,进一步确定企业的商业模式和创业战略。

(1)了解资金提供者的相关信息。开发资金资源时,首先要对准备引入的资金资源有整体性了解。在选择投资者之前,一定要认真了解一下这些投资者的基本情况,如信用情况、资质情况、业绩情况、提供的增值服务,还要看投资者能为企业带来什么其他的资源,比如行业背景信息、市场影响力、营销支撑等,亦即开发、整合资金资源时要充分考虑该项资源能否带来更多的资源。

(2)设计独特的商业模式。商业模式其实是为实现客户价值最大化,把能使企业运行的内外各要素整合起来,形成一个完整的具有独特核心竞争力的运行系统,并通过最优实现形式满足客户需求、实现客户价值,同时使系统达成持续赢利目标的整体解决方案。好的商业模式可以举重若轻,化繁为简,在赢得顾客、吸引投资者和利润创造等方面形成良性循环,使企业经营达到事半功倍的效果。每个企业都有自己的商业模式,好的商业模式可以形成壁垒。比如茅台,通过文化形成了独一无二的产品,构成了深深的"护城河",有自己的定价权。再比如腾讯,大家都知道它是一个开发即时通信软件的企业,其实它的商业模式是社交企业。大家使用微信不仅是为了通信,而更多的是为了社交,因为使用人数众多,数以亿计,所以微信对用户有着巨大的黏性,社交网络越大的用户,越离不开微信。

二、创业资源的创造性利用

成功创业者善于创造性地利用创业资源。其方法有以下三种:控制资源利用、创造性地拼凑资源和发挥资源的杠杆效应。有的企业在初创期可能注重创造性地拼凑资源,在下个阶段则可能注重发挥资源的杠杆效应,或者兼顾其他方法。

1. 控制资源利用

控制资源利用主要指在缺少资源的情况下,创业者分多个阶段投入资源,或者利用合适且经济的替代资源,并且在每个阶段或决策点投入最少的资源,因此也被称为步步为营法。具体包括:创业者在资源受限的情况下寻找实现企业理想和目标的途径,最大限度地降低对外部融资的需要,最大限度地发挥创业者投在企业内部资金的作用,实现现金流的最佳使用。

步步为营法的主要策略是成本最小化,但是如果过分强调低成本,会影响企业形象与产品质量,最终会限制企业的快速成长。例如,有的食品加工企业为了降低成本,采用便宜且对人身体有害的添加剂或生产原料,不但导致企业被依法处理,而且对全社会造成了严重危害。这种短视的低成本行为对创业活动的影响是致命的。又如,为了求生存和发展盗用别人的知识产权、以次充好等。因此,步步为营法中的成本最小化是有前提的。

2. 创造性地拼凑资源

拼凑是指在已有元素基础上,不断替换其中的一些要素,形成新的认识。资源拼凑理论在自身的发展过程中形成了三个核心概念,即"凑合利用""突破资源约束"和"即兴创作"。这三个概念都与资源紧密相关,从不同角度反映了创业过程的资源拼凑特点。

创造性地拼凑不是凑合,而是指在资源约束条件下,创业者为了解决新问题、开发新机会,整合手边现有资源,立即行动,创造出独特的服务和价值。实现创造性拼凑资源需要三个关键要素:身边有可用的资源、整合资源实现新的目的和凑合使用。

案例分享

青岛佳日隆董事长姜玉宝的资源拼凑

一位原本无资源、无资金、无技术的机关干部,却使不产海参的平度有了山东省最大的海参加工企业。青岛佳日隆海洋食品有限公司(简称佳日隆)董事长姜玉宝"无中生有"的创业经历耐人寻味。

20 世纪 90 年代,姜玉宝曾供职平度市商业局。一次偶然的机会,姜玉宝跨入了海参深加工领域。在一次次信息搜寻中,他发现海参加工过程中存在可利用的商机,例如被饭店当垃圾扔掉的海参肚肠,日本人却专门收购,制成更昂贵的"海参花"。一个创意如电光火石般划过姜玉宝脑海。

2002 年,姜玉宝研发了第一个产品——海参罐头;2003 年,佳日隆的贡参宝牌无菌海参罐头问世;2004 年,贡参宝海参产品进驻济南各大商场超市。之后,佳日隆又迅速以特许加盟店的形式,将产品推及山东省 70% 的县级市。此后,贡参宝陆续进驻北京、广州、上海、济南等十几个大中城市并拥有 100 余个经销商和加盟店。

姜玉宝先后与青岛农业大学、青岛科技大学等机构进行技术合作,推出了速冻海参、冻干海参、海参胶囊、海参饮品等产品系列,打出了"打造中国海参第一品牌"的旗号。

资料来源:罗国锋,林希.新时代创业思维.北京:中国铁道出版社有限公司,2021:116.

3. 发挥资源的杠杆效应

资源的杠杆效应是指以最小的付出获取最多的收入的现象。成功的创业者善于利用关键资源的杠杆效应,利用他人或者其他企业的资源来完成自己创业的目的。

三、创业资源开发的推进方法

创业资源开发的推进方法可以归纳为寻找式资源整合、累积式资源整合、开拓式资源整合。这几种方法与创造性利用创业资源的方法有所交叉,可以相互转化。

1. 寻找式资源整合

寻找式资源整合主要是创业者结合自身创业团队的资源情况,对资源储备存在的不足进行分析,然后提出整合外界资源的方案,并积极地寻找和整合所能利用的创业资源。这要求创业者具有较强的预见力和洞察力。

2. 累积式资源整合

随着创业的深入,创业企业得到了一定的发展,也积累了一些企业赖以生存的创业资源。这个时期,企业正处于发展关键期,创业资源需要不断累积和增加。这需要创业者掌握累积式资源整合方法。

3. 开拓式资源整合

企业取得初步发展之后,创业者要想使企业继续快速发展,就必须采用开拓式资源整合。开拓式资源整合强调创新能力,用创新的思想去利用和整合资源。创新是一个企业发展的动力和灵魂,没有创新的企业是很难成长和发展的。开拓式资源整合要求创业者不断地把创新思维注入资源整合中,从创新的视角去寻找具有创新点的创业资源。

四、资源整合原则

创业者能否做到资源的真正整合,是决定企业生存还是灭亡的关键。因此,创业者在整合资源时,可以参照以下资源整合原则。

1. 识别利益相关者及其利益

该原则提示创业者,整合资源一定要关注有利益关系的组织和个人,先识别这些利益相关者,然后把相关者的利益关系辨析出来。一般来说,寻找利益相关者就是要寻找那些具有共同点的组织和个人,同时也需要寻找可以互补的组织和个人。

2. 管理好能够促进企业持续成长的人力资源

企业持续成长需要大量的人力资源作为支撑。为了保持企业持续成长,要对人力资源的需求和管理提出更高的要求。高素质的人力资源是企业持续成长的根本,管理好人力资源是企业持续成长的重要保证。

3. 构建共赢机制

在与外部的资源所有者合作时,创业者还要构建一套真正实现各方利益共赢的机制,这样才能调动利益相关者的积极性。

4. 维持信任长期合作

资源整合以利益为基础,需要以沟通和信任来维持。沟通是产生信任的前提,信任是社会资本的重要因素。同时,创业者要尽快从人际信任过渡到制度信任,从而建立更广泛的信任关系,以获取更多的社会资本。

知识拓展

稻盛和夫经营十二条

稻盛和夫先后创建了两家世界知名企业:日本京瓷和 KDDI。他的经营之道、商业理念、思维方式等都带给我们很深的启发,尤其是他的经营十二条。

第一条,明确事业的目的和意义。树立光明正大、符合大义名分的崇高目标。

第二条,设定具体的目标。所设目标随时与员工交流。

第三条,胸怀强烈的愿望。要怀有能够渗透到潜意识中的强烈而持久的愿望。

第四条,付出不亚于任何人的努力。一步一步、扎扎实实、坚持不懈地做好具体工作。

第五条,追求销售额最大化和成本最小化。利润无须强求,量入为出,利润随之而来。

第六条,定价决定经营。定价是领导的职责。价格应制定在客户乐意接受、公司又能赢利的交汇点上。

第七条,经营取决于坚强的意志。经营需要洞穿岩石般的坚强意志。

第八条,燃起斗志。经营者需要昂扬的斗志,其程度不亚于格斗。

第九条,拿出勇气做事。不能有胆怯的举止。

第十条,不断从事创造性的工作。争取昨天胜过前天,今天胜过昨天。不断琢磨,不断改进,精益求精。

第十一条,以关爱和诚实之心待人。买卖双方都得利,皆大欢喜。

第十二条,保持乐观向上的态度。抱着梦想与希望,以诚挚之心处事。

资料来源:稻盛和夫十项经营哲学精髓.搜狐网,2020-06-19.

本章小结

创业资源对于一个初创企业至关重要。了解创业资源、知道如何获取创业资源对于创业者来说是非常必要的。本章围绕创业资源,分别阐述了创业资源的含义、分类,创业资源与一般商业资源的区别,如何获取创业资源和整合管理创业资源,并重点阐述了对创业而言最关键的资金资源的获取渠道、方式和渠道选择,同时讲述了如何测算资金需用量。

本章习题

1. 大学生获取创业资源的途径与方法有哪些?

2. 你在创业过程中会选择哪种融资方式? 在融资前应做哪些准备?

3. 大学生在资源匮乏的情况下,如何能够吸引有能力的、优秀的人一同创业?

4. 苹果公司创始人乔布斯曾说:"刚创业时,最先录用的10个人将决定公司成败,而每个人都是这家公司的1/10。如果10个人中有3个人不是那么好,那你为什么要让你公司里30%的人不够好呢? 小公司对于优秀人才的依赖要比大公司大得多。"谈谈你对这段话的理解和看法。

5. 欲用兵者,需知己知彼;欲整合者,更需知己知彼。人生,其实就是一场创业,在这个人生创业的大舞台上,你该做好什么样的准备呢?

即测即评

案例评析

案例1：口罩背后的传奇公司：3M

2020年新冠疫情之下，口罩成为紧缺物资，N95口罩的热销让3M这家公司名声大噪。N95口罩，不过是一百多年来3M公司成功商业化的数万个发明中的1个。3M公司的很多发明是员工偶然间的发现，却得到了公司的支持，从而顺利研发投产。如何让员工在做完日常工作之后，还能有精力去探索、发现需求，3M公司也走过一段弯路。

在美国管理界，长期流行着追求高度规范化、零缺陷的六西格玛管理理论，尤其是通用电气这样的制造业巨头，更是将其奉为圭臬。3M公司也曾用过一段时间，但结果却是成本降低，研发效率也降低了。没多久，3M公司就意识到，六西格玛理论适合生产管理，却不适用于技术驱动型团队，人不是机器，创新也不能用表格量化。为了激发员工的热情，3M公司提出了相应的"笨办法"：15%原则，允许员工用15%的上班时间来琢磨点自己感兴趣的东西，也就是干点和工作无关的"私活"。3M公司特意出台了一个规定，如果员工有个好主意，想花点时间研究，那么可以拒绝实验室主任的命令，管理人员也应该对此视而不见，即便是这个计划最后失败了，管理人员也不能失去耐心，反而要对这个计划加以保护，保证员工免受外人指责。

在大量的技术创新和研发投入下，多年来3M公司在材料、工艺、研发平台、产品开发4个领域中拥有46个小类的核心技术。公司的战略就是以这些核心技术为基础，将各种应用连接起来。例如，在多孔材料的技术平台上，通过控制薄膜材料中的孔隙尺寸，3M可制造出空气过滤膜、污水处理膜、口罩、隔热涂层、光学镀层等多种材料。不同的技术相互交融，催生出近7万种产品，使3M公司的产品空前丰富。3M公司的管理者认为，进入20世纪90年代后，创新越来越难，大多数产品都属于改进型产品，要寻求创新，就要紧盯着一群"领导型用户"，也就是在行业内登高望远、走在市场趋势之前的企业和个人。因此，3M公司的许多创新小组都会深入拜访客户，了解数据，解析潜在需求。

15%原则和创新小组都建立在3M公司极度扁平化的架构基础上，这种架构和流行的管理学常识背道而驰。当许多公司都在把人当作工具来控制的时候，3M公司放弃了这种控制，反而取得了巨大的成就：成立100多年来，3M公司在34个国家建立了实验室，专利超过10万项，平均每2天推出3个新产品，品类超过6万种，服务着200多个国家，世界上有 50% 的人每天都会接触到它的产品。

资料来源:校园职徒.裁员 1 500 人！一年市值下跌近 500 亿美元！口罩遭全球疯抢的 3M 公司怎么了?.知乎,2020—02—10.

案例分析:3M 公司如何管理公司的人力资源?

案例解析:企业持续成长需要大量的人力资源作为支撑。为了让企业能够持续成长,要对人力资源的需求和管理提出更高的要求。高素质的人力资源是企业持续成长的根本,尤其是技术驱动型团队。人不是机器,创新也不一定能用表格量化。为了激发员工的热情,3M 公司也提出了 15% 原则,同时还设立了创新小组,3M 公司放弃了对员工的高度控制,注重发挥人的主观能动性和创新性,激发了员工的热情,取得了巨大的成就,这种好的人力资源管理模式,值得学习。

案例 2：从 3 个人到年收入 50 亿元的米哈游

2021 年年初,米哈游联合创始人蔡浩宇在公开场合表示,2020 年米哈游营业收入已经突破 50 亿元,实现了同比翻倍,公司规模也达到 2 400 人,相比 2019 年增加 1 000 人。作为一家成立不到 10 年、背后没有腾讯和网易两大巨头扶持的游戏公司,这个成绩可谓是一个奇迹。那么,米哈游到底是如何取得今天成就的呢?

1. 三个大学生的创业梦想

米哈游的三位创始人蔡浩宇、刘伟、罗宇皓是上海交通大学计算机系的同学,他们都自称"死宅",意为喜欢待在家里的年轻人。"死宅"就是沉迷于动漫游戏等 ACG 虚拟世界,极少在现实社会进行社交的人群。三位创始人中,蔡浩宇是米哈游的核心人物,独立游戏开发者,公司最大股东,现任公司的董事长,与其他几位创始人主导了米哈游的发展。刘伟是官方形象代表,面对玩家群体次数最多,被称为"大伟哥"。罗宇皓是米哈游最早的三个认缴出资人之一。他们在研究生阶段做了一个项目,主打自由写作的开源文学社区,在中科院技术创新大赛中获奖,赢得了 20 万元的奖学金。他们用这笔钱,开发了一个基于 flash 的游戏引擎 Misato,在当时拥有出色的物理渲染效果和性能,在业界被称赞为"达到了 2.5D 的效果"。随后他们和盛大公司合作开发了"泡泡英雄",其出色的表现甚至让盛大萌生了收购他们团队的想法。但是,经过一番思考和挣扎,他们还是拒绝了盛大公司的橄榄枝,决心走自己的原创道路。

2011 年,米哈游工作室在上海交通大学宿舍宣布成立。同年 9 月 30 日,米哈游推出了第一款自主开发的游戏——Fly me 2 the moon,并在苹果商城上线。9 月 30 日上线团队跟发行商签订商业协议,上线三天之后,在苹果应用商店首页就得到日本区、美国区和中国区的推荐。到 11 月已有了 3 000 次的下载量。

2. 大学宿舍里的创业梦

关于米哈游成立的初期,网络上流传着一个非常有意思的视频。2011 年,刘伟代表米哈游参加了一个名叫"新新创业达人"的比赛,试图为公司拿到投资。台下投资人听着刘伟对"宅文化""二次元"等新鲜概念的科普,只是不停大笑。"'宅男'老了,你这个项目怎么办?"投资人笑着问。"'宅男',是从 16 岁到 39 岁。"刘伟非常正经地回答,最后,他们顺利拿到总决赛的第三名。

2012年2月,米哈游公司正式成立,初始注册资金10万元,他们当时找了很多投资人,但几乎没有人看好他们。幸运的是,杭州斯凯网络科技有限公司投资了100万元天使投资,占股15%。虽然在现在看来这笔投资堪称高回报,但是在手机游戏领域并不强势,二次元文化还算小众的2012年,基本没人看好米哈游的前景。即便是创始三人组,也觉得把天使投资的100万元花光,做出一款让自己满意的作品就可以了。

那究竟什么样的游戏才是他们心目中的好游戏呢?对于这三位"死宅"来说,人物造型要美。蔡浩宇是动作游戏玩家,不喜欢当时市面上流行的卡牌游戏。再加上当时僵尸题材在全球火爆,于是几个人灵光一闪,想做一款"萌妹子打僵尸"的游戏,于是《崩坏学园》正式立项。当时米哈游团队只有四个人,负责策划美术和程序开发,制作了几个月,在2012年11月正式上线,在玩家中口碑还不错,但并没有挣到什么钱。对于米哈游来说,《崩坏学园》最重要的意义就是创造了"崩坏"这个IP,为后来的《崩坏学园2》和《崩坏3》打下基础。

3. 投入大量资金和技术成就崩坏系列

当米哈游借着《崩坏学园》的良好口碑,想要作出《崩坏学园2》的时候,摆在他们面前的一大难题是:《崩坏学园2》该如何挣钱? 2014年正好是哔哩哔哩网站(简称B站)迅速扩张的一年,B站积累的大量ACG爱好者与米哈游的玩家群体高度重合。随后米哈游顺势开启公测,很快就登顶iOS付费榜,上线一个月流水就达到160万美元,不仅被国内媒体争相报道,而且在不到一年的时间就营收1亿元,最后《崩坏学园2》三年营业收入总计10亿元,对于当时不到7个人的团队来说,可谓非常亮眼。

但随之而来的成功并没有让米哈游冲昏头脑,他们在2014年《崩坏学园2》完成之后就立刻开始《崩坏3》的开发。在研发过程中,米哈游投入了大量的资金和技术,将《崩坏3》做成了3D效果。2016年10月,《崩坏3》正式公测,凭借优秀的画面和建模跟爽快的打斗场面,第一周登上苹果iOS推荐位,并进入畅销榜前十,至2017年上半年,累计用户2 200万,累计流水金额超11亿元。崩坏系列正式成为国内乃至全球手机游戏市场不可忽视的一股力量。

4. 上市之路戛然而止

2020年的游戏产业发展可谓如火如荼,但A股游戏公司一直处在比较尴尬的境地。除去腾讯和网易的龙头地位,A股老牌游戏公司也被新生代的米哈游、莉莉丝甩在身后。事实上,在2017年1月吉比特上市之后,A股市场已经有4年没有一家游戏公司成功上市,其中就包括了米哈游。

2017年2月,米哈游第一次申报上市A股,当时米哈游运营的三款游戏分别为《崩坏学园》《崩坏学园2》《崩坏3》。2017年12月,米哈游更新了报送材料,其增速远远超过预期,仅2017年上半年就实现了5.88亿元营业收入,4.47亿元的利润。随后证监会也反馈了意见,其中就单一IP能否保持未来持续盈利能力表示存疑。招股书显示,米哈游收入的主要来源为《崩坏学园2》与《崩坏3》,该两款产品的收入占报告期营业收入的比重高达98.82%。除此之外,证监会也对新增付费用户数下降和米哈游的资质问题提出问询。在排队三年之后,米哈游在2020年9月终止了IPO,上市之路戛然而止。

5.《原神》的崛起

2020 年 9 月 28 日米哈游推出的《原神》正式上线,首月全球收入 2.45 亿美元。截至 2月底,《原神》已创造了 8.74 亿美元的收益(约 56.6 亿元人民币),在所有手机游戏中排名第三,仅次于《王者荣耀》和《和平精英》。

《原神》的火热是全球性的,不仅登顶中国、日本、美国等 30 多个市场畅销榜,也进入全球 108 个国家和地区的畅销榜前十。一个可以佐证的数据是,在其 8.74 亿美元的收益中,来自国内的仅占 29%,日本约占 28%,美国占 18%,其他地区或国家约占 25%。

米哈游联合创始人蔡浩宇表示《原神》研发成本为 1 亿美元,上线之后每年的继续研发和运营成本为 2 亿美元。

对于米哈游这样的公司未来能否实现自己的理想,也就是它那句人尽皆知的口号——"技术宅拯救世界",则需要时间来给予答案。

资料来源:王博.从三个人到年收入 50 亿,大热手游《原神》和它背后的公司米哈游.21世纪经济报道,2021-03-26.

案例分析:从 3 个人到年收入 50 亿元的公司,米哈游是怎样运用和管理资源的?

案例解析:首先,米哈游的人力资源管理非常成功。米哈游的三位创始人蔡浩宇、刘伟、罗宇皓是上海交通大学计算机系的同学,志同道合,分工明确。三位创始人中,蔡浩宇是米哈游的核心人物,独立游戏开发者,与其他几位创始人主导了米哈游的发展。刘伟是官方形象代表,罗宇皓比较低调,是米哈游最早的三个认缴出资人之一。其次,他们三人拥有强大的技术资源。他们在研究生阶段做了一个项目,在中科院技术创新大赛中获奖,赢得了 20 万元的奖学金,这是他们人生的第一桶金。最后,获取 100 万元的天使投资及一次次阶段性成功后,依旧在研发中投入大量资金和技术,拥有先进的技术资源,也是米哈游创造奇迹的重要原因之一。

第七章 创业计划撰写

本章提要

创业计划是一份全方位的商业计划,其主要用途是递交给投资商,以便于他们能对企业或项目做出评判,从而使企业获得融资。创业计划有相对固定的格式,它几乎包括投资商感兴趣的所有内容。创业计划的撰写与创业本身一样是一个复杂的系统工程,不但要对行业、市场进行充分的研究,而且要有很好的文字功底。对于一个发展中的企业,专业的创业计划既是寻找投资的必备材料,也是企业对自身的现状及未来发展战略全面思索和重新定位的过程,在这个过程中创业团队是投资商最看重的,所以创业计划撰写过程中要重视团队意识和集体主义观念。

学习重点和难点

重点:创业计划的撰写技巧。

难点:创业计划的展示技巧。

第一节　创业计划

学习目的与要求

通过本节学习,学生应达到如下要求:

(1) 了解创业计划的基本内容及重要性。

(2) 了解创业计划的结构。

(3) 理解集体主义观念在创业团队建设中的重要作用。

(4) 提高学生的创新意识、团队协作精神和创新创业实践能力。

引导案例

创业计划助力创业成功

王涵毕业于某名牌大学环境专业,有多年的环保从业经历,他在污染物监测与治理方面有自己的专利技术,这项技术如果在实际中得到应用,可以为政府及相关企业带来巨大的收益。于是王涵便辞去原来的工作,准备自己创业,创立一个环保科技公司。但在七拼八凑注册了一家公司后,他已经无资金再招聘员工、采购实验设备。无奈之下,王涵想到了风险投资基金,希望通过引入合作伙伴的方式解决困境。为此,他多次与一些风险投资机构或个人投资者接洽商谈。虽然王涵反复强调他的技术有多先进,市场前景有多好,并拍着胸脯保证投资他的公司回报绝对低不了,但总是难以令对方相信,而且他对于投资者问到的多数数据也没有办法提供,如市场需求量具体有多少,一年的产额有多大,投资后年回报率有多高等。而且公司连招聘技术骨干也比较困难,投资者对其公司的前景缺乏信心。

这时,曾经在王涵注册公司时帮助过他的一位做管理咨询的朋友一句话点醒了他:"你的那些专利技术有几个投资者搞得懂?你连一份像样的创业计划都没有,怎么让投资者相信你?"于是,在向相关专家请教咨询后,王涵又查阅了大量的资料,然后静下心来,从公司的经营宗旨、战略目标出发,对公司的团队、技术、产品、市场分析、资金需求、财务指标、投资收益、投资者的退出等方面进行了分析和论证。当然这个过程中,他还需要不时做一些市场方面的调查。一个月后,王涵拿出了一份创业计划初稿,经过几位相关专家的指点,又再次进行了修改和完善。凭着这份创业计划,王涵不久就与一家风险投资机构达成了投资协议。有了风险投资的支持,员工招聘问题也迎刃而解。

现在,王涵的公司经营得红红火火,公司年利润已达到 500 余万元。回想往事,王涵感慨地说:"创业计划的编制与我们做设计要求差不多,绝不是随便写一篇文章的事。编制创业计划的过程就是我不断理清自己思路的过程。只有创业者自己思路清楚了,才有可能让投资者、员工相信你。"

资料来源:网络整理。

思考题:

(1)为什么王涵开始时拍胸脯的保证无法令投资者相信,甚至连招聘技术骨干都很困难?

(2)创业计划对王涵的创业成功起到了什么作用?

不少创业者抱着强烈的创业梦想,但盲目投资是每一个初创企业的创业者都可能有的一个问题。"凡事预则立,不预则废",做任何事情只有预先有计划才能成功。创业计划是整个创业过程的灵魂。创业计划更像是创业者的一张地图,如果没有地图,创业者可能就会迷失方向而误入歧途。

前程无忧网创始人甄荣辉说过:"事实上,成功一点都不难!最难的是:想成功,但没有计划!如果你有一个5年或者10年的目标,而且能够周密地计划,坚定地执行,那么,因为计划,成功率还是很高的。"

创业计划就是创业的战略规划,包含了创业定位、营销计划、财务计划、组织管理等,它引导着创业者朝着预定的方向奋斗。创业计划的重要性已经不言而喻了,但编写创业计划有什么好处?什么样的创业计划才算优秀,才符合投资者的需求呢?这是创业者应该深入思考的问题。

一、创业计划的概念和作用

(一)创业计划的概念

创业计划(创业计划书),也可称为商业计划(商业计划书),是由创业者准备的书面计划,是引领创业的纲领性文件,是创业者具体行动的指南。创业计划分析和描述创办一个新的企业所需的各种因素。撰写计划的过程会促使创业者对企业自身进行评估,对创业前景有更加清晰的认识,并且创业者通过创业计划可获得投资者的风险投资。

从国内外风险投资发展的经验来讲,创业企业是否有很好的创业计划对于能否成功地吸引风险投资是极为关键的。由于创业企业多是新成立或设立不久的企业,缺乏历史数据,迫切需要风险投资的创业者只能通过创业计划,向投资者描绘未来的企业。投资者面对大量的潜在可行的创意时,也只能通过对创业计划的评估来做出自己的选择。因此,创业计划是企业和投资者发生利益关系的第一载体,一份良好的创业计划往往被称为企业吸引风险投资的"敲门砖"。

创业计划是创业意愿的正式书面表达,是用来清晰完整地阐述被提议的创业企业的战略和运营方式等基本设想的文件。计划可以是短期的,也可以是长期的,一份好的创业计划一般具有三大特点:一是切合实际;二是便于操作;三是突出重点。

创业计划作为一份标准性的文件,有着大同小异的架构。它的阅读者可能是商业银行、风险投资集团、潜在的合作伙伴、高层管理人员、供应商、分销商、律师、会计师和咨询师等。创业计划不仅要将资料完整陈列出来,更重要的是要呈现出具体的竞争优势,明确指出投资者的目标市场所在。要显示创业者创造利润的强烈愿望,而不仅是追求企业发展而已。要尽量展现创业团队的企业经营能力与丰富的经验背景,并显示其对该行业、市场、产品、技术以及未来经营战略已有完全准备。要认识到利润来自市场的需求,没有明确的市场需求分析作为依据,所撰写的创业计划将是空泛的。因此创业计划应以市场导向的观点来撰写,并充分显示掌握市场现状与预测未来发展的能力以及具体成就。

一份能吸引投资者关注的创业计划,内容框架必须完整,前后假设和逻辑必须合理,预测必须有事实依据,过分夸大或含糊不清的内容,将降低创业计划的可信度。创业计划书出现的每一个数据都应当是有来源、被认可的。不同的创业项目,由于项目性质不同、项目所处阶段不同等各种因素,投资者关注点会有所侧重。

所以,一份成功的创业计划一定要从投资者需求出发,投资者最关心的还是市场规模有多大、消费者需求是什么,以及投资回报与投资风险。这样才能获得投资者的青睐和关注。而且创业计划应涵盖潜在投资者对于创业项目所需了解的绝大部分信息,并且对于其中投资者通常关注的要点进行重点陈述分析。

(二)创业计划的作用

当前很多人对创业计划作用认识较片面。有人认为:"创业计划的主要作用就是吸引风险投资,吸引不来钱,等于废纸一张。"这导致在实践中,很多创业者会为了获得一份漂亮的创业计划而撰写它,并不是为了自己使用。这是本末倒置的行为,也容易产生欺骗。这样做即使能够融到资金,也难以很好地利用资金,结果对创业不利。一份好的创业计划不能保证创业一定成功,但是却可以提高创业成功的概率。创业是一段旅程,一段陌生且充满风险的旅程,创业计划更像是一个路线图,当然这个路线图必须是正确的。

创业计划的作用主要体现在以下几个方面:

1. 能帮助创业者理清思路,做出正确评价

在使用创业计划融资前,创业计划应该是给创业者自己看的。因此,创业者应该以认真的态度对自己所有的资源、已知的市场情况和初步的竞争策略做尽可能详尽的分析,并提出一个初步的行动计划,做到心中有数。另外,创业计划还是创业资金准备和风险分析的必要手段。对初创的企业来说,创业计划的作用尤为重要。一个酝酿中的项目往往很模糊,通过制定创业计划,把正反面因素都书写下来,然后再逐条推敲,创业者就能对这一项目有更加清晰的认识。

2. 能帮助创业者凝聚人心,有效管理

一份完美的创业计划可以增强创业者的自信,使创业者明显感到企业更容易控制、对经营更有把握。因为创业计划提供了企业全部的现状和未来发展的方向,也为企业提供了良好的效益评价体系和管理监控指标。创业计划使得创业者在创业实践中有章可循。

创业计划通过描绘初创企业的发展前景和成长潜力,使管理层和员工对企业及个人的未来充满信心,并明确要从事什么项目和活动,从而使大家了解将要充当什么角色、完成什么工作,以及自己是否胜任这些工作。因此,创业计划对于创业者吸引所需要的人力资源、凝聚人心,具有重要作用。

3. 帮助创业者对外宣传,获得融资

创业计划作为一份全方位的项目计划,对即将展开的创业项目进行可行性分析的过程,也在向投资者、银行、客户和供应商宣传拟建的企业及其经营方式,包括企业的产品、营销、市场及人员、制度、管理等各个方面。它在一定程度上也是拟建企业对外进行宣传和包装的材料。

二、创业计划的内容架构

创业计划一定要说明几个问题：

（1）创办企业的目的——为什么要冒风险并投入精力、时间、资源、资金去创办企业？

（2）创办企业所需多少资金？为什么要这么多的钱？为什么值得投资者注入资金？对已建的企业来说，创业计划可以为企业的发展确立比较具体的方向和重点，从而使员工了解企业的经营目标，并激励他们为共同的目标而努力。更重要的是，它可以使企业的投资者以及供应商、销售商等了解企业的经营状况和经营目标，说服投资者（原有的或新来的）为企业的进一步发展提供资金。

（一）创业计划的基本结构

一份创业计划应该尽可能简明扼要。一般不超过 50 页为宜，以清楚的方式解答相关问题。这样，可以让阅读创业计划的人清楚识别创业计划所涉及的核心问题。创业计划是创业者留给投资者、银行等的第一印象。

创业计划通常包括封面、目录、执行概要、正文、附录五大部分。

1. 封面

封面（标题页）可以放一张企业的项目或产品彩图，同时还应包括创业计划编号、企业名称、项目名称、项目单位、地址、电话、传真、电子邮箱、联系人、企业主页、日期等。

2. 目录

目录标明各部分内容及页码，要注意确认目录同正文内容的一致性。

3. 执行概要

执行概要是对整个创业计划的概括，目的在于用最简练的语言将创业计划的核心、要点、特色整体展现出来，吸引阅读者仔细读完全部内容，因而一定要简练，一般要求在两页纸内完成。执行概要十分重要，它是投资者最先看的内容，所以它必须要能吸引读者。

4. 正文

正文部分包括公司的基本情况、经营管理团队、产品服务、技术研究和开发、行业及市场预测、风险控制等方面。这些都是投资者最关心的问题，写作要求既有丰富的数据资料，又突出重点、实事求是。

5. 附录

附录是对正文中涉及的相关数据、资料的补充，作为备查。如详细的财务计划、公司创建人和核心员工的完整简历。

（二）创业计划的具体内容

结合上述创业计划的内容要点和基本结构，以下重点从 11 个方面介绍创业计划的具体内容。

1. 封面与目录

封面应包括企业名称、地址、电子邮箱、电话（座机与手机）、日期、主要创业者的联系方式以及企业网址。这些信息集中于封面的上半部分。通常封面或封底会有标识提醒读者对创业计划的内容保密。如果企业已经有徽标或商标，可将它置于封面。

如果已经有产品或服务的设计图片或照片,且图片或照片比较美观的话,可将其印在封面上。有时可以使用图片库中的图片,有许多网站提供图片下载。封面上最重要的一项是撰写者的联系方式,以便创业计划的读者能够轻松联系到。

目录应列出创业计划的主要章节、附录和对应页码,目的是便于查找内容。有些创业计划相关页还贴上标签,更方便直接查找。设计仔细的目录能让读者注意到创业者想强调的内容。

2. 执行概要

执行概要不是创业计划的引言或前言,而是对整个创业计划的概括。投资者和其他利益相关者阅读完执行概要后应该对整个计划有较好的了解。

执行概要是一种简短而热情洋溢的陈述,人们把它的作用比拟为"电梯推销",即要在很短时间内激起别人的兴趣,并使他们的兴趣足够浓厚以至想知道更多的信息。也就是说,执行概要应该对投资者关心的关键问题给予简短回答,即说明解决了哪些未解决的问题,或者机会和优势在哪里,以及本企业为什么可能成功,一般篇幅控制在1~2页。

执行概要内容的撰写要非常仔细和深思熟虑,其中的每句话甚至每个词都不仅要传达丰富的信息,更要传递创业者的兴奋与激情;既要介绍足够多的信息以对企业有一个清晰的图景描绘,又要十分简洁。优秀的执行概要能在第一时间吸引住别人的眼球,而粗糙的执行概要一般很难简洁地说明企业的价值。

以下是某公司创业计划的执行概要①。

执 行 概 要

1.1　公司概述

××公司秉承"精益求精,服务社会"的精神,以提倡科技为本的绿色生活为理念,坚持为人类的健康提供优质的产品,为满足客户的需求不懈努力。公司以光催化可降解有害物在室内环保方面的应用为突破点,主攻室内装修产品。通过大量实验研究,公司成功研制出可降解室内有害气体的环保产品——MBT,并实现了MBT与涂料的完美融合,可以在涂料装饰方面大规模使用。

××公司的环保产品力争于五年内在国内市场占有一席之地,涉足装修涂料、室内盆栽、办公器械等领域,实现以光催化降解材料为核心的多元化公司经营格局,最终生产出可以处理汽车尾气和工厂排放废气的环保产品。

1.2　市场

××公司的目标群体主要定位于涂料生产商、涂料添加剂经销商、涂料添加剂代售公司等。公司研发的产品已经能够很好地应用在涂料中,在自然光照射下,可将室内有害气体降解为二氧化碳、二氧化氮等无毒无害的气体。

中国经济的繁荣,以及中产阶级数量的上升,拉动房地产、汽车和基础设施建设等产业迅速增长,促使涂料需求进一步增加,涂料添加剂市场也随之增长。促使涂料添加剂市场发展的另一个动力是人们越来越重视环保,政府即将出台限制家具和内饰品中

---

① 本节创业计划示例来自第三届"创青春"四川青年创新创业大赛暨第七届高校毕业生创业大赛作品。

挥发性有机物(VOC)排放量的法规,这些都促使室内环保净化产品成为趋势。而公司生产的环保产品——MBT恰好符合这样的市场需求。产品一经认可,销量将非常可观。

1.3　生产与营销

××公司具有成熟的研发技术,在成都市某国家科技园设立加工生产基地。产品的加工工艺简单,且设备容易操作。主要加工设备为搅拌机、离心机、干燥机、马弗炉等。产品加工成本约为1 109.5元/千克,售价5 000元/千克。随着生产规模不断扩大,成本将逐步降低。

MBT属于长期生活必需品的范畴,所以在营销上公司采用精准的销售方式。公司利用自身优势,迅速占领涂料添加剂市场,形成良好的产品形象,促使购买商及时获取本公司的产品。产品投放初期公司将进行一定量的派送试用,且投入一定的资金做宣传,通过多种媒体广告推广和促销活动增加产品知名度。在市场上先立足四川,然后有计划、分步骤地将公司的环保产品推向全国。

由于公司成立前两年资金、知名度、人员等方面的限制,我们综合分析预算:第一年预计销售30千克;第二年预计销售50千克;从第三年开始销售额和利润都将大幅提高。

1.4　投资与财务

××公司属于国家支持的中小型高科技企业范畴。享受"三免三减半"的税收优惠政策,即在公司成立的前三年免征所得税,第四年至第六年所得税率为7.5%(正常税率为15%)。公司成立初期需资金10万元。其中风险投资7万元,××公司投资(管理层人员投资)3万元。其中固定资产投资4万元,流动资金6万元。

股本规模及结构定为:公司注册资本10万元。其中,风险投资入股7万元(70%),技术入股1万元(10%),资金入股2万元(20%)。公司从第三年开始盈利,到第三年后利润开始大幅增长,总收益率达60%。风险投资可通过分红和整体出让的形式收回。

1.5　组织与人力资源

公司成立初期采用直线型的组织结构,由总经理直接向董事会负责。公司发展壮大后,引进董事会决策制,对公司的管理制度做进一步优化。公司初创期主要团队成员分别来自××大学4个不同的学院,各成员专业优势互补。与此同时,本公司还得到了所在大学材料科学与工程学院优秀博士生导师周教授的大力指导及技术支持,具有极强的技术背景。

公司成立初期为降低公司支出费用,各成员将担负起日常管理工作,负责公司的实际运营。随着公司的发展,公司会邀请相关的专业人员和高级技术人才加盟。

3. 企业介绍

这部分的目的不是描述整个计划,也不是提供另外一个概要,而是要对企业进行介绍,重点是介绍企业理念和战略目标。

某公司创业计划介绍内容如下:

2.1 总体战略

××公司以为社会提供优质高效的可降解室内有害气体的产品为使命,服务社会,成就自我;以"诚实守信,创业为民"为企业宗旨,不断地推进科技产品的研发,快速将科学技术转化为实用产品。坚持推出安全、环保、优质、高效的产品,并在使用过程中不断升级。努力缩短科技产业化的周期,这是××公司不懈的追求。

××公司将以精湛的技术、丰富的经验和优质高效的产品,不断地满足用户需要。××公司将努力改善产品质量,创造良好的商业和社会价值,为股东提供稳定增长的利润,为员工提供发展的平台与空间。

2.2 发展战略

2.2.1 初期

××公司是以某大学材料研究所为技术依托的创新性创业公司。于20××年3月成立于成都市,注册资金10万元。公司总部设在某国家科技园。

在公司成立初期,主要产品为MBT,产品定位于降解室内有害气体的涂料添加剂,公司将快速占领室内环保产品这个新兴市场,建立自己的品牌,积累资产;收回投资,扩大生产规模,着手研究新产品。

第一年:

- 产品导入市场,提高产品知名度,树立品牌形象;
- 进入成都以及周边的城市;
- 以该产品为主打占领相关环保领域;
- 统计各片区销售量和销售收入;
- 继续进行产品改良和测试研究。

第二年:

- 提升产品质量,扩大产品影响力;
- 向全国各大城市扩张;
- 实现销售量50千克,销售收入25万元。

第三年:

- 提高品牌形象,增加无形资产;
- 购置新设备,扩大生产规模;
- 年销量100千克,实现销售收入45万元。

2.2.2 中期

- 将该材料很好地与纤维、玻璃、树脂融合,完善产品类型;
- 完善与健全生产和销售网络,向全国中小城市发展,继续拓宽新市场;
- 生产可降解壁纸、除害玻璃等;
- 占据室内环保市场的60%,处于主导地位。

2.2.3 长期

利用公司的产品优势,研发出多功能一体化的产品,拓展市场空间,扩大市场占有率,不仅要成为室内环保品牌的领先者,更要涉足其他领域,拓宽市场。

2.3 国际市场总体战略

2.3.1 国际化动因

1. 成本动因

由于 MBT 属于装饰材料添加剂,且存在明显的规模效应,有计划地进入国际市场,不仅可以扩大销量,享受规模效应的收益,还能够利用国外市场检验和改进新产品,促进公司的进一步发展。另外,环保类产品还可以享受政府的出口退税政策,获得更多优惠。

2. 市场动因

该技术在市场上的应用范围很广,能够覆盖大部分室内装饰涂料,而且环保类产品在国际市场的差异性较小,具有全球推广的潜力,可以在其他国家和地区得到较快的推广。

3. 技术动因

现在公司掌握的该项技术和产品在室内装饰涂料方面具有明显优势,但在不久的将来,该领域可能出现类似功能的产品,因此要尽早占领市场。公司越早进入国际市场,就越能利用国外的技术力量来提升国内研发能力,提升公司的整体实力。

总之,公司要通过开辟国际市场,扩大产品销售规模,获得规模经济优势,进一步降低生产成本。同时树立口碑,给其他竞争对手设立更高的门槛。

2.3.2 进入方式

进入国际市场的方式有出口、投资办厂和寻找战略合作伙伴等。虽然公司拥有先进的技术、成熟的产品、丰富的廉价劳动力、良好的政策扶持,但是公司尚处于起步阶段,资金实力不强、管理水平不够高。因此,目前应采用出口和寻找合作伙伴的形式进入市场。

2.3.3 进入战略

就目前公司的整体实力而言,还难以直接进入国际市场。公司将在国内逐步开拓市场,等国内市场稳定以后再试探性地进入文化相近的国家市场,稳定和完善这些市场,最后有选择性地进入发达国家和发展中国家市场。

4. 行业分析

在行业分析中,应该正确评价所选行业的基本特点、竞争状况以及未来的发展趋势等。

关于行业分析的典型问题如下:

(1)该行业发展程度如何?现在的发展状况如何?

(2)创新和技术进步在该行业扮演着怎样的角色?

(3)该行业的总销售额有多少?总收入是多少?发展趋势怎样?

(4)该行业的价格趋向如何?

(5)经济发展对该行业的影响程度如何?政府是如何影响该行业的?

(6)是什么因素决定着它的发展?

(7)竞争的本质是什么?企业将采取什么样的战略?

(8)进入该行业的障碍是什么?企业将如何克服?该行业典型的回报率有多少?

某公司创业计划的行业分析内容如下：

3.1　行业分析

随着科技的进步、互联网的发展，人类传统的生活方式逐渐被改变。现在人们足不出户，便可安排所有事情，因而人们待在封闭环境的时间自然也大幅度增加。据统计，目前人类至少70%的时间在室内度过。城市人口在室内度过的时间高达90%，至于婴幼儿和老弱残疾者在室内的时间则更长。但是大部分人都不知道，室内污染物的浓度一般是室外污染物的2~5倍，在某些情况下是室外污染物的几十甚至几百倍。从20世纪70年代以来，发达国家出现了所谓的"不良建筑综合征"（sick build syndrome, SBS）。室内空气污染潜在问题逐步被人们认知，其已成为继18世纪工业革命以来的煤烟污染（第一代污染）和19世纪石油和汽车工业发展带来的光化学烟雾污染（第二代污染）之后，于20世纪中叶产生，并持续至21世纪的第三代污染。

近年来，随着人们的生活品质不断提高，房地产业的蓬勃发展，建筑装饰业迎来了又一春天。但我国市场上的产品鱼龙混杂。一份来自世界银行的调查研究显示，目前我国每年因室内空气污染造成的损失，如果按支付意愿价值估计，约为106亿美元。室内污染引发的各种健康问题日益成为突出的公共卫生问题。

面对室内空气污染严重的现状，以及室内环保产品方面的匮乏，目前市场急需能够降低或解决这一现状的环保产品。最严环保法已经实施，环保节能将是以后的大趋势。所以××公司生产的绿色环保涂料添加剂很好地满足了这一需求，能更快速地融入市场。

5. 产品分析

产品分析应包括以下内容：产品的概念、性能；主要产品介绍；产品的市场竞争力；产品的研究和开发过程；发展新产品的计划和成本分析；产品的市场前景预测；产品的品牌和专利等。

在产品分析部分，要对产品做出详细的说明，说明要准确，也要通俗易懂，使不是专业人员的投资者也能看明白。一般来说，产品分析都要附上产品原型照片或其他介绍。

某公司创业计划的产品分析内容如下：

4.1　产品概念、性能

4.1.1　产品的基本情况

MBT的产品原料是一种非金属可见光催化剂，其有一个低的禁带宽度（$Eg = 2.7$ eV），高的比表面积，对可见光能够很好地响应，在空气污染物分子降解方面表现出优异的性能。目前制备的成品都是呈块状的，一般通过缩聚反应得到，具有可见光响应且稳定性好，在水中具有一定的溶解性和分散性。若能提高其在水中的溶解度，将会得到更加广阔的应用。

4.1.2　产品功能

主要将室内污染气体如甲醛、苯类、氨气等降解成为水、二氧化碳和二氧化氮，起到净化空气的作用。

4.1.3　产品特点

它是一类非金属的半导体材料,有比较低的禁带宽度,在可见光的照射下有很好的响应。降解室内有害气体的效率较高,制备简单,可以由尿素制取,原料廉价易得,可进行大规模的生产。

4.1.4　产品外观(见图4.1和图4.2)

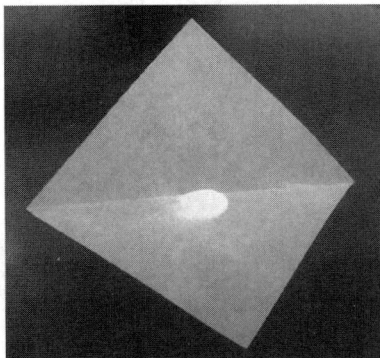

图4.1　粉末状成品　　　　图4.2　流体状成品

4.2　产品介绍

外观:该产品为浅黄色的固体粉末,在水中具有一定的溶解性和分散性。

性能:可见光下具有降解室内有害气体的性能,降解的活性较好。

使用方法:将粉末状的颗粒作为涂料的添加剂,将其按0.4%的比例均匀地分散到涂料浆液中,调制成墙面漆、木器漆和塑胶漆等即可使用。

4.3　成本估计

制备20克成品所需要费用如表4.1所示。

表4.1　生产成本分析

药品、仪器	价格/元
浓硫酸	1.04
氧化剂	12.16
最开始的原料	0.90
马弗炉耗电	1.60
离心机	1.40
冷冻干燥机	4.52
人工	0.57
总费用	22.19

1平方米所需涂料约1.8千克,所需MBT 14.4克,所需添加费用为15.98元。

4.4　研究与开发产品层次

核心利益:无毒、环保、可降解室内有害气体。

有形产品:固体粉末。

期望产品:涂料添加剂。

潜在产品:可以应用于各种室内装修材料。

短期目标:研发部门已经开发出具有很强活性的降解室内有害气体的非金属半导体材料。市场一经开发,获得充分的反馈之后,拟将该技术延伸到其他的室内装修材料领域。比如树脂、玻璃、纤维等。

中长期目标:公司研发部门致力于就该材料的溶解性、氧化等方面做更深一步的研究,并将产品涉足领域扩大至汽车尾气、工厂排污等方面。

4.5　未来产品的研发与服务

如上所述,本公司持有的高溶解度非金属半导体材料将掀起一场新的"绿色环保材料"浪潮。产品一经市场认可,为消费者所信任,公司将进一步推出一系列其他的产品和项目,丰富本公司产品的组合,为公司股东带来更稳定、更丰厚的利润。

本材料能够吸收可见光,化学稳定性和热稳定性强,此外还具有无毒、来源丰富、制备工艺简单等特点,主要应用于内墙涂料、木器漆、塑胶漆等装饰涂料,达到在可见光催化下降解室内有害气体的目的。添加MBT后的新型涂料不仅能够大面积净化空气,还可以优化空气,在现代室内装修材料市场中前景广阔。

6. 人员及企业结构

企业管理包括人力资源管理、技术管理、财务管理、作业管理、产品管理等。人力资源管理是其中很重要的一个环节。因为社会发展到今天,人已经成为最宝贵的资源,这是由人的主动性和创造性决定的。企业要管理好这种资源,必须遵循科学的原则和方法。

在创业计划中,必须对主要管理人员加以介绍,介绍他们的能力、职务和责任、详细经历及背景。此外,还应对企业结构做一简要介绍,包括企业的组织机构、各部门的功能与职责、各部门负责人及主要成员、企业的报酬体系、企业的股东名单(包括认股权、比例和特权,企业的董事会成员,各位董事背景资料)。

企业的所有权结构及其分配,建议通过列表方式展开,这样会给人清晰、简洁的印象。需要注意的是,在设计所有权结构时,应考虑到企业未来发展对人才的需求,留出一定的股权比例给将要引进的关键人才。

7. 市场分析

市场分析的重点在于描述企业的目标市场及顾客、竞争者,以及如何展开竞争和潜在的市场份额等信息。通常应包括以下内容:

(1)需求预测;

(2)市场现状综述;

(3)竞争厂商概览;

(4)目标客户和目标市场;

（5）本企业产品的市场地位等。

某公司创业计划的市场分析内容如下：

6.1 目标市场

××公司目前主要客户是涂料生产企业，主要集中在内墙涂料、木器漆、塑胶漆生产厂家。主要区域集中在珠三角、长三角和西南地区，北方市场也在开发中。

6.1.1 内墙涂料生产市场

重点面向中小型内墙涂料厂商。我国涂料市场约有30%的份额被外资占领，80%高端市场被外资垄断。在低端市场生存的国内涂料企业同质化严重，多数细分行业的国内龙头年销售收入不足亿元。我们瞄准市场现状，对中小型涂料生产厂商，通过资源的再整合，进行转型升级。在坚持环保的前提下，实现可持续发展。

6.1.2 木器漆市场

重点面向木器漆厂商。据相关数据统计，国内木器涂料生产的企业不少于1 000家，总产能每年超过60万吨，居我国各种涂料（不包括建筑涂料）产量第三位，占涂料（不包括建筑涂料）总产量的15%。

6.1.3 塑胶漆市场

重点面向国内大中型塑胶漆生产厂商。国内大中型塑胶漆生产企业产品种类多，对MBT应用也相对较多，我们希望能够拥有更高端的涂料添加剂从而使得顾客拥有更好的使用感受，这就成了生产者的卖点。

6.2 产品价值

经过测试，公司生产的产品有如下优点：

无毒无害（环保无公害）；

价格低廉；

生产制造工艺简单；

高效（在可见光的条件下就能降解室内有害气体）；

使用方便（混合于各种涂料中都能使用）；

稳定性强，不易失效。

6.3 产品销量预测（见表6.1）

表6.1 未来三年销售预期计划表

计划年限	销售渠道				总销量/千克
	经销商	代理商	批发商	大型零售商	
第一年	8	9	6.5	7.5	30
第二年	14	16	10	10	50
第三年	28	30	20	22	100

6.4 竞争分析

在环保行业市场方面，充分考虑了现有市场的各种情况，总体从五方面做竞争分析：

6.4.1 现有竞争者

目前市场上存在的室内装饰涂料大部分为溶剂型涂料,小部分为水性涂料。一方面,以 MBT 作为添加剂的新型环保涂料,与具有环保优势的水性涂料有直接的销售冲突,一开始就面临强大的竞争对手;另一方面,MBT 在技术上处于领先地位,能与各种涂料浆液调制,尤其是价格更低廉的溶剂型涂料,具备无毒无害,制取工艺简单,净化、优化空气效果更好,涂层效果更好等诸多特点。

6.4.2 潜在竞争者

现在市场上一些公司提供的甲醛清除剂、装修除味剂、吸味活性炭等都可能是 MBT 的竞争对象,但是产品都不能高效完整地除去室内有害气体。性价比不高,这使 MBT 在这一行业具有充分的竞争力。此外,公司面临的潜在竞争对手是一些新型的材料公司。从目前市场来看,由于技术上的原因,迄今为止还没有大批量的类似产品出现。

6.4.3 供应商

MBT 原料是一种非金属光催化材料,该原料属于大众市场化产品,原料选购渠道多且价格低廉。在生产时大批量采购原料能很好地降低成本。

6.4.4 顾客

目前,该产品在市场上没有其他的替代品,所以顾客的选择空间不大。初期主要的销售对象为涂料厂商,主要包括内墙涂料、木器漆、塑胶漆等涂料厂商。这类顾客对价格的敏感性不大,但对产品的需求量却极高。

6.4.5 替代品

目前国际上虽然有降解室内有害气体的工具和设备,但是其需要与其他设备和产品配合使用,导致成本相当高。从这一方面来讲,短期内 MBT 的竞争优势明显。由于 MBT 的技术含量高,所以在该领域的进入壁垒也就较高,这就限制了一些企业的进入。而且公司还在不断地开发新产品,争取尽快推出该项目的其他产品,达到从室内涂料到其他高附加值产品的飞跃。

8. 营销策略

对市场错误的认识是企业经营失败的最主要原因之一。在创业计划中,营销策略应包括以下内容:

(1) 市场机构和营销渠道的选择;

(2) 营销队伍和管理;

(3) 促销计划和广告策略;

(4) 价格策略。

某公司创业计划的营销策略内容如下:

7.1 营销策略与目标

MBT 作为新产品进入市场,针对传统涂料的缺点,填补不足,希望以其独特的性能和优异的品质吸引目标顾客的目光,从而在市场上占据一定的份额。根据对涂料添加剂市场的分析以及公司理念,制定以下短、中、长期三种销售目标,先在西南地区辐射然后再向全国辐射,更长远的还可以涉足国际市场。集中企业的重点资源,长期专注于某一区域市场,或几个大的区域市场,把区域市场做透、做宽。

- 短期销售目标:通过营销手段树立品牌。
- 中期销售目标:以质取胜。通过产品的品质介绍,让涂料厂商产生对产品的忠诚度。
- 长期销售目标:涉足高档涂料添加剂市场。通过产品的市场探路,逐步过渡到涂料市场中去。

7.2 价格策略

7.2.1 定价法

首先,MBT技术含量相当高。公司追求高品质以满足顾客需求,这正是定价的依据和基础。同时,作为一种新产品,合理的定价也有助于在顾客心中树立高品质的形象及品牌效应。

其次,尽管MBT的生产成本并不是很高,但是还要考虑到前期投入的研发成本、宣传推广费用,以及今后进行的研发活动所需资金。

最后,作为一种新产品进入市场,可能在销售成本和销售教育上花费较多,而且一旦成功后会有很多模仿者,这样会影响公司的产品在市场上的份额。所以,一定要先一步达到平衡点,然后才能有足够的资金来支持之后的研发工作。

7.2.2 定价依据

- 兼顾成本的定价策略

采取中高档的定价,旨在获得较为丰厚的利润,在短期内收回投资成本,使资金回笼及时,有利于更好地进行研发和投资。而且在产品新生期阶段,采用多种营销手段,可以使MBT被市场接受,从而打开销路,增加销量,使成本在生产发展的过程中进一步下降。另外,由于要新建销售渠道打开市场,前期在这方面会有很多投入。并且,从长远来看,高品质必然吸引更多人的目光。

- 基于市场的定价策略

作为新产品进入市场,传统涂料行业竞争者对MBT基本不构成威胁,定价主要考虑市场的需求和顾客可以接受的价格范围。通过对市场需求、真实成本以及向顾客提供的价格进行详细分析后,运用相关软件得出了使利润最大化的定价,如表7.1所示。

表7.1 MBT定价清单

销售方式	加盟	代理价	批发价	直销
出售金额/元	3 500	3 000	3 500	5 000

注:销售成本包括给经销商的20%折扣以及推广费用等。

7.3 分销策略

公司为了使MBT进入目标市场进行了一系列路径选择活动和管理过程的设定。这直接关系到企业在什么地点、什么时间,由什么组织向顾客提供产品和服务。为此,公司策划经济、合理的分销渠道,把产品送到目标市场。分销渠道因素包括渠道的长短、宽窄决策,中间商的选择以及分销渠道的分析评价和变革等内容。

7.3.1　战略联盟

除了一些常规渠道外,针对目前国内涂料添加剂市场的特点,公司制定了一套预期的战略联盟计划。现在国内涂料添加剂市场需求大,所以 MBT 的优惠活动很可能得到顾客的认可,开展进一步合作。后期则可以利用他们的销售网点进行销售。

7.3.2　销售渠道

MBT 产品的研制理念是环保、健康,所以选择合适的销售网点很重要。一定要让有需要的顾客能及时买到。结合以上对涂料添加剂市场分销渠道的分析,公司在初期进入市场的时候,为了使新产品尽快投入市场,扩大销路,可组织自己的推销队伍或者委派关系良好的分销商,推介新产品,同时收集顾客意见。与涂料分销商联系,订立买卖合同,同时与一些涂料厂商、装修公司建立长期合作伙伴关系。

针对四川市场,××公司的市场销售方式主要是经销商代理和直销两种。××公司在开拓华东、华西及东北市场阶段,尽管可以参考四川市场的销售方式,但应考虑到不同市场的不同需求。因此,公司为了尽快打开并适应市场,选择了具有快速进入环境不熟悉的市场以及规避公司存货压力优点的销售代理方式。主要是选择中小型涂料零售商作为区域经销商。

7.3.3　销售队伍

为了谋求长期发展以及达到更好的销售效果,公司将培养自主销售队伍。销售队伍主要负责与涂料厂商、涂料添加剂分销商等沟通,建立长久合作关系。目的在于找到大型工程,为以后更好地进行产品销售打下基础。同时,公司也会四处出击,寻找可能的便利销售形式。通过精良的销售策划与团队协作,将公司的研发产品充分地推向市场,服务大众。

7.3.4　网络销售

随着人们生活水平日益提高,互联网已成为城市家庭生活中必不可少的一部分。消费者可以从网上获得更多的信息。越来越多的人喜欢网上冲浪,各行各业的论坛也应运而生,网上购物也逐渐被大多数人接受。因此,××公司应该抓住目前消费者的心理,去挖掘网络上隐藏的巨大商业潜力,建立自己公司的中英文网站,在网站上发布公司产品广告,对公司进行宣传包装。

具体来讲,××公司将建立并完善自己公司的专门网站,用于展示公司的形象和宣传产品品牌。在涂料、涂料添加剂以及与涂料相关的论坛上,定期发表有关公司新产品以及公司促销活动等文章,以达到扩大公司产品销售量的目的。此外,在网站上设置购买平台,直接降低了公司的销售成本。但是公司同时注意到:网络作为推广渠道,给传统渠道提供新的客户,但如果销售流程全部是通过网络完成,客户的体验和产品的可信度也会大大降低,这也是为什么人们总是认为网络只能卖低价产品、卖不了高价产品。公司在网上销售的同时还将配合更加个性化的互动渠道,如电话客服、直邮、短信,甚至让经销商实体店参与成交过程。靠新客户的一次性销售就赚钱的时代已经过去,客户关系维护和重复销售是电子商务盈利的基础。

7.4 促销策略

7.4.1 短期促销策略

考虑到初期资金有限,公司在开始的一至三年导入期内的促销方式将避开昂贵的电视、报纸等宣传方式,而通过更加具有针对性的宣传方式进行促销。这种促销也有几条路线,一些涂料添加剂企业从开始就走了"广撒网"的道路,在经销商、专卖店、专业市场、工程、装修公司、家具公司等多个销售渠道都投入了人力、物力,建立起了通达四面八方的销售网络,而且一直以此为准,然后通过订货会、产品推广会等形式促进销售,基本上各环节的工作都围绕这个主题在做。也有一些涂料添加剂企业以某一类别的独特渠道为目标,建立起适合涂料产品的促销方式,比如以工程为主、以专卖店为主、以经销商为主进行促销等。

具体促销方式有:

● 派送活动:公司将产品以偏低价格销售给涂料厂商。另外,公司将在大型涂料城开展主题营销活动,派送赠品,预计第一年派送 500 千克含 MBT 的涂料。公司也计划在教育环境、医疗环境等公共环境对此产品进行推广。

● 大型露天推广活动:以"健康环保,乐享生活"为主题,开展一系列大型推广活动。如选取合适地点开展名为"绿色空间"的活动,进行本产品的宣传。推广活动预计第一年投入 6 万元。

在传统节假日期间,更多地采用人工促销方式。其他时间采用公共关系和营业推广等。在制定促销策略时,应注意以下三个方面的因素:

● 明确促销目标:按月、季、年制定相应的促销计划,调动客户的购买欲望,影响其购买行为,针对不同客户、经销商等采用不同的营销手段进行推销。

● 宣传产品性质:从人们对室内空气污染的关注度来看,我国室内空气净化产品具有较大的发展潜力,且符合安全高效的绿色发展理念。目前针对国内已初步形成的室内涂料环保市场,公司可将不同的空气净化产品与 MBT 串联在一起,采用联动的销售方式,扩大影响力。

● 扩大产品的影响力:通过订货会、产品推广会等形式促进销售,扩大产品的影响力。

7.4.2 长期促销策略

● 电视媒体宣传方面:××公司在开拓市场的初期,为了节省广告投入的成本,在电视台收视率较高的栏目中,采取图标广告的形式进行宣传。这种图标广告成本低,发布时间长,让电视观众有更多的时间了解和认识公司以及产品。同时,公司应当根据当地经销商开发市场的需要,积极配合目标群体较关注的地方电视台,如经济、信息、室内涂料装修频道等加播公司广告,为公司的品牌形象进行宣传。

● 报刊宣传方面:在新开拓的涂料市场,公司应当配合经销商在其当地的地方报刊,如商业报和晚报上刊登公司形象、产品相关知识以及产品促销广告等;在《时尚家居》等报刊上刊登公司的宣传文章;在当地的专业报纸、杂志,如《中国涂料》《涂料工业》《涂料技术与文摘》《现代涂料与涂装》以及经济类报纸上发布产品广告。

- 户外媒体宣传方面:在交通流量大的繁华商业区,设计精美的路牌和灯箱广告,引起目标客户的高度关注,进一步加深其从电视和报刊上对××公司以及产品的印象。在大型涂料市场发布户外广告,尽管费用比较高,但有利于吸引市场内购买力比较强的顾客。

7.5 SWOT 分析(见表7.2)

表7.2 SWOT 分析

优势	劣势
1. 技术好,研发能力强	1. 资金不充足
2. 营销渠道多,营销费用低	2. 缺乏管理经验
3. 原料来源渠道广,成本低	
4. 生产工艺简单	
5. 绿色环保	
机会	挑战
1. 国家政策好,创业有优惠	1. 知名度不高
2. 市场需求大	2. 研发拓展困难
3. 涉足领域广	
4. 前景广阔	

【知识拓展】
SWOT 分析法

9. 生产计划

制造企业还需要编制生产计划。生产计划是关于企业生产运作系统方面的总体计划,一般根据营销计划中预计的销量安排。创业计划中的生产计划通常应包括以下内容:

(1)产品制造和技术设备现状;

(2)新产品投产计划;

(3)技术提升和设备更新的要求;

(4)质量控制和质量改进计划。

某公司创业计划的生产计划内容如下:

> 8.1 主要工艺流程
>
> 将原料分解得到的反应物与浓硫酸、氧化剂以一定的比例混合均匀,制成溶液。然后将溶液与涂料按特定比例融合,生成产品。
>
> 生产流程图略。
>
> 8.2 生产设备与人员安排
>
> 根据产品的生产流程、技术要求、进度及需要,进行人员安排,保证生产的高效与质量。如表8.1所示。

表8.1　人员安排表

设备	分配人数	工作内容
原料搅拌机	2	制品管理、产品制造
原料注入机	2	产能负荷分析、生产计划编排、进度跟踪
冷冻干燥机	1	制品管理、进度跟踪
马弗炉	1	制品管理、进度跟踪
包装设备	3	产品包装、梳理
离心机	1	制品管理、进度跟踪
办公设备管理	3	车间生产安排、人员调配、制品数量统计
辅助人员(餐厅,门卫)	4	管理公司饮食与公司秩序
运输人员	1	产品装车与输出

8.3　产品包装与储运

(1)包装材质使用铝箔避光袋;

(2)包装箱连续编号,并在全部装运过程中保持箱号顺序始终连贯;

(3)毛重2吨以上货物,在包装箱侧面标明起吊挂绳的位置;

(4)储运:棕色储罐,避光储存,阴凉处,温度不得超过20℃。

10. 财务分析

财务分析的重点是现金流量表、资产负债表以及利润表的制备。

流动资金是企业的生命线,因此企业在初创或扩张时,对流动资金需要预先有周详的计划和严格的周转控制。

利润表反映的是企业的盈亏状况,它是企业在一段时间运作后的经营结果;资产负债表则反映某一时刻的企业状况,投资者可以用资产负债表中的数据计算得出的比率指标来衡量企业的经营状况以及可能的投资回报率。

某公司创业计划的财务分析内容如下:

9.1　主要财务假设

公司将设立在某国家科技园,属于国家支持的中小型高科技企业,享受"三免三减半"的税收优惠政策,即在公司成立的前三年免征所得税,第四年至第六年所得税率为7.5%(正常税率为15%)。

考虑到目前物价水平上升的形势,公司的存货控制采用后进先出的方法。研发设备使用寿命为7年,期末无残值,按直线折旧法计算。公司自盈利之年起以净利润的30%分红。

9.2　利润表(见表9.1)

9.3　现金流量表(见表9.2)

表 9.1 利 润 表

单位：万元

项目	第一年	第二年	第三年
一、产品销售收入	5	8	15
减：销售成本	2.5	3.5	4
二、产品销售利润	2.5	4.5	11
减：销售费用	1.5	2	3
管理费用	1	1.5	1.5
财务费用	1	1	1.5
三、利润总额	−1	0	5
减：所得税	0	0	0
四、净利润	−1	0	5

表 9.2 现金流量表（具体数字略）

单位：万元

项目	第一年	第二年	第三年
一、经营活动产生的现金流量			
财务利润			
加：应付账款增加额			
财务费用			
减：应收账款增加额			
经营活动产生的现金流量净额			
二、投资活动产生的现金流量			
构建固定资产所支付的现金			
投资活动产生的现金流量净额			
三、筹措活动产生的现金流量			
吸收权益性投资所收到的现金			
借款所收到的现金			
四、现金流入小计			

9.4 资产负债表

资产负债表略。

11. 风险分析

创业本身就带有一定的冒险性,没有风险分析的创业计划是不完美的。风险分析不仅能减轻投资者的疑虑,让他们对企业有全方位的了解,更能体现管理团队对市场的洞察力和解决问题的能力。通常包含以下内容:

（1）你的公司在市场、竞争和技术方面都有哪些基本的风险?

（2）你准备怎样应对这些风险?

（3）你的公司还有一些什么样的附加机会?

（4）在你的资本基础上如何进行扩张?

（5）在最好和最坏的情形下,你的五年计划表现如何?

如果你的估计不那么准确,应该估计出你的误差范围到底有多大。如果可能的话,对你的关键性参数做最好和最坏的设定。

某公司创业计划的风险分析内容如下:

10.1　外部风险

- 涂料生产企业的态度,能否接受我们的产品。
- 经销商销售能力的不确定性;潜在竞争者的加入。
- 高新技术发展很快,生命周期缩短,被替代的可能性加大。
- 风险投资以及银行贷款的风险。

10.2　内部风险

- 新技术营销策略的不确定性造成选择上的模糊与困难。
- 价格在一定程度上影响进入环保涂料新领域的营销策略。
- 传统涂料生产企业可能对产品进行调整,抵制环保涂料添加剂的推广。

10.3　风险应对方案

- 熟悉相关的法律法规;
- 组织具有专业素质的营销队伍,建立方便及时的销售网络。
- 提高研发费用,强化产品的技术化优势。
- 和一些知名涂料生产企业建立合作关系。

【知识拓展】
创业信息相关网站

第二节　撰写与展示创业计划

学习目的与要求

通过本节学习,学生应达到如下要求:

（1）掌握创业计划的撰写方法和展示技巧。

（2）了解创业计划撰写过程中需要注意的问题。

（3）了解如何在路演中展示团队集体协作能力。

（4）提高沟通交流能力、写作能力、团队协作能力等综合能力和素质。

引导案例

考研复习发现商机，大学生开发 App 获 300 万元投资

2014 年，两名在校大学生在考研复习过程中发现商机，开发出"边学边问"App，掘金"大学学霸圈"。

在 2015 年的中国创业服务峰会暨中国创业咖啡联盟年会上，"边学边问"App 项目在"挑战 120 秒"环节亮相，吸引了众多投资人的目光。而就在距此不到两个月前，他们通过 5 分钟的项目路演，获得了来自武汉博奥投资有限公司的 300 万元投资。

1. 考研复习中发现创业商机

李凯是武汉纺织大学大四学生，与他同龄的古望军就读于湖北工业大学。两人是高中同学，双双从外地考到武汉读书。2014 年，两个好兄弟决定一起考研。

在考研复习数学时，古望军每当遇到难题不会解答，就会上网搜索，但常常找不到答案。各大考研资料社区大多只提供文本材料下载，没有题库搜索能力；在论坛发问，得到的答案却并不权威……

古望军和李凯碰面交流时，两人灵光一闪：能不能做一个大学生的学习问答社区，方便大家在准备考研、英语四六级考试乃至各种考证的过程中实现互助学习？

"边学边问"应运而生。他们开发的这款 App，是针对大学生群体打造的问答平台，使用者可以将问题发到 App，由系统、网上高手或老师给出解答过程和思路。App 还可以为用户提供高质量的考试考证经验、课程视频、学习笔记等干货内容，以及周边院校的讲座、选课指南、老师在线课程等信息。同时，App 附加社交功能，设有"学霸圈""留学圈""四六级圈"等多个圈子，供大学生社交互动。

2. 5 分钟路演吸引投资人

2015 年 1 月考研结束后，李凯、古望军正式开始创业。

李凯回忆，创业初期，他们没有贸然开始 App 开发，而是进行充分的市场调研。他们将市面上可以找到的所有问答类 App，都下载在手机上试用，最后选择了 5 个进行详细解剖，逐一分析各自的优劣。一个月后，他们决定在采用文字录入模式的同时，加入一键拍照的方法，采取图像识别技术，从图片中提取文字，再匹配题库。

2015 年 1 月中旬，项目团队正式入驻光谷创业咖啡，准备参加当年首场青桐汇路演，路演时间为 5 分钟。

为了准备路演，他们特地撰写了创业计划并制作了 PPT，在光谷创业咖啡工作人员的指点下，对 PPT 进行了三次大改。

2015 年 1 月 24 日，古望军穿着租来的西装登上路演舞台，由于创业"角度刁"、项目特点突出，当场就有投资人表达了投资意向。

资料来源：崔梦欣.考研复习发现商机 5 分钟路演打动投资人.长江网—武汉晚报，2015-03-16.

思考题：

（1）作为创业人，怎样打动投资人？上面的案例给大家什么启发呢？

（2）案例产品还未正式上线的情况下就获得了投资，有何秘诀？

一、撰写创业计划

（一）撰写创业计划的原则

投资者对企业及其管理者的第一印象就是创业计划的包装。由于投资者一年可能要看上千份创业计划，所以创业者花了很长时间完成的创业计划，投资者可能只会花不到5分钟就决定是否投资。如果不能在这关键的几分钟之内给他们留下积极印象，融资申请就会被驳回。只有通过了最初的粗略审查，创业计划才可能入围，被仔细研究。

撰写创业计划有一些重要的原则。请务必记住，创业计划往往是投资者对创业项目的第一印象，如果计划不完善或漏洞百出，很容易让投资者猜测项目本身也不完善或有缺陷。所以，在将创业计划送交投资者或者其他任何与创业企业有关的人审阅前，要留意创业计划的结构、内容和类型。

一份好的创业计划必须符合市场的需求、呈现竞争的优势和投资者的利益，同时要具体可行，便于实施，并提出符合实际的客观数据。其内容必须包括重要的经营方向、经营目标、企业预测分析和经营风险分析、对企业内外环境熟悉认知及实现创业计划的信息。

创业计划的撰写原则如下：

1. 市场导向

要充分认知企业的利润来自市场需求，没有依据明确的市场分析，创业计划将是空泛的、无说服力的。因此，创业计划必须按照市场导向的规定来撰写，应提供所有与产品或服务有关的细节，包括企业所实施的所有调查：产品正处于什么样的发展阶段？它的独特性怎样？分销产品的方法是什么？谁会使用该产品，为什么？产品的生产成本是多少，售价是多少？总之，创业计划要给投资者提供企业对目标市场的深入分析和理解。

2. 客观实际

一切数据要尽量客观、实际，切勿凭主观的估计。通常，创业者容易高估市场潜量或报酬，而低估经营成本。在创业计划中，创业者应尽量呈现出客观、可供参考的数据与文献资料。因此，在写创业计划前应准备好市场调查报告、财务数据分析、运营具体案例等资料。前期资料准备得越充分、越完整，创业计划的编制越能有理有据、客观实际。

3. 呈现竞争优势与投资利益

创业计划不仅要将资料完整陈列出来，更重要的是整份计划要呈现出具体的竞争优势，并明确提出投资者的利益所在。而且要显示创业者获取利润的强烈意图，而不仅仅是追求企业的发展而已。因此，在创业计划中应细致分析竞争者的情况：竞争者都是谁？竞争者的产品与本企业的产品相比，有哪些相同点和不同点？竞争者所采用的营销策略是什么？要明确每个竞争者的销售额、利润以及市场份额，然后再讨论本企业相对于每个竞争者所具有的竞争优势。要向投资者展示，顾客偏爱本企业的原因是什么，比如本企业的产品质量好，送货迅速，定位适中，价格合适等。创业计划要使投资者相信，本企业不仅是行业中的有力竞争者,而且将来还会是确定行业标准的领先者。另外,在创业计划中,还应阐明竞争者给本企业带来的风险以及本企业所采取的对策。

4. 呈现经营管理能力

创业计划要尽量展现经营团队的企业经营管理能力与丰富的经验背景,并显示对于该企业、市场、产品、技术以及未来经营运作策略已有完全的准备。所以在创业计划中,应先描述一下整个管理队伍及其职责,再分别介绍每位管理者的优势、能力和背景,细致描述每个管理者将对公司所做的贡献。另外,创业计划中还应明确管理目标以及组织结构图。

5. 语言平实,通俗易懂

尽管有的项目包含高新技术,对项目的分析需要用到一些专业术语,但在内容的表述上也要做到通俗易懂,一味高深、玄妙只会将投资者拒之门外。事实上,只有少量的技术专家会在意复杂的技术原理,许多读者完全不懂技术,他们喜欢简单通俗的解说,排斥术语和行话。创业计划可以适当配以图表,以图文并茂的形式将内容形象化、直观化。

6. 一致性

整份创业计划前后基本假设或预测估算要相互呼应,也就是前后逻辑要合理。受创业者精力、创业计划篇幅、写作完成时间等因素影响,一份创业计划通常由多人合作完成,难免存在体例不一、风格迥异、结构松散等问题。为了使创业计划尽善尽美,最后应由创业团队中的某一个人统一定稿。

7. 明确性

创业计划要明确指出企业的市场机会与竞争威胁,并尽量以具体资料佐证。同时,分析可能的解决方法,而不只是含糊交代。另外,要明确所采用的任何假设、财务预估方法与会计方法,也应说明市场需求分析所依据的调查方法与事实证据。

8. 完整性

创业计划应完整地包括企业经营的各项职能要点,尽量提供投资者评估所需的各项资料信息,并附上其他参考佐证的资料。但内容的用词应以简单明了为原则,切勿烦琐、过于冗长。

总之,创业计划的写作有一定的原则可依,有一定的技巧可讲,但并不意味着所有的创业计划千篇一律。项目不同、用途不同,创业计划的内容和结构也可以有所不同,创业计划同样是个性的体现。尽管如此,成功的创业计划还是有一些共同的特征的,即客观真实、有效可行、创新性强、讲求逻辑。

(二)撰写创业计划的步骤

1. 第一阶段:创业构思

创业构思包括产品定位和环境分析。

(1)产品定位。好的创业构思建立在市场需求和产品开发上,而好的企业建立在好的构思上。在创业前,创业者要给自己的产品或服务一个明确的目标定位,分析市场需求,清楚需求客户、需求类型、行业态势和市场特征,并根据实际设计开发出新产品或服务,从而把握住市场的发展趋势。

(2)环境分析。创业环境包括微观环境、中观环境和宏观环境。微观环境指直接制约和影响企业活动的力量和因素,主要包括供应商、顾客、竞争者、企业内部和社会公众。中

观环境指企业所属的行业状态,主要包括行业环境、业务环境和地域环境。创业者根据中观环境状态变化获知机遇和挑战,对创业进行战略部署。宏观环境指能对企业活动产生强制性、不可控制性和不确定性影响的因素,如法律、政治、科技、人文和自然环境。企业对于宏观环境,只能适应,并通过关注宏观环境的变化把握社会的大趋势,从中获得商机。

2. 第二阶段:市场调查

市场调查是创业构思不可或缺的部分,指运用科学的方法,收集、整理和分析创业的信息和资料。要了解适宜环境并满足顾客需求的商机,就必须对市场进行透彻的调查,这样才能准确把握市场的脉搏。市场调查需要创业者站在顾客的角度思考和分析顾客的需求,并把所得信息与未来的企业相结合,对自己的产品或服务做出调整,尽可能满足社会和顾客的需求。创业者的调查方式可以是在线调查或问卷调查,最终的目标是了解企业的产品或服务是否能满足市场需求,是否能给创业者带来利润。

3. 第三阶段:起草大纲

经过环境分析和市场调查,创业者就可以起草创业计划的大纲了。大纲框架搭建得越详细,越能让创业者仔细思考创业的过程,投资者就越能清楚地了解创业者意图。一份比较完整的创业计划大纲主要包括以下方面的内容:企业介绍、行业分析、产品分析、人员及企业结构、市场分析、营销策略、发展规划(生产计划)、财务分析和风险分析。

4. 第四阶段:起草创业计划

创业计划以大纲为蓝本来撰写。

(1)对大纲进行详细的扩充和延伸形成执行概要。让读者了解创业者创建的是什么样的企业,为社会和顾客提供的是什么样的产品或服务,创业者是一个什么样的团队,面对挑战和竞争他们用什么策略取得创业成功等。

(2)演示文稿。创业计划的另一种形式是PPT,创业者使用PPT在一个小时左右的时间内通过演讲的方式把创业信息展示给潜在的投资者,吸引投资者投资。创业者的演讲成为投资者进一步了解创业者的创新思维、灵活应变和表达能力的机会。

(3)完整版的创业计划。如果投资者对创业者的项目感兴趣,就会对产品销售的特性、商业模式、竞争对手和财务预测及消费市场等分析内容进行深入的阅读。

(4)未来几年的财务分析。财务分析是根据财务活动的历史资料,考虑现实的要求和条件,对企业未来的财务活动和财务成果做出的预计和测算。它是创业者经营决策的重要依据,也是合理安排收支、提高资金使用效益和企业管理水平的重要手段,展现未来3年或5年预测的销售收入、利润、资产回报率等有效和能够让人信服的财务预测,可给予投资者和创业者更多信心。

5. 第五阶段:创业计划的检查更新

在写完创业计划之后,创业者最好再检查一遍,看一下该计划是否能准确回答投资者的疑问,建立投资者对本企业的信心。通常,可以从以下几个方面对创业计划加以检查。

(1)你的创业计划是否显示出你具有管理公司的经验?如果你自己缺乏能力去管理公司,那么一定要明确地说明,你已经雇了一位合适的管理者来管理你的企业。

(2)你的创业计划是否显示了你有能力偿还借款?要保证给预期的投资者提供一份完整的财务比率分析。

（3）你的创业计划是否显示出你已进行过完整的市场分析？要让投资者坚信你在创业计划中阐明的产品需求量是准确的。

（4）你的创业计划是否容易被投资者领会？创业计划应该备有索引和目录，以便投资者可以较容易地查阅各个章节。此外，还应保证目录中的信息是有逻辑的和现实的。

（5）你的创业计划中是否有执行概要并放在了最前面？投资者会最先看它。为了保持投资者的兴趣，执行概要应写得引人入胜。

（6）你的创业计划是否在文法上全部正确？如果你不能保证，那么最好请人帮你检查一下。创业计划的拼写错误和排版错误能很快使创业者丧失机会。

（7）你的创业计划能否打消投资者对产品或服务的疑虑？如果需要，你可以准备一件产品模型。创业计划中的各个方面都会对筹资的成功与否有影响。因此，如果你对你的创业计划缺乏足够的信心，那么最好去查阅一下创业计划编写指南或向专门的顾问请教。

此外，由于市场、环境是不断变化的，所以创业者还要经常对创业计划进行审核更新，确保创业计划的完备性和时效性。

二、展示创业计划

要想成功吸引到风险投资，除了写好一份创业计划，还要掌握向投资者展示创业计划（路演）的技巧。创业者一般需要准备 10~15 张简洁鲜明的 PPT。创业者通常犯的错误是准备了太多的 PPT，他们在陈述期间不得不急切地切换 PPT，走马观花地陈述，从而忽略了重要内容，所以必须根据创业计划的内容和要面对的演讲对象进行调整，采用合适的方法，把重点放在演讲对象认为最重要的部分。

一些经常接触许多创业者的投资者，建议在准备创业计划 PPT 时应遵循"10-20-30 法则"。具体而言就是：创业计划 PPT 不超过 10 页，演讲创业计划 PPT 不超过 20 分钟，创业计划 PPT 使用的字体不小于 30 号。这个法则用一个词来概括就是"简洁"。

在演讲的时候，想必你的听众已经人手一份你的创业计划了，如果你不确定，演讲时最好多带几份备用。这在参加创业计划竞标时尤为重要，也许有些听众是初次接触你的计划，很想看看整份创业计划的内容。

（一）路演的内容

路演的目的就是，你做出一个充满热情和吸引力的演讲，然后把你的提纲或者详细的创业计划提交给被吸引的投资者。准备路演最重要的一点就是：练习。你需要给投资者展示你自己已经做了充足的准备，并准备好一份经过仔细思考撰写的创业计划，这样投资者可以对项目了解得更多。成功的路演一般包含以下内容。

1. 讲故事

以一个动人的故事开始你的演讲。这会从一开始就勾起听众的兴趣，而且如果你可以把你的故事和听众联系起来的话效果就更好了。你所讲的故事应该是关于你的产品所要解决的问题的。

2. 提出产品解决方案

分享你的产品独一无二的地方，解释为什么它能解决你所提到的问题。这一部分最好简约而不简单，要做到让投资者听过以后，可以轻松地向另一个人介绍你到底在做什么。

尽量少使用行业里的生僻词汇。

3. 展示团队风采

投资者投资第一看重的是团队能力、结构合理性等,第二才是项目创意。在演讲的前段,你就应该让投资人对你和你的团队有刮目相看的感觉。说说你和团队到目前为止取得的成就(销售额、订单量、产品的热度等)。

4. 精准的目标市场分析

不要说世界上所有的人都是你的顾客,即使有一天这能成为现实。要清楚地认识自己的产品,目标市场(包括潜在的市场规模、市场占有率等)定位要精准。这不仅能让你的听众印象深刻,也能帮助你加深对市场战略的了解。

5. 如何获取顾客

这是路演和创业计划中经常被遗忘掉的部分。你要怎么招揽你的顾客?得到一个顾客要花多少钱?什么样的推广才算成功?

6. 竞争对手分析

这也是路演中非常重要的一环。许多创业者在这部分没有充分的准备和翔实的数据,来说明和竞争对手的不同。最好的展示竞争优势的方式就是表格,把做比较的方面放在顶行,把你和竞争对手放在最左列,然后一个方面一个方面来比较,逐项说明你的优势。

7. 盈利模式

投资者对这个部分最感兴趣。你怎么盈利呢?详细地介绍你的产品和定价,然后用事实来证明这个市场正在期待你的产品进入。

8. 融资需求

清晰地说明你的融资需求、出让多少股权,未来的计划是怎样的。

9. 投资者的退出机制

如果融资额在 100 万元以上,那么大部分投资者都想知道退出机制是怎么样的。你是希望企业被收购还是上市,或者采用别的投资者退出机制。

(二)路演 PPT 的制作思路

1. 了解投资人思维

(1)不投缺乏成长性的项目。让投资者看到资本回报率和项目成长空间。

(2)不投没有优秀团队的项目。优秀团队应具有这些特点:决策高效、动力十足,共同的价值观是关键。

(3)最喜欢投能够改变行业游戏规则的项目。

2. 明确整个路演的目标

路演的目标就是吸引投资人注意、激发他的兴趣,以获得进一步面谈的机会。因此整个路演的核心是:简洁、明了地告诉投资者你的项目比别人更赚钱。

3. 明确几个问题

明确为什么需要你的存在(刚需),为什么是你而不是别人(核心竞争力和竞争壁垒),为什么细分市场里有你的一杯羹(市场容量),再换位思考自己作为用户是否愿意接受。把这些问题想清楚,才能说服投资人。

（三）路演 PPT 的基本结构

1. 产品介绍

（1）封面。用第一页 PPT 直观描述你的企业做的是什么，可包括以下信息：公司名称、标志、网址、地址，你的名字及职务、联系电话、联系邮箱等。

目的：让投资者大概知道你做的是什么事、你的身份以及如何联系你。

（2）问题。明确产品为谁（目标用户）服务、解决了什么问题（痛点），生动描述一个问题出现的场景（图形或图片展示），介绍目前市场上的解决方案及不足之处。

目的：让投资者认可这个市场需求点。

（3）解决方案。演示你的产品是怎么解决这个痛点的。

目的：让投资者清楚地了解你的方案如何解决问题。

（4）技术。包括产品核心竞争力、技术或市场壁垒。

（5）运营情况。包括运营数据、市场的初步验证。

目的：让投资者根据数据进行参考。

2. 市场分析

（1）市场规模（提供数据依据）。

目的：让投资者看到市场前景、投资价值。

（2）竞争对手分析。分析间接或潜在竞争对手的优劣势。

目的：让投资人看到你在和谁竞争，为什么你的解决方案好，为什么你能赢。

（3）商业模式。包括近期和远期的盈利模式分别是什么，核心的业务流程是什么，拥有什么核心资源。

目的：让投资者理解你是怎么把产品/服务卖出去且比别人卖得好的。

（4）团队。核心管理团队的介绍包括相关行业工作经验、成功经历、管理经验、教育背景。关键是创始人的背景及团队的互补性。

目的：让投资者看到团队执行力。一个好项目能不能成功，团队执行力非常重要，这也是投资者很看重的硬实力。

3. 融资需求

（1）融资计划。包括本轮融资额度及拟出让股权比例、资金用途、后续融资预期、目标退出方式及预期。

目的：让投资者清楚实现计划需要多少钱和为什么需要这么多钱。

（2）产品发展阶段计划。包括公司在未来 3~5 年的整体项目规划、阶段性目标。

目的：让投资者看到你清晰的思路及对整个项目的把控。

本章小结

本章从创业计划的作用和写作技巧方面探讨了创业计划的基本问题。创业计划不仅是创业企业所必要的，对于那些已经建立的组织，也是一种很好的实践指南。制定创业计划是一项非常有价值的商业活动，当然前提是计划制定正确。制定创业计划是使创业者集中精力思考问题的有效方法,创业者能够明确目标,并对自己组建经营企业的能力进行一番评估。创业者通过制定创业计划,确定具体的目标和参数,并以此为尺度衡量业务的进程与盈利性。由于能够完全自筹资金的创业者相对较少,大多数创业者面临的一个问题就是外部融资,或在创业起步阶段,或在后期企业扩展及成长时期。对于这些人来说,是否有一份好的创业计划决定了他们的将来。

💬 本章习题

1. 创业计划主要包括哪几个方面内容?
2. 描述与产品或服务时,重点描述哪些与之相关的内容?
3. 创业计划中,市场分析应包括哪些内容?
4. 路演 PPT 的基本框架是什么?
5. 制作你的创业计划并做成 PPT,用 5 分钟时间在课堂上进行路演。

📋 即测即评

🔒 案例评析

案例 1：创业计划目录模板

一、摘要

（一）企业简介

（二）产品/服务介绍

（三）目标市场

（四）营销策略

（五）竞争优势

（六）管理团队

（七）生产管理计划

（八）财务计划

（九）企业长期发展目标

二、企业介绍

（一）企业理念

（二）企业的基本情况

（三）企业的发展阶段

三、产品与服务

（一）产品的基本描述

（二）产品的竞争优势

（三）产品的研究和开发情况

（四）开发新产品的计划和成本分析

（五）产品的市场前景预测

（六）产品的品牌和专利

四、市场分析与营销策略

（一）市场分析的内容

（二）营销策略的内容

五、产品制造

（一）产品生产制造方式

（二）生产设备情况

（三）质量控制

六、管理团队

（一）管理机构

（二）关键管理人员

（三）激励和约束机制

七、财务管理

（一）企业过去三年的财务情况

（二）今后三年的发展预测

（三）融资计划

八、附录

（一）附件

1.营业执照副本

2.董事会名单及简历

3.公司章程

4.产品说明书

5.市场调查资料

6.专利证书、鉴定软件

7.注册商标

（二）附图

1.企业的组织结构图

2.产品工艺流程图

3. 产品展示图

4. 产品销售预测图

5. 项目选址图

（三）附表

1. 主要产品目录

2. 主要客户名单

3. 主要供应商和经销商名单

4. 主要设备清单

5. 市场调查表

6. 现金流量预测表

7. 资产负债预测表

8. 利润预测表

案例解析：创业计划是一份全方位的计划，其主要用途是递交给投资者，以便于投资者能对企业或项目做出评判，从而使企业获得融资。所以，创业计划有相对固定的内容结构，几乎包括投资者感兴趣的所有内容。创业计划的好坏，往往决定了投资交易的成败。对初创的企业来说，创业计划的作用尤为重要。只有内容翔实、数据丰富、体系完整、装订精致的创业计划才能吸引投资者，让投资者看懂项目商业运作计划，才能使融资需求成为现实。

案例 2：小马过河的"孙子兵法"

马棚里住着老马和小马。老马的工作是把麦子驮到磨坊去，而小马则和邻居小猫到学校学习《孙子兵法》。

有一天学校放假，老马对小马说："你已经长大了，今天上午就帮我把这半口袋麦子驮到磨坊去吧。"小马高兴地说："好！"

小马喊上小猫，驮起口袋往磨坊跑去。跑着跑着，一条小河挡住了去路，河水哗哗地流着。小猫害怕了，说："我们回去问问老马吧！"小马说："怕什么？一条小河而已。"小猫说："老师说了：知彼知己者，百战不殆。不知彼而知己，一胜一负。不知彼不知己，每战必殆。"小马说："尽信书不如无书。再说《孙子兵法》不是科学，也会过时。而且老马不是经常过河吗？"于是，小马直接踏进了小河，水虽然到了肚子，但还是一路顺利地到达对岸。"怎么样？《孙子兵法》不过如此。"小马骄傲地对小猫说。小猫高兴地直叫："你证明《孙子兵法》错了。"

两人回到家，连忙把过河的事告诉老马。老马一听微笑说："这样吧，明天到学校把故事告诉老师。"第二天，他们来到学校，老师听了与老马低声交谈了几句，说："今天，我们去河那边玩，小马和小猫先去。"小马和小猫听了很高兴，连忙出发。来到河边，小马又准备直接下河，突然小松鼠站出来挡住他说："不能下河，昨天下午我的同伴在这里过河时淹死了。"小马一听，犹豫了起来，原来过河真的有危险。这时，大牛来了，大牛说："可以过河，水很浅，刚没小腿，能蹚过去。"

一会儿，老马和老师来了。老马问小马："你现在打算如何过河？"老师问小马："你还认为《孙子兵法》过时了?"小马深思了一阵,惭愧地说:"我还是先要知己知彼。"小马和小猫经过一番调查发现:小狗用游泳的方法游过了河;小蜗牛坐着用树叶做成的小船过了河;狐狸在河里偷偷挖沙,又不设置警示标志,害得小松鼠淹死,警察已经把他抓了;听说很远的地方有村民已经花大笔钱在河上建了一座桥,他们是从桥上走过河的。

最后,小猫决定到远方的村民那里去学习如何建桥。小马呢,他则在老师的提示下发明了用棍子探路过河的方法。他总结道:

(1)知己知彼,要"知道做到",尤其要注意的是识别虚假信息,澄清误导性信息,减少重大遗漏。

(2)分析中没有综合。同一种方法,不同的实施者,不同的情境,结果不同。自己行动前需要虚心请教和胆大心细地尝试。

(3)综合之中有分析。过河是综合过程,需要分析,而关键在于"做到"。小猫分析了自己的特点,决定不模仿大牛和小狗过河的方法,而模仿远方村民的做法,这也是正确的选择。而自己,则借鉴了所有方法进行创新,进而从身高与水深的角度,对棍子的作用进行了分析和试验,肯定了其对自己的有效性和局限性。这虽然不如村民建桥那么创新、那么方便,但费用够低,自己现在就能够做到,毕竟建桥也不是那么容易学会的,等以后有钱了再去模仿创新吧。

创业如同"小马过河",需要开放的模仿、学习的心态,达观的处事态度,敏锐的综合能力,踏踏实实地行动,用成功消化失败。

资料来源:网络整理。

案例解析:通过市场调查会收集到大量原始的信息资料,只有经过整理、对比分析,才能从感性认识过渡到理性认识,从而揭示市场经济现象的内在联系和本质,为企业经营决策提供依据。

案例3:进步咖啡屋

胡娟,今年25岁,她的母亲经营一家建筑公司,父亲经营一所私人音乐学校。

在读高中期间,胡娟是校学生会主席。通过学生会的活动,她接触到了蓝色咖啡屋,这个咖啡屋在该市某旅游景点成功地进行着特许经营业务。胡娟在蓝色咖啡屋所有部门都工作过,还与员工和经理们讨论过业务,因此她体验并掌握了经营咖啡屋的诀窍,并获得相应的资质证书。

胡娟读大学主修信息和通信技术(ICT),辅修小型宾馆管理。在学校要求的暑期实践活动中,她为多家小型宾馆设计和实施了ICT系统,并获得SIFE(Student In Free Enterprise,是一项世界性的大学生赛事,旨在通过学生自主开展商业设计和实际市场运作,来促进市场经济、商业道德、企业家精神等理念在全世界范围内的推广)中国区总决赛的第一名。毕业后,胡娟在一家四星级宾馆工作了一段时间,接着她申请并获准经营进步咖啡屋。这家咖啡屋租用了某写字楼的底层和草地。

胡娟基于以前对该咖啡馆的了解以及与相关人士的探讨,已知晓下列信息:进步咖啡屋在获得市政府营业执照后,由另一名女士经营了10年左右。这位女士后来成立了一家公司为当地的超市加工食品,最近移民到外国定居。

　　进步咖啡屋空间非常宽敞。它的目标顾客是该写字楼的办公人员(约 3 000 人)和周边 3 000 多名居民。一些顾客只是路过,另一些则在写字楼附近工作。咖啡屋早上 7 点开门营业,晚上 10 点关门,每天大概接待顾客 900 人,同时向附近的居民提供外卖服务。在这个商业区内还有其他四家咖啡屋。第一家由于营业空间太小,显得非常拥挤;第二家是一家国际特许经营店,价位很高;第三家位于隔壁建筑的第三层;第四家则位于后街,并且没有设置座位。目前,进步咖啡屋已经占据了该区域 15% 的市场份额。

　　一直以来,进步咖啡屋每年创造的净利润达 120 万元,每月的平均净利润为 10 万元,每月的销售额高达 60 万元,项目和食品支出 30 万元。其他经营费用包括:人工支出 10 万元,租金 2 万元,水费 0.45 万元,电话费 0.6 万元,电费 0.7 万元,运输费 0.5 万元,办公费 0.2 万元,维修和清洁费 0.8 万元,还贷利息 4.5 万元,其他费用 1.3 万元。一年中所有月份的数据基本上固定不变。咖啡屋由包括所有者在内的 11 名员工经营,其中,厨师 2 名(根据需要可再聘一些),出纳 1 名,仓库保管员兼采购员 1 名,服务员 4 名,清洁工 2 名,所有雇员都受胡娟领导。所有雇员自咖啡屋开张之日就在此工作,并且都有相关的从业资格证书,因此他们能胜任自己的工作。咖啡屋重新开张还需要 200 万元启动资金,其中存货 30 万元,购买货车需 55 万元,购买库房需 25 万元,购买餐具需 18 万元,购买炊具需 30 万元,购买家具需 23 万元,5 万元用于开业前准备,预留 14 万元现金。胡娟的储蓄只有 100 万元,母亲将借给她 50 万元,无须偿还利息,而银行也将以 10% 的利率贷款给她剩下的部分。

　　此外,进步咖啡屋与一家电话中心和一家网吧在同一座写字楼内,那家网吧由一家创业者俱乐部经营。进步咖啡屋提供不含酒精的热饮、冷热点心、水果、蔬菜沙拉及其他健康易消化的食品,价位在目标顾客的承受能力之内。胡娟计划维持原价位不变。同时,为吸引更多顾客,她计划实行以下策略:制作精美的宣传册,安装醒目的广告牌,播放高雅的背景音乐,为社区外顾客送货,提供优质餐具和舒适的环境,改进整体设计,要求雇员礼貌待客,提高服务质量,并且分区提供不同服务,避免拥挤。此外,她还计划通过希望工程资助 10 名本地儿童接受教育,向老年基金会捐款,辅导有志创业青年,参与推动城市美化环境活动等。

　　资料来源:网络整理。

　　案例解析:从本案例中你可以了解到胡娟在做出经营咖啡馆决策前,通过市场调查获得相关信息,并结合自身的技能、特质及经验表明能成功经营这家企业。所以我们在考察一个项目时,主要关注以下四个方面:

　　(1)团队:主要是创始人的能力。

　　(2)市场:行业有没有前景,市场有多大。

　　(3)利润:企业最大能占多少市场份额,利润有多少。

　　(4)壁垒:项目和其他的竞争对手相比有什么优势。

第八章　新企业的开办

本章提要

　　对创业者而言,拥有属于自己的企业,不仅能够带来丰厚的物质财富,也可以获得精神层面的满足和享受。如何敲开创业之门,如何迈出创业最艰难的第一步? 创业成功的秘籍又是什么? 一般情况下,新企业的开办不仅需要资金、场地、市场、人脉等外部条件,同时也需要创业者了解和掌握企业注册的基本流程及要求、企业的经营管理与财务管理、风险预测等方面的内容。

　　通过本章的学习,学生应树立法律意识,理解企业经营一定是在法律约束之下,同时法律也是企业权益的基本保障,企业在经营过程中还要肩负社会责任和义务,以得到社会认同;掌握新企业生存管理的独特性,了解新企业创办后可能遇到的风险类型及其应对策略,培养人文精神、仁爱之心。

学习重点和难点

　　重点:企业的组织形式、注册的基本流程及注意事项、企业基本财务制度。

　　难点:新企业经营管理策略、风险预测及规避。

第一节　成立新企业

学习目的与要求

通过本节学习,学生应达到如下要求:

(1) 了解企业的组织形式和法律环境,是企业经营的基本保障。

(2) 熟悉选择企业组织形式的影响因素。

(3) 灵活掌握企业登记注册过程,理解创办企业涉及的法律和伦理问题。

(4) 理解企业获得社会认同的方法,勇于担当社会责任。

(5) 培养遵纪守法、讲诚信、有担当等精神。

引导案例

创 业 之 困

　　刘同学与王同学大学时非常要好,毕业后看到室内装修很有市场前景,于是商量合伙开一家室内装修设计的企业。为了避免以后发生纠纷,双方签订了一份合伙协议,约定双方共同出资创办合伙企业并共同经营,最终收益按双方出资比例进行分配。另外,协议约定任何一方对合伙企业做出任何决定都必须提前通知另一方,并在协商一致后方可实施。

　　然后,两人共同找到店面,并开始进行店面装修及布置,但就在店面装修即将完工时,王同学因个人原因突然提出退出合伙的要求,并让刘同学返还他在合伙企业早期筹备时的资金投入,共计 8 万元整。刘同学极力劝说王同学不要退伙,并拿出两人当初签订的合伙协议,态度坚决地要求王同学按照协议上面相关内容履行责任。

　　遭到拒绝的王同学随即停止了所有的资金投入,使得合伙企业的筹备工作无法继续进行。由于企业选址在闹市区,房租高,看着一天天迟迟不能营业的合伙企业,投入了大量心血的刘同学无奈之下只得另觅合伙人。然而,当新的合伙人找到后,王同学却拿着当初的协议拒绝新合伙人加入,并提出如果刘同学不返还他的 8 万元钱,他就既不增资,也不退伙。面对王同学的要求,刘同学十分生气,想着自己辛苦筹建的企业,想着自己投进去的钱可能就此不会有所回报,刘同学很郁闷,不知道面对如此窘境应当怎么办。

资料来源:作者整理。

思考题:

(1) 企业的组织形式有哪些?

(2) 如何选择适合企业的组织形式?

一、企业组织形式的选择

1. 企业的组织形式

企业是指以营利为目的,运用各种生产要素,向市场提供产品或服务,实行自主经营、自负盈亏、独立核算的法人或其他社会经济组织,是法律和经济上独立的经济实体。企业是市场经济活动的主要参与者,须依法建立。企业的组织形式有很多种,主要包括个体工商户、个人独资企业、合伙企业、中外合资企业、中外合作企业、外商投资企业、国有独资企业、无限责任公司、有限责任公司、股份有限公司等。创业者在创建企业之初,都面临企业组织形式的选择问题。从市场监督管理部门统计数据来看,个体工商户、个人独资企业、合伙企业、有限责任公司是我国企业最常见的四种组织形式。

（1）个体工商户。个体工商户是指有经营能力,并依照《个体工商户条例》规定在市场监督管理部门登记,从事工商业经营的公民。

个体工商户具有以下特征:

① 个体工商户可以个人经营,也可以家庭经营。据我国法律有关规定,国家机关干部、事业单位职工不能申请从事个体工商业经营;城镇待业青年和农村居民等是申请个体工商户的主要群体。

② 个体工商户必须依法在县级以上市场监督管理部门核准登记,取得营业执照后,方可从事个体工商业经营,且只能经营法律政策允许个体经营的行业。个体工商户经营期间若出现转业、合并、变更登记事项或歇业等情况,也应到相关部门办理登记手续。

③ 个体工商户对其所负债务承担无限责任,即个体工商户由个人经营时,其所负债务由个人财产承担;由家庭经营时,以家庭财产承担。个体工商户以个人申领营业执照,但家庭成员共同经营的,可认定为家庭经营,其所负债务以家庭共有财产清偿;以家庭共同财产投资的个体工商户,收益供家庭成员共同使用和支配,则视为家庭经营,其债务以家庭共同财产承担。

（2）个人独资企业。个人独资企业是指依照《中华人民共和国个人独资企业法》,由一个自然人在中国境内投资设立,财产为投资人所有,同时投资人以其个人财产对企业债务承担无限责任的经营实体。

个人独资企业具有如下特征:

① 个人独资企业是由一个自然人投资创办的独资企业。个人独资企业的自然人只限于具有完全民事行为能力的中国公民,国家机关、国家投资机构或者国家授权的部门、企业、事业单位等均不能作为个人独资企业的投资人。

② 个人独资企业的全部财产为投资人个人所有,投资人是企业财产的唯一所有者。投资人对企业的经营与管理事务享有绝对的控制和支配权,不受任何其他人的干预,从财产性质而言,个人独资企业属于私人财产所有权的客体。

③ 个人独资企业的投资人以其个人财产对企业债务承担无限责任。承担无限责任包括:一是企业的债务全部由投资人承担;二是投资人承担企业债务的责任范围不限于出资,其责任财产包括独资企业所有财产及投资人其他个人财产;三是投资人对企业的债权人直接负责。简而言之,无论是企业正常经营还是解散,企业财产无法清偿债务时,则投资人须以其个人所有的其他财产予以清偿。另外,如投资人在申请企业设立登记时,明确以其家庭共有财产作为个人出资,则应当依法以家庭共有财产对企业债务承担无限责任。

④ 个人独资企业是不具有法人资格的经营实体,其民事、商事活动均以独资企业主的主体身份进行。个人独资企业虽有自己的名称或商号,并以企业名义从事经营行为和参加

诉讼活动,但其并不具有独立法人资格。

（3）合伙企业。合伙企业是依照《中华人民共和国合伙企业法》和《中华人民共和国民法典》有关规定,在中国境内由两个或两个以上自然人（法人、其他组织）订立合伙协议,为经营共同事业,共同出资、合伙经营、收益共享、共担风险的营利性组织。

合伙企业具有如下特征:

① 合伙企业以合伙协议为法律基础而成立。合伙协议是合伙成立企业的依据和基础,同时也是合伙人享受权利和承担义务的依据,必须由全体合伙人协商一致,以书面形式订立,且经过全体合伙人签名、盖章方能生效。

② 合伙人作为一个整体对债权人承担无限责任。合伙企业依据合伙人对企业的责任可分为普通合伙和有限责任合伙。其中,普通合伙的合伙人均为普通合伙人,对企业的债务承担无限连带责任;有限责任合伙则是由一个（或几个）普通合伙人与一个（或几个）责任有限的合伙人组成,即合伙人中至少一个人要对企业的经营活动负无限责任,而其他合伙人只是以其出资额对债务承担有限连带责任,其一般不直接参与企业经营管理活动。

③ 合伙企业的经营活动由合伙人共同决定,其执行过程受合伙人监督。合伙人也可推举负责人,合伙负责人与其他人员的经营活动对所有合伙人均具有约束力,由全体合伙人承担相应民事责任。

④ 合伙财产均由合伙人统一管理和使用。合伙企业财产发生变化或移为他用时必须征得其他合伙人同意。另外,不提供资本,仅提供劳务的合伙人仅有权分享一部分利润,而无权分享合伙财产。

⑤ 合伙企业在生产经营过程中所取得或积累的财产,归合伙人共有;若亏损亦由合伙人共同承担。损益分配比例应依据合伙协议中的规定执行,未规定损益可按合伙人出资比例分摊或平均分摊;以劳务抵作资本的合伙人,除合伙协议中另有规定外,一般不分摊损失。

（4）有限责任公司。有限责任公司是依据《中华人民共和国公司登记管理条例》规定登记注册,由50个以下的股东出资创建,每个股东以其所认缴的出资额为限对公司承担有限责任,公司以其全部资产对其债务承担责任的经济组织。其属于一种典型的资合、人合融合的企业形式,同时也是适合创业的企业类型。

有限责任公司具有如下特征:

① 有限责任公司的股东,仅以其出资额为限对公司承担相关责任。

② 有限责任公司由最多50个股东共同出资设立。

③ 有限责任公司不可公开募集股份,也不可发行股票。

④ 有限责任公司是资合与人合公司融合其优点并综合起来的公司形式。

上述四种典型企业组织形式的对比如表8-1所示。

表8-1　典型企业组织形式的对比

组织形式	个体工商户	个人独资企业	合伙企业	有限责任公司
法律依据	《个体工商户条例》	《中华人民共和国个人独资企业法》	《中华人民共和国合伙企业法》	《中华人民共和国公司登记管理条例》

续表

组织形式	个体工商户	个人独资企业	合伙企业	有限责任公司
责任承担	无限责任	无限责任	① 合伙企业不能清偿到期债务的,合伙人承担无限连带责任;② 普通合伙人对合伙企业债务承担无限连带责任,有限合伙人,以其认缴的出资额为限,对合伙企业承担债务责任	有限责任
投资人	个人或家庭	个人(中国人)	① 普通合伙企业由 2 个以上普通合伙人组成;② 有限合伙企业由 2 个以上 5 个以下合伙人设立,其中至少有 1 个普通合伙人	由 1 个以上 50 个以下的股东组成
注册资本	无限制	无限制	无限制	① 无最低注册资本要求;② 注册资本由过去的实缴改为认缴,认缴金额及认缴方式,由股东在公司章程中约定
成立条件	① 个体工商户可以起字号;② 投资人要有相应的经营资金;③ 投资人要有相应的营业场所;④ 可以根据经营需要招用从业人员	① 投资人为 1 个自然人;② 有合法的企业名称,其名称应当与其责任形式及所从事的营业相符合;③ 有投资人申报的出资;④ 有固定的生产经营场所和必要的生产经营条件;⑤ 有必要的从业人员	① 合伙人为自然人的,应当具备完全民事行为能力;② 有书面的合伙协议;③ 有各合伙人实缴或认缴的出资额;④ 有合伙企业的名称;⑤ 有经营场所和从事合伙经营的必要条件	① 由 1 个以上 50 个以下股东共同出资成立;② 有限责任公司注册资本的最低限额为人民币 3 万元;③ 股东共同制定公司章程;④ 有公司名称,建立符合有限责任公司要求的组织机构;⑤ 有固定的生产经营场所和必要的生产经营条件

续表

组织形式	个体工商户	个人独资企业	合伙企业	有限责任公司
利润分配及转让	① 利润归个人或家庭所有;② 资产属于私人所有,自己既是财产所有者,又是劳动者和管理者	① 利润归个人所有;② 财产为投资人个人所有,投资人既是所有者,又是经营者和管理者	合伙企业的利润分配和亏损分担,按照合伙协议的约定办理	① 股东按出资比例分配利润;② 不公开募集和发行股票,股东出资不能随意转让
优势	① 申请手续较简单,仅需向登记机关登记即可;② 所需费用少;③ 经营起来相对灵活	① 企业在经营上的制约因素少,企业设立、转让、解散等行为手续简便,仅需向登记机关登记即可;② 投资人独资经营,经营方式灵活;③ 个人独资企业只需缴纳个人所得税,不需双重课税;④ 技术和经营方面易于保密,有利于保持自己在市场的竞争地位	① 出资人较多,扩大了资本使用来源和企业信用能力;② 合伙人具有不同的专业特长和经验,能够发挥团队作用,各尽其才;③ 由于合伙企业中至少有1个负无限责任,使债权人的利益受到更大保护;④ 由于资本实力和管理能力的提升,增加了企业扩大经营规模的可能性	① 公司股东只对公司承担有限责任,与其他个人的财产无关,因此投资人的风险不大;② 可以吸纳多个投资人,促进资本的有效集中,促进决策科学民主化;③ 公司所有权与经营权分离,可以聘任专职的经理人员管理公司
劣势	① 规模小、难于扩展业务;② 只能由出资人以个人借贷方式筹集资金,市场竞争力小;③ 信用度和知名度比公司低	① 企业规模小,业务范围有限;② 个人负无限财产责任,经营风险较大;③ 个人独资企业受信用限制不易从外部获得资本,如果企业主资本有限或经营能力不强,经营规模难以扩大	① 合伙人要承担无限连带责任,使其家庭财产具有经营风险;② 转让财产受限,在合伙企业存续期,如果某一合伙人有意向合伙人以外的人转让其在合伙企业的全部或部分财产时,必须经过其他合伙人的一致同意	① 公司设立程序相对复杂,创办费用较高;② 不能公开发行股票,筹集资金的范围和规模一般不会很大,难以适应大规模的生产经营需要;③ 产权不能充分流动,企业的资产运作也受到限制

2. 选择企业组织形式的影响因素

企业的组织形式有多种,创业者在注册企业之前应当对不同企业组织形式的特点、设立条件、优劣势等有一定的了解,然后结合自身条件选择一个最适合自己企业的组织形式。一般而言,创业者在选择企业组织形式时,需考虑以下影响因素。

(1) 创业资金。根据我国相关法律规定,个体工商户、个人独资企业、合伙企业对注册资本实行申报制,没有最低限额要求。而对于有限责任公司,法律原来规定了注册资本最低限额,目前取消了最低注册资本要求,但注册资本的多少仍然决定着企业的规模大小和市场地位高低。基于此,创业者在选择企业法律形式时,尤其想创办有限责任公司,就应考虑自己创业资金的准备情况。

(2)经营风险。企业法律形式不同,在经营过程中所承担的风险亦不同。有限责任公司对外承担有限责任,不会以企业以外的个人资产抵债;个人独资企业、合伙企业等一旦经营受损,需承担无限责任,即不但要以企业的全部资产用于抵债,同时企业以外的个人资产也要用于抵债;合伙企业如果经营失败,其合伙人承担无限连带责任。显而易见,有限责任公司要比其他典型企业法律形式风险小,创业者在创办新企业时必须权衡利弊,并充分考虑经营风险。

(3)税负因素。税负是因国家征税而对企业造成的一种经济负担。国家在制定税法时,为了鼓励或限制某些行业的发展,往往采取了不同的税法制度和规定。就企业而言,其经营利润应按税法先缴纳企业所得税,然后再将税后利润作为股息或红利分配给投资者;投资者取得的股息或红利,根据税法的规定还须缴纳个人所得税。目前,企业所得税基本税率为25%,但部分企业因国家政策享有税收优惠,例如国家规划布局内的重点软件企业和集成电路设计企业,如当年未享受免税优惠的,可减按10%的税率征收企业所得税,因此国家政策对税收的影响比较大。对于个人独资、合伙企业,因不将其视为企业,参照个体工商户,企业经营利润无须缴纳企业所得税,仅缴纳个人所得税;如果选择其他企业组织形式,则新企业的创业者,就存在双重纳税的问题。

(4)技术因素。若创业者掌握着相关专业技术且符合注册高新技术企业的条件,可选择注册高新技术企业,这样可充分享受国家对高新技术企业的扶持政策;若创业者持有专利等技术,可考虑采用合伙企业的形式,以便更好地保护专有技术并获得相关收益。

(5)产权转让便利性。产权转让是实现企业生产要素优化组合以及产业结构优化调整的有效途径。在创业之初,创业者也应预想到未来企业所有权转换、继承、买卖等产权转让问题。例如,有限责任公司股东一经出资并交付企业,便不能主张退股,但却可自由转让其出资;合伙企业出资份额的转让却受到严格限制。

(6)筹资能力。企业选择正确的筹资方式可以有效保障企业生产经营正常运行,促进企业扩大再生产并长期稳定发展。企业所处环境不同,其筹资方式存在差异。因投资者必须对个人独资企业、合伙企业的债务承担无限责任,导致这两种形式的企业很难筹集大量资金用于企业发展;投资者对有限责任公司仅承担有限责任且产权主体多元化,所以有限责任公司筹资相对容易。当然,企业筹资能力还与企业经营情况及创业者个人能量、人脉有关。

案例分享

新企业名称设计

某大学四位同学毕业后,策划在兰州市成立一家有限责任公司,主要经营房地产业务。在新企业筹备之初,四人分别为公司取名为:"兰州大地发展公司""兰州广厦房地产有限责任公司""兰州 999 房地产有限公司"及"兰州金星房地产股份有限公司"。四人拟协商为公司取一个响亮而吉祥的名称,以利于公司以后的发展。另外,四人认为公司成立应向社会公告,以便从事商业经营活动。

资料来源:作者整理。

思考题:

(1) 法律是如何规定企业命名的?

(2) 新企业的名称如何设计和选择?

二、企业登记注册流程

新办企业必须有一个明确的合法身份,就像企业的"户口"一样,我国法律规定新办企业要经市场监督管理部门核准登记领取营业执照。

营业执照是企业主依照法定程序申请的规定企业经营范围等内容的书面凭证。企业只有领取了营业执照才算有了"正式户口"般的合法身份,才可以开展各项法定的经营业务。

企业登记注册是为了取得营业执照,这个过程比较烦琐,不仅涉及多个政府部门,还需创业者准备必需的相关材料。了解和掌握企业登记注册的相关事宜是创业者成功创业的基石。目前在我国各省市基本均可线上办理此项业务,由于地区差异各地流程有些差异,企业登记注册的一般流程如下:

1. 名称预先核准

企业名称是企业区别于其他企业或社会组织的文字符号,是企业被社会识别的标志,同时也是企业永久财富和最大无形资产,其社会价值往往难以估量。

根据《企业名称登记管理规定》和《企业名称登记管理实施办法》,企业名称应当由行政区划、字号、行业或经营特点、组织形式依次构成。其中,行政区划是指该企业所在地县级以上行政区划的名称或地名。字号是企业名称的核心要素,也是区别不同企业的主要标志。字号应当由两个(含)以上汉字组成,可以使用自然人、投资人的姓名。行业或经营特点应能够具体反映企业的业务范围、方式或特点,其应与主营行业相一致。组织形式即我国法律规定的企业组织形式。我国相关法律规定,有限责任公司的企业名称中必须标明"有限责任公司"或"有限公司";合伙企业、个人独资企业和个体工商户在其名称中不得使用"公司"字样,可以申请用"厂""店""部""中心"等作为企业名称的组织形式。例如,深圳华侨城房地产有限公司、上海大众汽车销售有限公司等。

根据《企业名称登记管理实施办法》,新企业应当申请名称预先核准,以保证企业名称的专用性和排他性,即企业在登记主管机关辖区内,不得与已注册的同行企业名称相同或相近。创业者一般需要将企业一正三副四个名字按顺序排好,到市场监督管理部门进行企业名称预先核准,等名称核准后方可采用。在线上系统中如有重复或者不规范的名称字号提示,将无法下一步操作,申请者需更换字号文字直到不提示受限为止。

2. 设立登记

设立登记是企业主或有限公司向政府主管机关办理登记注册宣告成立的过程。此环节需要填写公司登记注册相关具体信息及提交所需材料,如投资人出资信息、主要人员任职信息、住所使用证明、股东资格证明身份证照片等。

在这个环节需特别注意对"市场主体类型"的选择，必须选择详细的规范主体类型，如有限责任公司(自然人投资或控股)等。因为不同的市场主体类型，对企业的税收及责任影响较大。另外要注意行政许可的要求，行政许可是指当前所申请的公司经营范围中是否涉及前置许可信息，如果涉及则需要办理相关许可证。提交材料前需要准备一些文书和相关证明文件，其中公司登记(备案)申请书、全体股东签署的公司章程、股东的主体资格证明或者自然人身份证件原件影像(印)件、住所使用证明等文书为有限责任公司设立登记必不可少的材料。

3. 领取营业执照

设立登记申请经市场监督管理局核准后，创业者就可以在规定的时间内领取准予设立登记通知书和营业执照。营业执照是市场监督管理局发给企业经营者准许从事某项生产经营活动的凭证，其格式由国家市场监督管理总局统一规定，主要包括企业名称、企业地址、负责人姓名、注册资本、企业类型、经营范围、营业期限等，营业执照的签发日期即为企业成立日期。对于企业登记注册，从 2016 年 10 月 1 日起，我国全面实施"五证合一、一照一码"的登记制度，企业无需再单独办理组织机构代码证、税务登记证、社会保险登记证、统计登记证，只需办理加载统一社会信用代码的营业执照即可。

4. 公章刻制

在领取营业执照后，持有营业执照的单位和个人需要申请刻制公章。新成立的企业申请刻制公章，需要到属地公安机关办理，也可在线上办理。企业公章包括：单位专用公安印章、财务专用章、合同专用章、税务专用章、报关专用章、法人代表名章。刻章单位可根据自身的需要选择具体的印章和刻制数量。

5. 银行开户

新办企业需要设立基本账户，企业可以根据自己的具体情况选择开户银行。目前对新办企业选择开户银行没有指令性要求，新办企业可以根据就近原则选择所在地区的银行网点作为自己的开户银行。因此，在办理开户之前，企业相关人员可多走访几家银行，比较各大银行对公业务的收费情况、服务态度、开户速度以及网点便利程度等，确定好银行后，选择离办公地较近的网点，方便以后办公。

【知识拓展】
辽宁省企业开办"一网通办"平台及操作说明

为了进一步了解企业登记注册流程，创业者可以从各省市市场监督管理局官网访问当地的企业开办"一网通办"平台浏览详细说明。

三、创办企业必须考虑的法律与伦理问题

创业者在创业及生产经营过程中涉及的法律和伦理问题相当复杂，创业者必须提前了解和认识到这些问题并正确对待和处理，以免因违背法律和伦理而使企业付出沉重代价，甚至夭折。

1. 创办企业必须考虑的法律问题

法律法规是社会稳定运行的基础，创业者在创建和经营企业的过程中，必须了解和遵守有关法律法规，处理好与企业有关的法律问题，以确保自身和他人的利益不受非法侵害。一般而言，企业在不同阶段，将面临不同的法律问题，如表 8-2 所示。

表 8-2 企业不同阶段面临的法律问题

创建阶段的法律问题	经营过程中的法律问题
企业组织形式确定 税务记录设立 租赁和融资协调 合同拟订 申请专利、商标和版权保护	人力资源管理(劳动)法规 安全法规 质量法规 财务和会计法规 市场竞争法规

　　企业创建阶段,创业者面临的法律问题主要有企业组织形式确定,税务记录设立,租赁和融资协调,合同拟订,申请专利、商标和版权保护等,所以创业者必须熟悉相关法律法规。同样,当新企业正常运营后,仍有许多与经营有关的法律问题,例如员工的雇用、报酬以及工作评定将受到人力资源管理(劳动)法规的影响,产品设计和包装、工作场所和机器设备的设计和使用、环境污染控制等将受到相关安全法规的影响和制约。另外,土地、房屋和设备等物质是传统观念中企业最重要的资产,而通过创业者智力活动创造的专利、商标及版权等知识产权成果也同样是企业重要资产,依法受到保护,尤其是现代企业,知识产权已逐渐成为企业最具价值的资产。对于创业者而言,为了有效保护自己的知识产权,同时也为了避免侵犯他人的知识产权,熟知企业中典型的知识产权形式及保护方法十分重要。企业各部门中典型的知识产权形式,如表 8-3 所示。

表 8-3 企业各部门中典型的知识产权

部门	典型的知识产权形式	常用保护方法
营销部门	名称、标语、标志、广告语、广告、手册、非正式出版物、未完成的广告副本、顾客名单、潜在顾客名单及类似信息	商标、版权和商业秘密
管理部门	招聘手册、员工手册、招聘人员在选择和聘用候选人时使用的表格和清单、书面的培训材料和企业的时事通讯	版权和商业秘密
财务部门	各类描述企业财务绩效的合同及幻灯片、解释企业如何管理财务的书面材料、员工薪酬记录	版权和商业秘密
信息管理部门	网站设计、互联网域名、公司特有的计算机设备和软件的版权、培训手册、计算机源代码、电子邮箱名单	商业秘密和注册域名
研发部门	新发明和商业流程、现有发明和流程的改进、记录发明日期和不同项目进展计划的实验室备忘录	专利和商业秘密

　　(1)专利与专利法。专利是由政府机关或者代表若干国家的区域性组织根据申请而颁发的一种文件,这种文件记载了发明创造的内容,并且在一定时期内该发明创造只有经

专利权人许可，他人才能予以使用和实施。专利一般可分为发明、实用新型和外观设计三种类型。专利法是有效保护专利拥有者合法权益的法律法规。创业者，应当熟悉专利法的相关内容，并能及时对个人或企业的发明创造申请专利，以获得法律保护，使自己的正当权益不受侵犯；即使相关权益受到侵犯，也能以法律依据提出诉讼，并获得侵害方的赔偿。

《中华人民共和国专利法》《中华人民共和国专利法实施细则》是我国为保护专利权人的合法权益，鼓励发明创造而发布的重要法规。

（2）商标与商标法。商标是由文字、图形、字母、数字、三维标志、颜色组合和声音等要素及其组合，应用于商品或服务项目之上的显著标志或标识，其用于区别不同经营者所生产、制造、加工、拣选、经销的商品或提供的服务。商标是企业在价值上能够量化的重要无形资产，其价值体现于独特性和为企业带来的巨大经济收益。商标不仅是消费者选择产品或服务的依据，而且是企业参与市场竞争的主要载体。

商标分为注册商标和未注册商标。注册商标是指经国家商标主管机关核准注册而使用的商标，目前我国只对药品和烟草制品等实行强制注册。注册商标又可分为商品商标、服务商标、集体商标及证明商标。注册商标的有效期为10年，可以申请续展，每次续展注册有效期也为10年。商标注册申请人必须是依法成立的企业、事业单位、社会团体、个体工商户、个人合伙以及符合《中华人民共和国商标法》第17条规定的外国人或者外国企业。未注册商标则是指未经国家商标主管机关核准注册而自行使用的商标，使用人不具有商标专用权，其法律地位与注册商标不同。

商标法是确认商标专用权，规定商标注册、使用、转让、保护和管理的法律规范总称。其作用主要是加强商标管理、保护商标专用权，促进商品的生产者和经营者保证商品和服务质量，维护商标信誉，以保证消费者的利益，促进市场经济的发展。

1982年8月23日我国颁布了《中华人民共和国商标法》，并于分别于1993年2月22日、2001年10月27日、2013年8月30日、2019年4月23日进行了四次修正。

案例分享

达娃商标之争

浙江省杭州市中级人民法院于2009年5月21日作出终审裁定，驳回达能关于撤销杭州仲裁委员会裁决书的申请。至此，达娃商标之争中关于"娃哈哈"商标所有权的问题尘埃落定，"娃哈哈"商标归杭州娃哈哈集团所有。达娃商标之争历时近两年，经过两次仲裁、两次诉讼。关于"娃哈哈"商标的归属是双方争议的焦点之一。达能认为双方于1996年签署的《商标转让协议》依然有效，要求娃哈哈履行该协议，将商标转让给合资公司；娃哈哈则认为由于国家商标局不批准，双方已通过签订《商标使用许可合同》终止了《商标转让协议》，娃哈哈没有义务转让商标。为此，娃哈哈于纠纷发生后不久即向杭州仲裁委员会提出仲裁申请，请求确认《商标转让协议》已终止。2007年12月，杭州仲委会作出裁决，认定《商标转让协议》已于1996年12月6日终止。达能不服该裁决，向杭州中院申请撤销。2008 年 7 月 30 日,杭州中院作出裁定,认定达能提出的申请理由不成立,维持原裁决。

资料来源:作者整理。

（3）著作权与著作权法。著作权也就是版权,是指作者对其创作的文学、艺术及科学作品依法享有的权利。著作权包括发表权、署名权、修改权、保护作品完整权、复制权、发行权、出租权、展览权、表演权、放映权、广播权、信息网络传播权、摄制权、改编权、翻译权、汇编权以及应当由著作权人享有的其他权利 17 项。

著作权法保护作者著作权以及与著作权有关的权益。通过著作权法对著作权保护是对作者原始工作的保护。著作权的保护期限为作者有生之年加上去世后 50 年。我国实行作品自动保护和自愿登记原则,即作品一旦产生,作者便自动享有版权,登记与否均受法律保护;如果作者自愿登记后将进一步起到证据的作用。另外,中国版权保护中心为软件登记机构,其他作品的登记机构为所在省级版权局。

1990 年 9 月 7 日,我国颁布了《中华人民共和国著作权法》,2020 年 11 月 11 日该法律进行了第三次修正。当然,计算机软件属于著作权保护的作品范畴。1991 年 6 月 4 日,我国根据《中华人民共和国著作权法》,制定并发布了《计算机软件保护条例》,2013 年 1 月30 日该条例进行了第二次修订。

除了上述典型的法律法规外,创业者还需对合同法、产品质量法、劳动法、反不正当竞争法等与企业生产经营相关的法律法规有一定的了解和掌握。

2. 创办企业应注意的伦理问题

企业伦理是企业处理企业内部员工之间、企业与社会、企业与顾客之间关系的行为规范总和,其理论基础是企业的社会责任。创业者创办企业时主要涉及开拓市场、资本积累、互惠互利、协同合作、个人品德、后天修养等方面的伦理问题。

创业者创办企业后,势必将融入市场竞争的大环境和平台,因此他就必须遵守这种环境所共同维护的行为规范。当创业者成为成功企业家时,将更加重视社会形象,同时也开始重视自身及企业的伦理建设,因为良好的企业形象和信誉是企业协作共赢的基石。

（1）创业者与原雇主之间的伦理问题。许多创业者都是辞职后,开始自己的创业之路,而在创业过程中,创业者惊奇地发现,自己创业时已无形中将自己置身于原雇主的敌对境地,创业者与原雇主之间就需要处理好一些伦理问题,尤其是创业者从原企业辞职时必须遵循两个重要原则。

① 职业化行事。职业化行事就是指提出辞职前后的表现应当职业化。雇员应当恰当地表露离职意图,并提前正式提出辞职;雇员应对原雇主分配的所有工作负责到辞职当天,不占用工作时间安排自己创业事宜;若雇员拟离职后在同一产业领域内创业,不能带走属于当前雇主的资料信息,这一点至关重要;雇主有权防止商业机密（如客户清单、营销计划、产品原型和并购战略等）失窃,或阻止商业机密的非正当转移;雇员辞职时除了私人物品,不要带走公司的任何东西,尽可能避免给他人造成从雇主那里获得信息或资源的印象;关键雇员（如董事、经理或高级职员）和技术型雇员（如软件工程师、会计或营销专家）负有对雇主忠诚的特殊责任,雇员不能把属于雇主的机会转为己有;只有当雇佣关系终止后,雇员才可说服其他同事到新企业工作,或真正开创与雇主竞争的企业。

② 尊重所有雇佣协议。创业者准备创业时,应充分知晓并尊重保密和竞业限制等所

有雇佣协议条款。在保密条款有效期限内,雇员应严格遵守企业保密制度,防止泄露企业商业秘密。竞业限制条款是指雇主与雇员约定,在解除或终止劳动合同后一定期限内,雇员不得从事同类产品的生产、经营活动,禁止与雇主竞争。

案例分享

公司招聘引狼入室

上海某广告公司在业内赫赫有名、发展迅速。总经理万某计划开拓上海周边城市业务,尤其最近苏州分公司刚成立,事情特别多,所以万某将主要精力放在苏州分公司市场开拓上面,而为了上海广告业务能够顺利发展,万某决定引进一位市场总监来管理上海公司的业务。在年初招聘会上,万某招聘了业务及管理能力突出的张某作为上海公司的市场总监。最初6个月,张某在岗位上表现出色,万某非常满意。可是,让万某非常意外的是工作满6个月的张某毅然提出辞职,原因是觉得在此公司不适合自己的发展。万某觉得理由很牵强,于是苦苦挽留,但张某还是要走,万某非常惋惜。让万某震惊的是张某离职后的3个月,公司几个重要客户流失了。经过调查了解,这些客户均是由张某带走,原来张某被另一家广告公司以更高的薪酬和提成挖走。经过对张某的进一步了解,原来张某的简历造假,他有3个公司的工作经历都没有满6个月,这些经历都没有在简历上体现出来,张某通过延长其他工作经历的时间来掩盖这个事实,张某在其他的公司也有类似的行为。万某后悔莫及,责怪自己面试时过于大意,引狼入室。

资料来源:作者整理。

(2)创业团队成员之间的伦理问题。创业团队成员之间存在的伦理问题主要有:创业者不尊重创业团队成员的合法劳动、延迟发放甚至克扣团队成员的工资、随意延长劳动时间且无报酬,特别是当没有订立有关企业所有权分配的最初协议时,一旦产生利益纠葛会导致团队分裂。

为了解决创业团队成员之间的伦理问题,创业者可以在创业之初,经过充分讨论,拟订创业者协议。创业者协议(或股东协议)是处理企业创业者之间相对权益分割、创业者投入资本的补偿,以及创业者必须持有企业股权多长时间才能被完全授予等事务的书面文件。创业者协议主要包含未来业务的实质、企业所有权的法律形式、股权分配(或所有权分割)方案、各创业者持有股权或所有权的支付方式、明确归企业所有的知识产权、初始运营资本描述、回购条款等内容。

(3)创业者和其他利益相关者之间的伦理问题。新企业在最初阶段一般面临包括消费者、供应商和投资者在内的利益相关者之间的伦理问题,主要涉及人事伦理、利益冲突和顾客欺诈等内容。

① 人事伦理问题。此问题主要与公正公平对待新老员工有关。如因员工性别、肤色、道德背景、宗教等方面不同而区别对待。

② 利益冲突。此内容与那些挑战雇员忠诚的情境相关。如企业员工出于私人关系以非正当商业理由将项目交给其朋友或家庭成员,造成企业利益在某种程度上受损。

③ 顾客欺诈。此伦理问题通常出现在公司忽视顾客或公众安全的各类不当行为中。如误导性广告、销售明知不安全的产品等。

案例分享

公 平 薪 酬

一家成立3年的某高科技公司,由于进入成长期,公司业务迅速扩展,亟须招募员工。为迅速招聘到所需员工,该公司以较高起薪来聘用新人。考虑到老员工的薪资可能因为新入职者起薪调高而低于新员工,所以该公司人事经理建议公司高管,在调高新员工起薪时,调高老员工的薪资。但许多高管认为如此一来,将增加公司的人力支出,使公司的产品价格提升,丧失竞争力。另外,固定成本一旦增加,亦不利于财务调度与周转。高管则考虑以提供奖金或红利的方式来弥补薪资较低的老员工,但公司正处于成长阶段,无法精确量化老员工绩效并为奖金和红利发放提供依据,所以,如果一律给予相同奖金或红利,就会造成新的不公平,引起老员工不满。此外,奖金或分红制度难免会加强老员工彼此间的相互竞争,不利于公司中已经培养出的团队合作文化。同时,奖金或分红也永远无法弥补老员工在薪资上低人一等的感受与心态。基于这些考虑,公司相关措施迟迟难以付之行动,而老员工则认为公司"喜新厌旧",对老员工不公平。因此,老员工士气逐渐低落,公司的业务发展受到明显影响。

资料来源:作者整理。

四、企业的社会认同

企业注册成立后,除了遵纪守法外,还需要主动去承担社会责任,主动为社会发展做贡献,这样才能获得社会认同。创业之初,创业者需处理消费者、供应商和投资者等利益相关者之间的关系,充分理解和认识其产品、服务及商业模式等。当企业逐渐成长壮大后,想走得更远并成为百年名店,企业只做到遵纪守法,只为消费者提供所需产品和服务则远远不够,还要提升和充实企业文化,主动承担社会责任,维护社会道德,通过良好的企业行为获得社会各界的广泛认同。

1. 承担社会责任

企业社会责任是指企业对社会应负的责任,也是承担高于企业自身目标的社会义务。其本质就是企业对其自身经济行为的道德约束,它既是企业的宗旨和经营理念,又是企业用来约束生产经营行为的一套管理和评估体系。其内容包括企业环境保护、社会道德以及公共利益等方面,由经济责任、持续发展责任、法律责任、伦理责任和道德责任等构成。随着经济的发展和社会的变迁,企业社会责任在企业战略中的意义日益突出,企业要实现可持续发展,就应当自觉地将对社会、环境以及利益相关者的责任融入企业经营活动,以一种有利于社会的方式进行经营和管理,这样才能得到社会的认同。

(1)企业对员工的责任。员工是企业最宝贵的财富。强调企业对员工的责任,旨在超越只把利润作为唯一目标的传统理念,强调以人为本,注重在生产过程中对员工价值的关注,注重生产过程中员工的健康、安全和应享有的权益。只有善待员工,得到员工的认同,企业才可能获得社会认同。企业对员工的责任主要体现在:不歧视员工、定期或不定期培训员工、营造良好工作环境、推行民主管理、提高员工物质待遇、关注员工身心健康等。

（2）企业对客户的责任。企业应努力为客户提供最大的便利、最优质的服务,要为客户创造更高的价值,这样才能得到利益相关者的认同,从而得到社会认同。企业对客户的责任主要体现在:提供安全的产品、提供正确产品、提供售后服务、提供必要指导、赋予客户自主选择权等。

（3）企业对投资者的责任。企业要创造利润和财富,要为投资者带来有吸引力的投资回报。企业从投资者获取资金,却不愿或无力给投资者合理回报,这是对投资者不负责的表现,这种企业迟早会被投资者和社会抛弃。企业只有通过努力经营并给投资者合理回报,才能得到投资者及社会的认同。企业对投资者的责任主要体现在:提高投资收益率、提高市场占有率、股票升值等。

（4）企业对环境的责任。企业必须响应国家号召,在发展经济的同时,积极、自觉保护生态环境,承担起企业的社会责任。企业对环境的责任主要体现在:发挥主导作用、以绿色产品为研究和开发的主要对象、积极治理环境等。

（5）企业对政府及社会的责任。企业在生产经营过程中,通过认真执行和落实国家法律法规、照章纳税、为社会提供就业机会、把企业部分利润回馈给社会、关注社会弱势群体、热心公益事业等形式培养自己的企业文化,并得到政府及社会认同。

（6）企业的其他社会责任。企业还需如期偿还债务,维护竞争者正当利益,与供应商、分销商、零售商公平交易等,主动接受社会监督,得到社会认同。

2. 维护社会道德

道德是调整人与人、个人与群体、个人与社会之间行为规范的总和。道德是一种特殊的社会现象。道德以善良、正义、公正、公平、诚实等范畴来评价个人或企业的行为;通过社会舆论、传统习俗、内心信念等非强制性力量来影响人的心理,实现调节作用。其实质是由经济关系决定并植根于社会经济基础之中的社会意识形态,是物质利益关系的反映,同时以强烈的目的性和实践性,指导社会活动和行为,改善社会生活环境乃至促进整个人类文明程度的提升。

在企业发展中,充满无数冲突,创业者往往面临着与利益、个性特点、利益相关者、社会责任、开放程度等相关的道德困境,创业者需要对企业战略发展负道德责任。创业者可能每天都要做出许多复杂的经营决策,同时还需考虑维护社会道德方面的问题。创业者的价值观对于建立一个道德化的企业或组织非常关键,创业者在做出关键决策的时候有机会展示诚实、正直和道德精神,创业者的行为对于所有员工来说就是一个榜样。

（1）创业者忠于职守。创业者要有着强烈的事业心和责任感,具有创造创新精神,自觉与社会不良之风斗争。

（2）创业者遵纪守法。创业者要自觉遵守国家法律法规,在生产经营过程中要遵守各项规章制度,要严以律己,为人表率,依法实施管理,尊重法律规定的公民基本权利。

（3）实事求是,团结协作。创业者要重视调查研究、杜绝主观武断、坚持表里如一、反对弄虚作假、踏实进取、服从上级、尊重下级、尊重同事、团结协作。

（4）尊重人才。人才是企业生命活力之源，尊重人才往往是现代企业成败的关键，所以创业者必须尊重人才、尊重知识。

案例分享

台塑之王——王永庆的仁爱之心

中国台湾商人、企业家王永庆被誉为台湾经营之神、台湾塑胶之王。他从来都是一个低调和节俭的人，一条健身毛巾可以用27年，一双跑鞋可以穿几年，生活简朴，最爱吃的就是台湾卤肉饭。他也基本上不接受采访。

但是对公益他向来很大方。他一直有着很深厚的爱国情结，提出要在大陆各地援建1万所小学。这些小学被统一命名为"明德小学"。到2014年年底，他已捐赠超过21亿元人民币，建成了4 244所明德小学，帮助了250万贫困地区的小学生。

2008年汶川地震时手下问王老要不要捐钱，他开始没说话。手下说：捐一百万行吗？王老意味深长地说：国家有难，捐一个亿！2008年5月14日，台塑集团企业创办人王永庆决定由企业捐赠1亿元人民币，支援四川灾区，创下台湾企业捐款之最，充分体现了"同胞爱、手足情"。

资料来源：作者整理。

五、企业选址

选址是创业前期准备工作中一项比较艰巨的工作和任务。创业者无论创办何种类型企业，地址选择都是决定创业成败的最为重要的因素，尤其是以门市为主的零售、餐饮等服务业，店面位置的选择更是创业成败的关键。

1. 选址考虑因素

一般而言，创业者选择企业地址时可从以下几个方面考虑。

（1）企业场地靠近目标客户群体。不同的行业需要不同的场地，在选择企业位置时，应当首先考虑此位置是否与行业吻合，如开办一个服务配套型公司，就应选择在写字楼、办公楼聚集区；开办大型制造企业就要选择在城市郊区比较空旷的地方等。简而言之，就是企业氛围要与周围环境协调一致，并且尽可能靠近目标客户群体，使企业形成固定的客户群。

（2）企业场地符合国家有关行业规定。国家对不同行业的场地选择有一定的规定，尤其是一些特殊行业。如噪声和污染比较大的企业必须远离居民区和闹市区，同时还要达到国家环保部门的相关标准和要求；如开办教育机构，需要教育部门审批，机构的硬件条件也必须达标；若开办和经营餐饮业，则场地必须满足环保和卫生部门的要求及规定等。综上所述，创业者无论创办哪种企业，均需提前研究国家的相关规定再实际操作，否则将造成不必要的损失。

（3）企业场地需考虑交通便利。企业生产经营时，经常需要进行商品和产品的流通，所以选择场地时要充分考虑企业周边交通情况。如果交通便利,不但能缩短流通时间,而且能在很大程度降低物流运输成本。

(4)企业场地租金压力。创业者在创业之初,没有属于自己的场地,需要租赁场所来开办新企业,这样企业场地的租金压力就必须考虑。目前,租金的支付方式一般均是押一付三,也就是需要一次性支出最少4个月的租金,这对于创业者肯定是一笔不小的开销,如果营业额足够大,租金贵也可以承担,但如果营业额较少,租金对企业的影响就不可忽视。

除了上述需要考虑的因素外,创业者在选择企业场地时还要及时了解市政规划、周边环境、客户便利、行业竞争等因素。

2. 典型企业选址策略

(1)服务型企业选址策略。服务型企业对原材料、燃料、动力、水源等生产资料供应的依赖明显较低,而对营销方面的要求较高,营销是其价值链中的关键环节,所以服务型企业选址时必须以营销为导向,即要以满足管理需求、创造价值、促成交换、实现企业盈利为目标。

① 从管理需求角度看,服务型企业在选址时要考虑获得顾客的难易程度。即要考虑市场竞争情况、服务方式与消费习惯的拟合度、消费水平与支付能力匹配度、市场潜力大小等。

② 从创造价值、促成交换的角度看,企业选址时要考虑交通便利程度。对于服务型企业而言,交通便利程度是企业选址的关键因素,也成为引领企业全局发展的关键。

③ 从实现企业盈利的角度看,企业要考虑因选择该地址而产生的各种直接及间接成本,这笔费用对于初创企业而言不可小视。

当然,服务型企业选址还要注意营销环境、周边企业协调性、市场前景等。

案例分享

肯德基的选址策略

肯德基计划进入某城市,会首先通过有关部门或专业调查公司收集这个城市的资料,并采取计分方式来规划商圈。通过打分把商圈分为市级商业型、区级商业型、定点(目标)消费型、社区商务两用型、旅游型等。肯德基选址时充分考虑交通、车位、环境、橱窗和店招设置等内容,一般会选择在最聚客的地方或附近开店,将商圈的成熟度和稳定度作为重要参考指标,如果商圈成熟度不够,那么一定要等到商圈成熟稳定后才进入。正因为如此,肯德基得到迅速扩张和快速发展。

资料来源:作者整理。

(2)制造型企业选址策略。对于制造型企业而言,选址是最重要的一项投资决策,对企业生产、经营及发展将产生深远而持久的影响。企业选址不仅关系到设施建设的投资和速度,而且很大程度上决定了所提供的产品成本,从而影响企业生产管理和经济效益。一般而言,制造型企业选址时主要考虑成本和区位条件两个因素。

① 成本因素。成本是制造型企业选址所考虑的重要因素,其分为固定成本和变动成本。固定成本是指为了维持企业经营能力而必须支付的成本,选址时可利用地区差异灵活降低固定成本;变动成本主要包括原材料、燃料、动力等生产要素的价值因选址不同而造成的价格差异。

② 区位条件因素。区位条件涵盖了地区的运输便利程度、劳动力资源、地方政策以及生活条件等诸多因素。

3. 办公地点选址技巧

办公地点作为企业在激烈市场竞争中的根据地,其地段、交通、户型结构、形象等会对企业的实际经营活动产生较大影响。合适的办公地点能给企业带来较多的便利,也能够促进企业的发展。

(1)权衡利弊,综合考虑。城市优质地段不仅商业配套设施完善、交通方便,而且有较高社会认知度。选择优质地段作为办公地点,具有极强的物业附加值,但经营成本过高。对于初创企业而言,城市次中心地段或新兴商业区无疑是其较佳选择,虽然此类地段处于成长期,形成成熟商业氛围、获得较高社会认知度需要一定的时间,但是其经营成本相对较低,而且有较好的市场发展前景。

(2)交通便利。为了方便员工办公,办公地点要尽量选择交通枢纽位置,尤其是城市道路交通的拥堵状况在短时间内不能得到缓解的情况下,应选择离地铁较近的位置,这样能使客户及员工产生较强的心理体验。

(3)办公楼面积及空间。一般而言,初创企业的员工数量在 10 人以内,因此办公室的需求大多是 100 平方米以内的小户型办公场所,其租金低,入住率不高,能最大化利用空间,很好地控制企业经营成本。

(4)配套服务设施。创业者多为刚走出校门的大学生,大多缺乏企业经营管理的经验和能力,因此在税务、人事办理及认证注册等方面都需要专业人士的协助。选择配套服务设施相对完善的地域可以节省创业者大量的时间和精力。目前,部分办公楼,特别是园区,都针对创业者特点,提供注册、财务代理、员工培训、法务咨询等一系列量身定做的配套服务,这些服务对于创业者而言具有重要的现实意义。

第二节　新企业生存管理

学习目的与要求

通过本节学习,学生应达到如下要求:

(1)了解新企业生存管理的特殊性。

(2)理解新企业成长的驱动因素。

(3)熟悉新企业成长管理。

(4)掌握新企业的风险管理。

(5)培养责任感、团队协作精神、抗挫折的能力和素质。

引导案例

创业者最大的担忧：快速成长，管理失控，生存危机

新企业在创建之后,成长是一个必经过程,但过分追求成长速度无异于拔苗助长。查先生从来都没有想到,企业成长过快却成为导致自己企业经营失败的根源。而当他遭遇失败之后,才真正体会到企业均衡发展的重要性,也充分理解了企业发展方向、速度以及时机是企业健康发展的主要因素,企业动态平衡发展是企业健康成长的动力。

查先生在某公司已做到中层,多年的职业经理生涯使其积累了丰富的管理经验和深厚的人脉关系。2000年年初,他和朋友接手了一家经营计算机配件的公司,根据当时市场行情,抓到什么就卖什么,经过一段时间后,虽说积累了一定的资金,却丧失了一些扩展公司规模的机会。

有了一定的资金和经验积累后,查先生和朋友不甘于满足现状,想争取更大的市场份额。通过对市场分析,他们认为:以前之所以丧失机会是因为没有成为某大品牌的代理商。另外,他们还认为,计算机应用趋势是网络化,网络产品将会有很大的需求空间。为此,他们决定将公司业务重点转移到网络产品上来,并争取成为某大品牌网络产品的经销商。恰逢两家网络产品公司合并,查先生他们决定代理该品牌网络产品。

为了适应新的发展形势,查先生对公司进行了大刀阔斧的整改。按照准事业部的形式建立了四个独立核算的部门,它们之间可以通过长期赚取高额利润的关联业务来配合短期赚小钱的业务。在产品分销部门后面设置了网络培训部门和系统集成部,以及当时很热的互联网业务部。

查先生公司产品代理商的定位,决定其业务以销售为主。运行伊始,公司对成本控制经验不足,使其产品价格偏高,额定销售任务根本无法完成,而竞争者在市场决策、质量和速度方面表现优异。由于销量上不去,厂家对其支持明显减小,而缺乏厂家支持,销量就更难提升,导致了恶性循环。为了摆脱这种困境,他们决定低价销售,以提高销量并完成销售任务。在销售行业,一般采用下家拿货先不付款,等卖出去后再付款的赊账形式,但这就要求商家必须严格控制赊账额度和期限,否则会有很大的风险。可是,查先生他们当时急于提高销售量,对于下家赊账事宜却疏于管理,三个月后销量虽然上去了,可利润率却远低于行业平均水平。虽然他们知道公司存在软肋和潜在的风险,也深知改善公司盈利能力和资金控制能力的不足需要承担很大的风险,但他们被表面的繁荣和快速增长的销量迷惑,在主观上没有正视存在的问题,而是通过大量招收新员工、增强促销力度、低于成本价销售、赊账管理放松等方法刺激销量增长,而公司根本问题没有得到改善和解决。其实,他们可以通过加入能够提供更高利润率的产品,也可以修订付款流程加快资金流动等更合适的举措,但他们没有这样做,因为他们对股东承诺过每月要有高达2.5倍的销售成长。

本来公司还准备朝系统集成、技术培训等利润较高的业务方向拓展,但这些业务方向的成长速度明显不如产品分销。在产品分销压力越来越大的情况下,他们对具有高利润的业务已无暇顾及,导致这些业务渐渐萎缩。这使得整个公司的发展缺少足够的利润支持,

查先生等对公司整体的思考和把握已无能为力。

公司因为销量的高速增长，获得了厂商颁发的全国最佳成长大奖，但这也成为公司发展加速失控的转折点。此后仅仅三个月，公司就因为付不起货款而倒闭。

公司倒闭前的最后这三个月，查先生非常困惑，当时他始终认为是投资方向错误、竞争对手太强以及整个商业模式的问题，所以在公司倒闭后很长时间都无法从失败的阴影中走出。

企业经营失败的原因很多，经营者人性的弱点成为这些原因的根源。经营者追求局部的成长，而丧失了对整体的控制和把握。企业需要适当限制发展速度，因为高速的增长在带来繁荣的同时，也带来了大量的管理问题。如果没有准备好解决这些问题，那么高速的增长只能给企业带来巨大的风险。

资料来源：作者整理。

思考题：

（1）企业在成长过程中如何均衡发展？

（2）影响企业健康发展的主要因素有哪些？

一、新企业生存管理的特殊性

新企业创办之后，即进入创业发展初期，此时又称初创企业。这个阶段因企业项目及产业不同，持续时间有所不同。此阶段企业灵活性最强，且拥有很强的创新和冒险精神，但企业可控性差，所以这个阶段是新企业遇到的第一个挑战。许多企业顺利度过创业期，但却夭折于生存和发展期，最主要的原因就是创业者没有随着企业一起成长，对新企业生存管理的特殊性和可能遇到的困境认识不足，企业的核心管控能力、团队协作能力、组织结构等与企业规模发展不同步，因而造成企业管理失控或过早夭折。

新企业成立初期易遭遇资金不足、制度不完善、因人设岗等问题和困难，但生存与发展永远是新企业的主题，创业者要充分了解新企业生存管理的特殊性，从而解决企业面临的主要问题和矛盾，并对企业进行有效管理。

1. 新企业生存管理以生存为主要目标

随着企业的发展，企业所面临的内、外部环境将发生巨大变化，客户剧增，市场份额增加，使得商业模式变得越来越复杂，企业内部人力资源、营销和资本运作等能力与企业生存、发展不匹配，这样企业的管理复杂程度增加、难度加大。据统计，全球每年有高达70%的创业公司在成立两年内倒闭。中国创业数据统计结果也显示，中国创业企业失败率高达70%以上，七成企业活不过一年，平均企业寿命不足三年。因此，新企业成立之初，尤其是前两年，主要目标是在市场上找到立足点，使自己生存下来，企业的一切活动都围绕生存来运作，一切危及企业生存的做法都应该避免；想办法把自己的产品或服务销售出去，把满足顾客需求放在第一位，把盈利作为绩效管理的唯一考核指标，即经历多次反复后持续稳定地赚钱，真正从市场获得利润，这样才能度过创业的生存阶段。

2. 新企业主要依赖自有资金去创造自由现金流

现金对于新企业而言，就如同血液对于人体那样重要。新企业可以承受暂时的亏损，但不能承受现金流的中断，现金流一旦断裂，就意味着刚刚起步的新企业将会遭遇挫折甚至破产。据统计,新企业中,近七成主要利用自有资金创业,另有两成多主要接受外部投资作为自己的创业资金。创业者应当定期地评估企业的财务能力,务必对企业现金流状况做到了如指掌。创业者对现金的使用要做到精打细算,要努力开源节流,加速资金周转,控制企业发展节奏,避免入不敷出;可以采用"早收账、迟付账"的办法来实现现金流的正常运行。

3. 新企业实行群体管理以充分调动所有人的积极性

新企业发展之初,尽管建立了正式的部门结构,但由于日常运作和扩张性活动使创业者每天要面对大量亟须解决的新问题。尤其当客户急剧增加、市场竞争激烈,而企业现有资源相对有限时,每个创业者都清楚企业的目标及自己应当如何去做,均不计个人得失,相互紧密协作,哪里需要就往哪里去,各尽其用,形成一种看似混乱,其实是一种高度有序的运行状态。

4. 新企业中创业者身兼数职并事必躬亲

新企业成立初期,为了节省运营成本,掌握经营全过程,充分整合资源,创业者几乎事无巨细地参与到推销产品、追踪订单、策划方案、制定计划、查验货品等生产经营的全过程。当然,随着企业的发展,创业者就不可能再深入企业的各个环节,必须完成角色的转变以适应企业发展的需要,授权和分权则成为必然。

5. 新企业努力保持可持续创新能力

创业之初,创业者具有很强的创新意识和冒险精神,但随着企业不断发展,企业创新能力和推动力量将随着创业者投入资源的减少而减弱,这样就难以维持可持续的创新能力。对于创业者必须努力保持企业的可持续创新能力,不断给企业注入新鲜的"血液",如此企业才能保持良好的发展势头,立于不败之地。

【案例分享】新企业的生存挑战

另外,如项目运作与战略规划的匹配、商业模式适时调整、资源及市场的制约等都是新企业生存管理应考虑的特殊性问题。

二、新企业的成长管理

成长是企业生存和发展的一种状态,也是企业通过创新、变革和有效管理等手段,积累、整合相关企业资源并促使其增值,同时不断增强企业能力,形成企业核心竞争力,进而保持企业整体发展平衡、稳定增长的过程。大部分新企业在市场站稳脚跟后,当遇到合适的驱动力量将会快速发展,并进入快速成长阶段,但也有一些为特定客户群体服务的较小规模企业往往仅满足现状,发展较缓。

1. 新企业成长的驱动因素

新企业稳步成长有创业者、创业团队等企业内部驱动因素,同时也有市场、资源等外部驱动因素。

(1)创业者驱动。创业者是新企业的决策和领导者,其能力和素质决定了新企业的成长,对于新企业成长具有不可替代的作用。创业者不仅要有前瞻性和洞察力,能够很好地发现商机,同时还要选择适合商业模式、挖掘企业资源、善于经营和管理,这样才可能引领新企业健康、持续发展。

(2)创业团队驱动。创业过程其实就是一个创业团队协作并努力奋斗的过程,创业团队主要从创业精神、专业水平和组织方式三个方面影响企业的成长。创业团队的凝聚力、协作能力、敬业精神、精准定位在企业成长期尤为重要,团队成员之间互补、协调、补充、平衡,可以有效降低企业的管理风险、提升管理水平,同时可以帮助企业加快成长步伐并使其得到迅速发展和壮大。

（3）市场驱动。市场对企业发展起着决定性的作用,市场导向是企业发展的指挥棒。产品有市场,企业才会有利润和前景;产品无销路,企业就难以生存。创业者必须对目标市场的顾客分类、竞争对手、销售趋势、营销计划有一个全面的理解和掌握,这样才能充分利用市场潜力促进企业发展。创业者一定要研究市场环境,主动开拓市场并提高市场占有份额,这样企业才能进入良性循环,才能健康有序发展。

（4）资源驱动。企业资源是企业成长的重要因素,创业者必须善用资源整合技巧、发挥资源杠杆效应、设置合理利益机制,促进企业健康成长。当然,企业组织结构、企业文化、规章制度、作业流程等也是企业组织资源,其融入企业生存、发展和运作的各层面,其驱动作用在于能够实现组织运转的高效化和制度化。资源的整合优化不仅能为企业创造丰厚的利润,而且能增强企业的竞争优势,进而驱动企业成长。

2. 新企业成长的速度问题

创业者能够识别和把握商机、勇于创新和变革、注重整合资源、灵活有效管理等,就会加快新企业的成长速度。但企业成长速度越快,识别企业生存的危机信号和制定相应管理办法的困难也就越大,企业面临的不可知的困难和问题也就越多。如果创业者能有效控制并防微杜渐,企业就会健康飞速发展。但如果管理控制系统失灵,就会导致企业面临各种压力,出现混乱、困惑和失控的局面。企业成长一旦失控,就像一辆失控的汽车,最后的结果可想而知。新企业成长速度过快带来的问题一般有以下几个方面。

（1）商机过多,无所适从。成熟企业发展到平台期后,销售渠道和商机趋于稳定,发展速度明显减缓,有时可能还会出现发展瓶颈。对于新企业则不同,在高速成长期,商机很多、市场潜力很大,所以新企业面临的主要问题是如何选择、如何取舍。商机过多,往往会造成新企业迷失方向,选择和抓住合适的时机就更加困难。

（2）资本过多,选择困难。对于创业者而言,创业初期常常会遇到资金不足的困难和问题。但对于大多数进入快速成长期的企业,问题往往并不是资金不足,而是如何评估投资者并从众多投资者中选择合适的合作伙伴,以利于企业的发展。其实,企业成长期资金过多与资金不足对企业而言,具有同样的危险性。

（3）现金消耗与回笼速度不同步。新企业有时会出现现金消耗超过现金回笼速度的情况,即速度不同步。尤其是企业处于快速成长期时,速度不匹配的情况经常出现,所以一定要提前建立起一套有效的管理防御控制系统,否则会在会计、库存、采购、运输和出票等方面出现混乱甚至导致企业崩溃。

（4）规模扩张导致组织、决策模式失衡。企业处于快速成长期时,规模扩张迅速,但组织模式及决策模式往往没有发生相应改变,从而导致企业组织、决策及管理模式失衡,给企业发展带来损失。

3. 新企业成长阶段

新企业进入快速成长期后,随着销售剧增、项目多元化、企业规模扩大、资源需求日益紧张,创业者就会陷入无限忙碌和焦虑之中而不知所措。尤其是需要制定下年度计划、添置新设备、招募新员工、应对产能短缺及资源不足时,创业团队内部就会产生分歧和冲突,如果处理不当,企业就会丧失最初设立的远景、目标,所以创业者必须充分认识和理解企业的成长规律,这样才能更好地进行有效管理并应对各种挑战,获得企业的健康发展。

一般而言,新企业的成长会经历引入、早期成长、持续成长(快速成长)、成熟和衰退等几个阶段。因每个阶段特点不同,所以其管理模式各不相同。创业者必须在新企业成长的不同阶段采取不同的措施和手段,这一点对新企业成长管理来说至关重要。

(1)引入阶段。引入阶段是创业初期,创业者会全心投入日常管理,同时凭借自己核心能力开发并销售自己的产品或服务,这个阶段企业相关的管理规范和规则还没有建立起来。该阶段最大的挑战是企业的产品或服务能否被市场认可和接受,所以创业者需要进行详细的市场调研,并进行更加理性的产品或服务的可行性分析,记录整个过程,为进一步扩展新业务做好准备。

(2)早期成长阶段。早期成长阶段是企业生存发展阶段,随着销售收入的增加,企业管理的复杂性也日益加大。创业者在此阶段必须做好两方面的工作:① 进行创业者角色转换,即从技术工程师向职业管理者转换。在企业初创时期,创业者往往是新产品开发和销售的直接参与者,当企业进入成长期后,创业者必须学会转换角色,就不能用很多时间直接参与生产和销售,而是利用更多的时间去研究和分析如何管理企业,如何更好地把握企业的战略发展方向。② 企业规范化管理。随着企业的成长,企业的规范化管理变得尤为重要,创业者必须从整个企业的商业模式着手,建立一整套规范化的管理流程和机制去指导基层员工。

(3)持续成长阶段。新企业成长速度持续加快时,创业者就必须考虑企业组织结构、规章制度的调整和变革以适应企业发展的需要。在此阶段,创业者应设法开发新产品和服务以便拓展新市场、整合更多资源,同时建立更加广泛的战略联盟,为成功进入下一阶段奠定基础。这一阶段,创业者面临的主要挑战就是现有组织结构、管理团队、规章制度与新企业成长速度不匹配,需创业者及时加以干预和调整。

(4)成熟阶段。企业进入成熟阶段后,成长速度相对缓慢,这也是企业发展的平台期,创业者则更需要注重企业内部的高效管理,而不是急于开拓新领域。在该阶段,创业者要利用自己成熟的产品和服务与其他企业建立新的联盟,以拓展自己企业的生命周期。另外,在此阶段,企业还常常通过收购和兼并其他企业,来不断拓展自己的业务,保持企业不断健康发展。

(5)衰退阶段。根据企业发展的生命周期,最后企业进入衰退阶段不可避免。但创业者可以通过不断适应环境的变化、不断提供顾客所需要的产品和服务、不断创新和变革,使企业持续健康发展,避免过早进入衰退阶段。

4. 新企业成长管理的技巧和策略

新企业在经历成长的所有阶段时,必然会面临各种类型的挑战和风险,创业者只要采用正确的企业成长策略,就能够使企业在激烈的竞争环境中健康平稳地成长。企业成长策略可分为内部成长策略和外部成长策略。内部成长策略是主要依靠新产品开发以及其他产品的相关战略和国际扩张等企业内部活动寻求企业成长的战略,其主要依靠企业自身的竞争力、商业活动和员工来成长;外部成长策略是主要依靠兼并、收购、战略联盟、合资企业、许可经营等,与第三方建立的关系寻求企业成长的战略。尽管内部成长策略很有效,但内部成长非常有限,当企业到达成熟阶段后,很难再依靠内部成长策略维持企业成长,因此,创业者需要发挥内部成长策略和外部成长策略各自优势进而有效地促进企业稳步发展。

(1) 依靠新产品开发提高企业竞争力。新产品开发永远是企业获得竞争优势并保持稳定发展的源泉,同时也是企业生存的根本。新产品开发包括设计、研发、生产和销售新产品或服务,其是企业创新发展的主要形式,也是企业能保持盈利和竞争力的一种方式。为了保持企业核心竞争力,企业必须开发新产品和改进新服务。

(2) 优化人力资源管理,保持企业持续成长。创业者及员工是企业的人力资源,是企业发展的原动力。创业者一般通过为员工提供良好的工作环境和成长机会,和员工共同分享企业的红利等方式激发员工的潜能,为企业创造财富。创业团队需要有一大批有能力的员工,通过人才资源优化配置管理,让员工有归属感、成就感,激发员工的工作热情,以保持企业持续成长。

(3) 改进现有产品和服务,提高企业利润。企业除了通过开发新产品外,还可以根据顾客及市场的需要对现有产品和服务进行改进,从而增加收入,提高企业利润。例如,提高产品质量、改进外观、改进耐用性等。软件行业对现有软件的升级换代就属于这种策略。改进现有产品和服务与新产品开发相比较,企业投入的成本要低很多。

(4) 提高现有产品的市场渗透率,增加净利润。市场渗透策略是在现有产品和现有市场的基础上,努力增加销售,以维持和提高市场占有率。通常,企业会通过增加广告投入、加大促销力度、改进服务、优价供应,吸引现有顾客重复购买和多量购买,争取潜在顾客和竞争者的顾客加入购买。市场渗透策略的最终目的是增加整体收入和净利润,但如果促销成本高于所产生的收益,那么这种策略就会失效。

(5) 扩大现有产品线,挖掘市场潜能。产品线扩大策略是通过扩大产品线在市场上的范围,增加产品线长度、吸引不同的客户或生产相关产品出售给同样客户的经营策略,也是在现有产品线的范围内增加产品项目,从而拉长产品线的经营策略,其目的是获取增量利润、满足经销商需求、充分利用闲置产能、谋求市场领先或填补市场空隙。一般分为三种策略:向上扩展,即产品往更高端的市场发展;向下扩展,即产品往更低端的市场发展;双向扩展,即产品同时向高端和低端市场发展。例如,计算机制造商通常都会销售配置各异的不同版本的计算机。

(6) 注重整合外部资源以追求外部成长。新企业往往是在资源不足的情况下把握商机,这就要求创业者必须创造性整合资源,尽量挖掘资源潜能以便控制更多资源,注重借助兼并、收购、战略联盟、合资企业、许可经营等外部成长策略发展壮大自身。

① 利用兼并和收购等外部成长策略。兼并是指两家或者更多的独立企业合并组成一家企业,通常由一家占优势的企业吸收一家或者多家企业;收购是指一家企业用现金或者有价证券购买另一家企业的股票或者资产,以获得对该企业的全部资产或者某项资产的所有权,或对该企业的控制权。

② 采用战略联盟、合资企业等外部成长策略。在目前激烈的市场竞争环境下,新

企业单打独斗不可能获得成功,因此往往采用战略联盟、合资企业形式促进企业成长。战略联盟是为了实现特定目标而在两个或多个企业之间建立起来的合作关系。研究表明,通过联盟可以提高企业专利、产品创新和海外销售,其中技术联盟和市场营销联盟是两种最常见的联盟形式。技术联盟主要体现在研发、工艺和制造的合作,而市场营销联盟则是将拥有分销系统的企业和拥有产品的企业匹配起来,以促进产品或服务的销售。技术联盟和市场营销联盟允许企业专注于它们特定的专业知识领域,并与其他企业合作以弥补专业上的欠缺,这种方式对于新企业极具吸引力。当新企业没有雄厚的资金和时间去开发产品时,可以通过这种形式实现优势互补从而实现企业成功成长。

③ 通过许可证经营实现企业成长。许可证经营是一家企业允许另一家企业在一定条件下,使用其知识产权的一种外部成长策略。企业拥有专利、商标和版权等知识产权,可以在某种严格条件下许可给第三方。有些拥有大量知识产权的企业,如软件公司或生物技术公司可以通过许可证经营策略来实现成长。

(7)利用地理、国际扩张实现企业成长。地理扩张是一种内部成长策略。如零售产业常常通过扩大地域来增加销售以实现成长;如麦当劳这样的快餐业,也是通过地理扩张而实现快速成长,并取得了令人难以置信的成功。随着国际化及全球化的发展进程,企业创立之初就应当具有全球化、国际化的战略眼光,而不是局限于某个国家或地区。例如,华为、联想等企业,都是通过国际扩张策略来实现企业长足发展的,但这是一个相当复杂、风险及成本较高的企业成长策略。

三、新企业的风险与风险管理

风险是指在一定环境和时间内,影响企业决策目标实现的不确定性或某种损失发生的可能性。危机则是危及企业形象和存在的突发性或灾难性的事件,如不事先进行控制和防范,极易给企业带来不可挽救的损失并严重破坏企业形象,甚至使企业陷入困境乃至破产。企业在成长和发展过程中,会遇到各种各样的风险和危机,因此,如何面对并化解企业所面临的风险和危机对于创业者而言是一个很大的挑战。企业成长过程中,可能存在管理薄弱、计划失败、方向偏离、沟通不畅、培训不足、盲目乐观、决策失误、质量失控以及忽视创新等问题,这些问题导致风险产生,甚至使企业陷入成长危机。

1. 新企业成长风险的主要来源

风险具有不确定性、突发性、预知性、破坏性以及紧迫性,如果处理得当,风险可转化成机遇,否则风险就变成危机或灾害。所以,要预防和减少风险带来的危害,首先就要弄清新企业在成长过程中风险的主要来源。

(1)管理环节带来的风险。对于成长阶段的新企业而言,最大的风险是来自管理环节。企业进入快速成长期后,其市场迅速拓展,技术趋于成熟,所以市场及技术风险已逐步减小。但由于企业规模扩大,人员剧增、资金流动加快、项目繁多,这些都造成企业管理难度大幅度提升,管理者往往很难快速转变管理方式以适应企业的发展,如出现管理失控、用人失察、资金链断裂、市场反应滞后、新老员工交替等管理问题。这些问题如果处理不好极有可能激发矛盾,并给企业带来较大的风险和危机。

（2）企业战略失误带来的风险。当新企业初具规模并得到飞速发展时,很多创业者就容易被表面的成功冲昏头脑,不顾实际市场规律而盲目扩大经营和多元化发展,从而导致人员、资金及管理相对滞后,并使根基脆弱的企业出现塌方式危机。

（3）供应链带来的风险。供应链系统是一个十分复杂的系统,供应链上各种不确定因素很可能给企业成长带来风险。由于供应链系统上企业之间相互依赖,任何一个企业出现问题就很可能涉及和影响到其他企业,甚至影响整个供应链正常运行,尤其是对供应链依赖较大的企业可能因为供应链的影响而破产。

（4）创业团队素质带来的风险。创业之初,创业团队能够精诚团结为共同的目标不分你我,但当企业走入正轨,创业者及创业团队就会出现如利益分配不公、奢侈浪费、相互推诿等现象,这些也都将给企业带来风险,使企业成长受损。

2. 新企业风险的种类及风险管理

（1）创业风险的种类。新企业的风险可分为系统风险和非系统风险两大类。系统风险就是创业者和新企业本身控制不了的风险因素;非系统风险是创业者和新企业在一定程度上可以控制的风险因素。在新企业成长过程中,典型的风险形式有以下几种。

① 机会风险,是指创业者放弃原来从事的职业而选择创业所面对的机会成本风险。

② 技术风险,是指在企业产品创新过程中,技术因素导致创新失败的可能性。技术风险包括技术成功的不确定性、技术成果商业化的不确定性、技术效果的不确定性、技术寿命的不确定性等。此风险可以通过采用模仿创新战略、组建技术研发联合体的方式规避。

③ 市场风险,是指市场主体从事经济活动所面临的盈利或亏损的可能性以及不确定性。市场风险包括市场需求量、市场接受时间、市场价格以及市场竞争力等。此风险可以通过树立以市场为导向的整合营销理念、生产适销对路的产品规避。

④ 资金风险,是指因资金不能适时供应,资金链断裂而导致创业失败的可能性。

⑤ 管理风险,是指创业者在管理及战略决策方面出现失误而引发企业损失的可能性。此风险可以通过建立健全现代企业制度、完善企业内部控制机制、提高决策者与管理者自身素质等方式规避。

⑥ 环境风险,是指社会、经济、政策、法律环境的变化或意外灾害发生而造成企业产品、服务等失败的可能性。

（2）风险管理。风险管理是指创业者认识到企业存在的风险并加以预防、控制和化解。风险管理的典型方法有以下几种。

① 风险管理教育和培训。风险管理教育强调的是危机意识和忧患意识,提前了解、掌握风险的相关知识,以便能够提前预防和化解风险。创业者和员工应当明白企业风险和危机存在的确定性,并认识到风险管理教育的重要性及必要性,有意识地接受相关培训。平时企业对员工需进行全方位培训,除了培训员工基本的生产和服务技能外,还要培养员工团队协作精神、企业奉献精神、风险管理意识等。创业者及企业管理人员更应当加强企业

风险方面的培训和研究,以便提前将风险带来的影响降到最小。

②密切监控,建立预警机制。创业者要密切关注和监控企业的运行,尤其是企业资金流动,建立良好的预警机制,设置预警指标。当运行指标达到预警值或临界值时一定要及时分析和研究,将可能出现的风险或危机进行有效控制和化解。行业和规模不同,预警指标也各不相同。例如,小型零售企业将单位面积销售量、单位员工销售量等作为主要预警指标;大型零售企业则将资金周转率、库存周转率等作为其预警指标。当然还有如企业负面新闻、银行等级评价、顾客口碑等非量化指标。

③完善人才凝聚和激励机制。人才不仅是企业发展的原动力,也是处理企业风险或危机的关键因素,所以创业者要进行人才资源的储备,并制定完善的激励机制,激发员工的工作热情,使员工有归属感、存在感、成就感和荣誉感,这样才能凝聚人心,使企业即使遇到风险和危机也能有效控制和化解。

④建立定期风险评估和检查机制。新企业为了提前预知和识别风险,可以在生产、研发、维护、销售、财务等部门建立风险评估和检查小组,其人员要涵盖企业各领域,以使他们及时了解和掌握各领域可能存在的各种风险隐患,并及时规避风险发生。另外,很多企业往往会定期通过自我诊断或委托专家的方式对企业进行风险评估,以便对企业可能发生的风险进行提前控制和规避。

⑤建立风险责任机制,进行风险规避和化解。新企业要完善组织架构,规范企业管理,建立相对完整的风险责任机制,将风险责任细化,并将责任落实,一旦出现风险和危机时能在第一时间进行有效规避和化解。

另外,创业者还可通过授权、分权、完善组织架构、强化管理、提升企业核心竞争力、修订企业战略等方法规避、控制和化解企业风险。

第三节　新企业的营销管理

学习目的与要求

通过本节学习,学生应达到如下要求:
(1)理解市场营销的基本思路及市场营销管理过程。
(2)灵活运用目标营销策略。
(3)基于市场营销组合策略制定适合企业产品的营销方案。
(4)了解全渠道营销概念,有效使用线上、线下全渠道营销方法。
(5)培养遵纪守法、创新思维等能力和素养。

引导案例

可口可乐的社会化营销

在社会化营销这件事上,可口可乐总是让人叹服。经常被各种套路绕到眩晕的消费者,却总能在可口可乐的瓶瓶罐罐中得到惊喜。这次,可口可乐又在全球掀起一波"热潮"。

据统计,全球每天有17亿人次的消费者在畅饮可口可乐公司的产品,可口可乐公司平均每秒钟能售出19 400瓶饮料。然而,根据可口可乐的市场调查,罗马尼亚40%的年轻人在调研近期一个月里没喝过一瓶可口可乐的产品。年轻人是可口可乐的主要目标群体,但罗马尼亚的年轻人却如此不买账,这对在全球范围内都如此受欢迎的可口可乐公司来说,实属悲剧。

为了扭转这种局面,可口可乐公司找到罗马尼亚市场负责人 McCann Bucharest 分析原因。他们发现,罗马尼亚的年轻人这个潜在的最大消费群体,最喜欢的户外活动之一就是音乐节。在多轮头脑风暴之后,一个精彩的创意诞生了。设计者们在可口可乐瓶身上加了一条可以撕下来的腕带,一共设计了8款。具体怎么玩呢?把这条腕带撕下来,然后通过可口可乐推出的特制 App 扫描腕带上的条形码,查看是否中奖。如果成为幸运儿,就可以凭借这条腕带出入罗马尼亚的各大音乐节;如果没有中奖的话,也可以留下腕带作为个人装饰品使用。

虽然这不是可口可乐第一次玩自己的瓶身包装设计,但这次设计让消费者有更多的参与感。撕腕带、下载 App 扫描这些都需要消费者亲自去完成。在这一系列的过程中,消费者们自然与品牌产生了亲密感。很多购买者把自己戴着可口可乐腕带的照片发到了社交网络上,引发了一波新的时尚潮流。

数百万瓶自带腕带的可口可乐上市之后,所取得的效果非常明显:销量增长了11%;至少影响到了75%的罗马尼亚年轻人;《福布斯》等各大媒体争相报道;连为活动推出的特制 App 在 Apple Store 和 Google Play 都冲上了排行榜第一名。

资料来源:作者整理。

思考题:

(1) 可口可乐公司针对现状如何选择营销策略?

(2) 企业常用的营销方式和策略有哪些?

营销管理是指企业为实现经营目标,对建立、发展、完善与目标顾客的交换关系的营销方案进行的分析、设计、实施与控制。其也是企业规划和实施营销理念、制定市场营销组合,为满足目标顾客需求和企业利益而创造交换机会的动态、系统的管理过程。营销管理是企业经营管理的重要组成部分,是企业营销部门的主要职能。

一、市场营销

市场营销主要是指营销人员针对市场开展经营活动、销售行为的过程。市场营销也是企业为了自身及相关者利益而创造、沟通、传播和传递客户价值,为顾客、客户、合作伙伴以及整个社会带来经济价值的活动、过程和体系。现代市场营销活动包括市场环境分析、营销研究、市场需求预测、新产品开发、定价、分销、物流、广告、人员推销、销售促进、售后服务等。企业市场营销战略是创业战略的核心和基础,是实现创业目标和行动方案的保障。对于新企业而言,掌握市场营销的知识、把握市场营销的真谛就显得尤为重要。

1. 市场营销的基本思路

在日益激烈的市场竞争环境下,新企业要想得到迅速发展,实现其创业目标,市场营销应该从以下几个方面考虑。

(1)关注客户需求。新企业在发展初期一定要及时了解和关注客户体验,掌握市场发展趋势,生产和经营消费者真正需要的产品和服务,丰富产品及服务内涵,做到真正让客户满意。

(2)关注品牌建设,避免单纯的市场份额争夺。大部分新企业能够生产出性能价格比较高的产品和服务,甚至与国际知名品牌相比也毫不逊色,但是中国企业却无法获取国际知名企业所能够获取的价值和利润,其根本原因是中国企业在品牌建设方面的操作水平较低,所以新企业要培植和树立自己的品牌产品,避免附加值较低的市场占有份额的竞争,在产品质量及用户体验上多投入,真正成为拿得出、叫得响的大品牌。

(3)对用户精耕细作,避免粗放的用户管理。新企业在发展初期在用户管理上往往过于粗放,服务质量跟不上企业发展的速度,不能精准地了解用户,对用户资料的掌握根本不能达到为营销服务的水准,所以随着企业规模的扩大,要对用户信息及资料做深入研究和分析,对市场需求及潜能进行预测和评估,避免粗放的用户管理模式,在用户需求的深度上挖掘潜能。

(4)关注营销管理,避免简单的市场经营。营销管理是新企业经营管理的重要组成部分。随着企业的发展,创业者要改变原来依靠经验的管理模式,使企业管理科学化、制度化、规范化,尤其在营销管理方面要避免简单的市场经营模式。

(5)关注营销人员职业发展,为员工提供教育培训机会。新企业在发展初期,由于发展速度较快,需要创业者处理和解决的问题和困难很多,所以对员工尤其是营销人员的教育培训投入较少。很多创业者认为员工就是为企业工作、为企业服务的,不注重员工自身素质的提升,这样就很难使员工有归属感、成就感和荣誉感,当然,也很难使营销人员树立正确的营销观念,并掌握高超的营销技巧,同时也很难培养营销人员对企业的忠诚度。所以要想关注员工的职业发展,创业者必须从根本上转变思想观念,即要为自己的员工创造价值,而不是仅仅从他们身上获取价值,要让员工与企业共同成长。

2. 市场营销的内涵

市场营销的任务是为促进企业目标的实现而调节需求水平、时机和性质。市场营销的实质就是需求管理。

在现代市场经济条件下,新企业必须重视市场营销管理,创业者必须根据行业定位、企业目标、机会和资源等,制定一套最适合的市场营销策略。市场营销是一个过程,就是企业把所有的人力、物力、信息、财力等科学地组织到满足消费者需求上,并不断调整适应环境的过程。在当代市场经济中,企业在市场竞争中能否取得成功,取决于其是否能与市场环境的发展变化相适应,如果企业能适应市场的发展则会生存下来,否则就会被市场淘汰。因此,创业者必须及时根据环境变化去调整其营销策略,有效规避市场变化所带来的风险,并把因市场变化所带来的挑战变成企业发展的机遇。

3. 市场营销的步骤

对于新企业而言,市场营销一般包括以下几个步骤。

（1）分析市场。企业必须随时关注市场宏观环境和微观环境的变化，发现市场机会，评估和预测市场发展趋势。

（2）细分市场，选择目标市场。创业者根据用户不同的消费特征及消费需求将市场进行细分，然后根据自己的资源优势选择自己的目标市场。

（3）制定营销计划，规划营销策略。创业者根据前期的市场分析，针对选定的目标市场，制定一套营销计划，然后规划营销策略，以实现企业营销目标。

（4）营销活动的实施和控制。将制定好的营销计划和策略付诸实施，并在实施过程中实时加以调整、修订、控制等，使其在市场营销中真正转化为企业竞争优势，实现企业目标。

【案例分享】
三只松鼠的
用户思维

二、市场营销组合

市场营销的主要目标是满足用户的需求，但用户需求因人而异，要满足众多用户需求就需要企业采取更多的措施和方案。为了更好地发挥企业整体优势，一般在开展市场营销活动时，企业都会把握住基本性措施，采用适当的市场营销组合以达到最优效果。

1. 市场营销组合概念

市场营销组合是企业在选定的目标市场中，综合考虑企业的任务、目标、资源以及外部环境，对企业自身可控制的因素加以最佳组合和应用以实现企业营销目标和任务。

市场营销组合是制定企业营销战略的基础，做好市场营销组合工作可以保证企业从整体上满足用户需求。市场营销组合也是企业应对竞争者强有力的手段，是合理分配企业营销预算费用的依据。市场营销组合作为企业一个非常重要的营销管理方法，具有可控性、动态性、复合性、整体性等特征。

2. 市场营销组合策略

影响企业营销的因素有两类：一类是企业外部环境给企业带来的机会和威胁，这些因素企业很难改变。另一类则是企业本身可以通过决策加以控制的因素，主要体现在以下四个方面。

（1）产品策略。产品策略包括产品研发、产品计划、产品设计、交货期等决策内容。其影响因素包括产品的特性、质量、外观、附件、品牌、商标、包装、担保和服务等。

（2）价格策略。价格策略包括确定定价策略、制定产品价格的原则与技巧等内容。其影响因素包括分销渠道、区域分布、中间商类型、运输方式和存储条件等。

（3）促销策略。促销策略主要是指研究如何促进用户购买商品以实现扩大销售的策略。其影响因素包括广告、人员推销、宣传、营业推广、公共关系等。

（4）分销策略。分销策略，又称渠道策略，主要是指研究使商品顺利到达用户手中的途径和方式等方面的策略。其影响因素包括付款方式、信用条件、基本价格、折扣、批发价、零售价等。

上述策略组合起来总称为市场营销组合策略。市场营销组合策略的基本思想在于，从制定产品策略入手，同时制定价格、促销及分销渠道策略，组合成策略总体，以便达到以合适的商品、合适的价格、合适的促销方式，把产品送到合适地点的目的。企业经营的成败，在很大程度上取决于这些组合策略的选择和它们综合运用的效果。

3. 企业运用市场营销组合的原则

为了更好地整合企业资源,发挥市场营销组合的作用,为企业营销目标服务,具体运用时一般遵循如下原则。

（1）目标性。市场营销组合首先要有目标性,即制定市场营销组合时,要有明确的目标市场,同时要求市场营销组合中的各个因素都围绕着这个目标市场进行最优组合。

（2）协调性。协调市场营销组合中的各个因素,使其有机联系并同步配套地组合起来,以最佳的匹配状态,为实现整体营销目标服务。

（3）经济性。主要考虑市场营销组合的要素对销售所起的促进作用及相应的成本效率。

（4）反馈性。从市场营销环境的变化到企业市场营销组合的变化,要依靠及时的市场信息反馈。信息反馈及时,反馈效应好,就可随营销环境变化,及时重新对原市场营销组合进行反思、调整,进而确定新的适应市场和用户需求的组合模式。

4. 市场营销组合应用中相应关系的处理

（1）市场营销组合策略与营销战略的关系。在市场营销组合策略的执行过程中,非常明显地体现出市场营销组合策略与市场营销战略相辅相成、有机结合的关系。市场营销组合策略不但是市场营销战略的组成部分,而且是市场营销战略的基础和核心,处理好两者的关系,关系到企业营销的成败。因此,在市场营销组合策略具体执行过程中,要经常修订短期策略目标,以加强和完善最基本的市场营销战略。只要市场营销组合策略保持在营销战略目标的限度内,即认为切实可行。但若未达到预期效果,企业则必须重新评价这一市场营销组合策略在整体市场营销战略中是否恰当,甚至市场营销战略制定是否正确,这时就应当从市场营销管理全局进行重新研究和修订。

（2）市场营销组合与市场营销环境的关系。企业在选择市场营销组合时,必须把市场营销环境看作一个重要因素。市场营销组合与市场营销环境均为企业营销的可变因素,共同对企业的营销活动发生作用和影响。企业的营销活动过程实质上是企业适应环境变化,并对变化着的环境不断作出新的反应的动态过程。市场营销环境对市场营销组合具有制约性,而市场营销组合则对市场营销环境具有很强的适应性。

（3）市场营销组合与市场细分、目标市场及市场定位的关系。

① 市场营销组合与市场细分构成制定市场营销组合策略的最基本方法。市场细分的目的在于探索市场机会,确定企业的目标市场;市场营销组合的目的在于艺术地使用有效手段去到达目标市场。因而,市场细分是对营销客观条件的分析,市场营销组合策略则是对营销工作如何发挥主观能动性的研究。

② 市场营销组合与目标市场共同构成企业营销战略的主体。以目标市场为中心,满足其需求、为其服务是企业一切市场营销活动的出发点和归宿,市场营销组合当然也如此。

③ 市场营销组合受企业的市场定位所制约。

由此可见,上述四个因素之间的关系为:市场细分→目标市场→市场定位→市场营销组合。由于目标市场始终处于中心位置,所以适当的市场营销组合,其性质实质上由目标市场的需要所决定。

（4）市场营销组合策略与产品生命周期的关系。由于产品不同阶段生命周期的特征不同,所采取的市场营销组合策略也不同,两者的对应关系见表8-4。

表8-4　市场营销组合策略与产品生命周期的对应关系

市场营销组合因素	引入期	成长期	成熟期	衰退期
产品	取得用户对产品的了解	保证质量,加强服务	改进质量,扩大用途,力创名牌	改造产品或淘汰产品
价格	按新产品定价	适当调价	充分考虑竞争	削价
渠道	寻找合适的中间商	逐步扩大销售渠道	充分利用各种渠道	充分利用中间商
促销	介绍产品	宣传产品、品牌	宣传用户好评	保持产品的信誉

三、全渠道营销

互联网彻底改变了人们的工作、学习、娱乐、购物、消费、交友等方式。企业的用户、竞争者、合作伙伴等均已发生了巨大的变化,企业的营销也必须随之变革,但怎样变革才能适应当前社会的发展一直是困扰企业决策者的难题。企业往往陷入"不变革等死、变革找死"的尴尬境地,无所适从。实施全渠道营销,是摆脱这种不利局面的一种新视野、新选择和新战略。

1. 全渠道营销的概念

全渠道是近几年才出现的名词,它从单渠道、多渠道、跨渠道演化而来,是指企业不再局限于传统的渠道模式,而是利用网络、手机等多种媒介进行全部分销或销售的通路。其不仅包括全部商品所有权转移渠道,也包括全部信息、生产、资金(支付)、物流及用户移动等渠道。

全渠道营销则是企业为了实现目标,在全部渠道范围内实施渠道选择决策,然后根据不同目标顾客对渠道类型的不同喜好,实行针对性营销定位,并匹配产品、价格等要素实施组合营销策略。

2. 全渠道营销的原因

随着信息时代飞速发展,全渠道用户群正在崛起,他们最具活力、最具购买力和最具影响力。他们不仅全渠道购买、全渠道参与设计和生产,全渠道收货、全渠道消费,还进行全渠道评价、反馈、传播。其已渗透到市场经济活动的每个环节。所以,全渠道营销已不是企业营销战略选择的备胎,而是营销变革的必然发展方向。企业必须针对这些全渠道用户群进行全渠道销售变革。

(1)用户全渠道搜索。信息技术的高速发展,使当今时代信息透明化、碎片化、全覆盖化和自媒体化,也使用户收集信息的方式和渠道越来越多。这样,企业就必须提供全渠道信息,以满足用户全渠道信息收集的需要,否则企业将丧失被用户发现和选择的机会,也就失去了营销机会。如用户决定购买一辆汽车时,他会关注汽车品牌和外形、留意汽车平面广告、搜索汽车网页、查看汽车评论、征求朋友购车体验、与同事交流用车心得,有时间还会去汽车 4S 店看看等,用户通过多种渠道全面了解自己想要购买的汽车,企业就必须全覆盖、多渠道地为用户提供相应信息,否则企业与用户信息不对称,企业很可能就会失去用户。

（2）用户全渠道选择。全渠道用户群在选择商品时,进行全渠道的信息收集,进行覆盖线上、线下全渠道的商品比较,以选择自己满意的商品。除此之外,全渠道用户群还能参与商品的设计、生产和制造,用户针对商品将自己个性化的元素线上反馈给企业,企业按用户的期望进行产品的设计和生产,并为用户提供个性化产品及服务,使用户有更好的使用体验。因此,针对用户的全渠道商品选择,企业必须进行全渠道商品展示和说服,并及时对用户个性化设计内容进行全方位响应,否则企业所生产商品会被用户忽视或淘汰。

（3）用户全渠道购买。随着互联网技术飞速发展和广泛应用,用户购买商品不再是费时费力的传统模式,而是通过网络实现挑选、下单、付款、商品快递到家,整个购买过程都有多种渠道可以选择,而且选择具有很强的随机性,这就要求企业必须不遗余力地做好全渠道销售的各个环节,否则可能因为一些失误造成用户流失。

（4）用户全渠道消费。互联网的发展催生了文化、教育和娱乐等信息形态商品,这是一种不依赖于物质实体而存在的线上消费模式。用户群的全渠道消费形式,则要求教育、出版、文化、艺术、影视等机构和企业进行全渠道引导,否则就会由于用户的全渠道消费而被淘汰。

（5）用户全渠道反馈和传播。互联网改变了人们的交流方式,催生了 QQ、微博、微信等线上交流工具,使人们的分享、传播变得简单、迅速和广泛。用户可以通过很多渠道进行商品体验的反馈和传播,企业所生产商品的优劣可能很快就会被传遍全网,这样,企业就必须考虑与用户进行全渠道信息沟通,及时接收、处理用户的反馈信息和诉求,否则很可能因反应不及时而给企业带来很大的负面影响。

综上所述,网络时代的用户处于全渠道的生活状态,他们进行全渠道搜寻、选择、购买消费和反馈,因此新企业在制定营销策略时,需要考虑全渠道营销模式的可能性及必要性。

3. 全渠道营销模式的设计

全渠道营销模式随互联网的蓬勃发展而产生并崛起,涉及企业、网络、市场、管理等多方面因素,很多企业都在探索和实践。企业针对用户群及目标市场设计一个有效的全渠道营销模式以实现企业营销目标势在必行。

（1）树立正确的全渠道营销思维。对于新企业而言,要设计一个有效的全渠道营销模式首先必须树立正确的全渠道营销思维。其应包括以下三个方面的内容。

① 全渠道的决策视野。在进行企业营销管理决策时,创业者要有全局观,要从大局出发,要将视野放长远,要着眼市场线上、线下的所有渠道类型,不能漏掉任何一种渠道类型,否则就可能漏掉潜在的用户群体,从而使企业销售额和利润受损。

② 大营销的决策视野。在营销决策过程中,企业要树立大营销的思路,不能把营销简单视为销售,也不能把全渠道仅仅视为全部销售渠道。全渠道应包括:企业全渠道生产、销售与全渠道用户行为对应;用户全渠道收集信息与企业全渠道提供信息对应;用户全渠道参与设计产品与企业给予全渠道接洽对应;用户全渠道下单与企业全渠道接单对应;用户

全渠道付款与企业全渠道收款对应;用户全渠道收货与企业全渠道送货对应;用户全渠道消费与企业全渠道引导对应;用户全渠道评论与企业全渠道倾听对应等。

③ 跨渠道的决策视野。在营销决策过程中,企业要充分实现线上、线下有机融合,实现不同渠道之间融合,即要做到多种渠道形式的交叉和融合,实现用户群与企业之间的无缝对接,以达到企业的营销目标。

(2) 设计全渠道营销模式。对于企业而言,全渠道营销并不是每个企业或每类产品都采取全部渠道模式,而是指在企业制定营销管理策略时,应充分考虑全部渠道问题,然后根据企业、市场、竞争和产品情况选择适合的渠道类型,并加以组合或整合,以实现企业市场销售额及利润的增长。

从实践来看,全渠道营销模式是多种多样的,大多数涉及线上、线下渠道的交叉融合营销,均涉及企业的信息提供、商品展示体验、接受订单、收款、送货、售后服务、反馈处理七个基本环节。当然,不同类型的商品和服务采取的模式也不尽相同,绝不是每一个环节都是全渠道或者多渠道营销模式。

第四节　新企业的财务管理

学习目的与要求

通过本节学习,学生应达到如下要求:

(1) 了解财务管理的主要特征及主要内容,能够制定企业基本财务制度。
(2) 学会编制企业的利润表和资产负债表。
(3) 合乎规范地运用资金管理、报表管理及合规管理来保证企业良性运转。
(4) 识别企业的风险点并有效规避。
(5) 培养遵纪守法、合法纳税、风险防范等意识。

引导案例

创业获得融资并非成功

清华大学学生邱虹云等人创立了视美乐公司,他们公司的创业项目"多媒体超大屏幕投影电视"荣获 1999 年"挑战杯"全国大学生科技创业大赛一等奖,并以此得到了上海某公司 250 万元的风险投资。然而,第二年视美乐公司的该项目并没有得到该公司曾经许诺过的高达 500 余万元的二期投资。最终,视美乐公司难以支撑,只能将技术以 3 000 万元的价格卖给了国内另一家公司。这个曾经被誉为中国第一家高科技的学生创业公司,如今已销声匿迹。

无独有偶。2006 年 21 岁的华中理工大学新闻系三年级学生李玲玲的高杆喷药器获"亿利达"青少年发明奖、防撬锁获第七届中国专利技术博览会金奖,武汉世博科技项目投资公司给她投资 10 万元成立了天行健科技有限责任公司,但不到两年公司陷入瘫痪。

就连轰轰烈烈、响彻大江南北的"赢在中国"三个赛季冠军宋文明、李书文、谢莉,也再无后续消息。凭借"券王"优惠促销平台项目名列第四的任春雷获得 500 万元风投,后来由于印刷成本高,结算不方便,且是后付款,做得很辛苦,到 2009 年"券王"花完了 500 万元资金,项目宣告失败。

资料来源:作者整理。

思考题:

(1) 上述企业为什么最终都宣告失败?

(2) 企业财务管理应当有哪些内容?

一、财务管理的主要特征和主要内容

1. 新企业财务管理的主要特征

财务管理是在一定的整体目标下,关于资产的购置、资本的融通和筹集、经营中现金流控制以及利润分配等方面的管理。简而言之,财务管理就是组织企业财务活动、处理财务关系的一项经济管理工作。财务管理是企业管理的一个重要组成部分,它是依据财经法规制度,按照财务管理的原则,组织企业财务活动、处理财务关系的一项经济管理工作。

对于新企业而言,财务管理的主要特征是资金需求量大、融资成本高、投资回收慢。企业的创立、生存和发展,必须有一定数量的资金来支撑,对企业资金流的管理是账务管理的一项重要内容,尤其对于新企业启动资金的落实是创业成功的关键要素之一,创业者必须予以高度重视。很多时候,新企业都通过融资来进行启动资金筹备,但融资时一定要注意融资的规模、时机和方式。

(1) 确定合理的融资规模。新企业发展之初,既没有稳定的用户群,又没有大量支撑企业运行的现金流,同时还需要通过投入来开拓市场,所以必须结合企业的实际情况来确定融资规模以筹集企业所需资金,这也是新企业财务管理的一项重要工作。

(2) 把握合理的融资时机。新企业融资一定要具有规划性和适时性。创业者及财务管理者对企业所需融资要有一个整体规划,不能等到资金短缺时再去寻找资金,这会丧失融资的主动权。但也不能过早融资,这会令股权大幅度稀释,有可能丧失控制权,很多新企业融资均是分步骤、分批次、有计划进行的。

(3) 选择合理的融资方式。目前,有很多融资方式,新企业要根据实际情况选择最适合自己的融资方式,可将各种融资方式进行整合,选择最有利于企业发展的融资组合方式。

2. 新企业财务管理的主要内容

新企业发展之初,企业的主要目标就是尽一切可能在竞争激烈的市场上站稳脚跟,并生存下来。这时财务管理的主要工作内容就是围绕企业生存这一目标而开展,从而形成了这个阶段财务工作的两个重心:一是关注基础性建设;二是关注影响企业生存的重要财务指标。因此,新企业财务管理的主要内容有以下几个方面。

(1) 搭建财务管理团队。组建财务管理团队,进行企业财务关系及活动的管理,对于企业的生存和发展十分重要。一般来说,有两种组建方式。

① 自建方式。因为新企业初期业务内容相对简单,业务量也相对较小,所以这个阶段

的财务管理团队就可以由企业自行组建,此时财务管理团队相对比较简单,设置会计和出纳岗位即可,并由他们负责完成基础记账、报税、资金管理以及费用报销审核等一些基础的企业内部财务管理工作。

② 外包方式。这是目前新企业组建财务管理团队的主要方式。之所以采用这种外包方式,是因为企业未来发展存在不确定性,企业此阶段的主要任务及重心是以优质的产品和服务赢得生存与发展;新企业盈利能力较弱、资金流紧张、开销较大,无法维持自己专业的财务管理团队。新企业必须有财务管理,同时创业者也必须重视,否则就会给企业带来潜在的风险和危机。采用外包方式进行企业财务管理不但能通过专业团队很好地实现企业财务管理,而且不会给新企业造成机构、经济等方面的压力。

（2）建立基本财务制度。企业建立基本财务制度,可以规范企业相关财务工作,并保证企业正常的经营管理秩序,有效管控企业经营风险。新企业正处于生存发展期,所以无须为建立功能齐全、体系完整的财务制度而花费大量的管理成本,这样不仅会给企业带来不切实际的后果,有时可能还会制约企业的发展。新企业可以从以下几个方面进行基本财务制度的建设。

① 建立会计核算制度。新企业一般规模较小,大部分企业符合《中小企业划型标准规定》文件所规定的小型企业标准,可以按照《小企业会计准则》的相关规定进行核算。

② 建立资金管理制度。资金可以用于偿还债务、购买产品或服务等,是企业流动性最强的资产,也是企业最重要的资产之一。企业没有利润还可以生存,但如果没有了资金可能很快就会面临破产清算。当然,资金的强流动性也使其成为企业内部控制最薄弱的环节,管理稍有漏洞就可能造成资金流失。所以,新企业的创业者必须重视资金流,也必须建立严格的资金管理制度,保证资金的安全和企业的正常运转。

③ 建立销售采购制度。销售与采购均涉及资金,所以在新企业建立的基本账务制度中,销售采购制度是一项十分重要的内容。在销售方面,企业为了促进销售收入而采用赊销政策,赊销就会给企业带来应收账款,这些款项在会计处理时会形成企业收入,并最终导致利润产生。但从资金角度看,它并没有给企业带来实质的收益,所以,如果赊销管理不好就会造成坏账、死账,进而给企业带来巨大损失,从某种意义上说"现金比利润更重要"。采购包括商品的采购、日常办公用品采购、零星采购等。

④ 建立资产管理制度。资产主要是指固定资产和低值易耗品。一般而言,新企业成立时间较短,且大部分不属于重资产型企业,所以资产规模较小,但该部分的资产是企业资产的重要组成部分,也应建立有效的管理制度并在基本账务制度中予以体现。

⑤ 建立报表管理制度。新企业应建立对外、对内的不同报表报告体系。对外报告主要包括:需要向工商管理机关、税务机关、银行等编报的资产负债表、利润表、现金流量表及附注;需要向税务机关编报的纳税申报表,包括月度、季度、年度涉及的各税种的申报表格等。对内报告则是根据企业管理者的需要而编报的相关统计报表,这些报表主要用于统计、分析企业运营管理情况,并为管理者提供决策依据。

二、财务报表

财务报表是指企业对外提供的反映企业某一特定时期的财务状况、经营成果、现金流量、利润状况等会计信息的报表和文件。我国财务报表的种类、格式、编报要求,均由统一的会计制度作出规定,要求企业定期编报。财务报表对于改善企业外部有关方面的经济决策环境和加强企业内部经营管理具有重要作用。小型企业编制的财务报表,主要包括利润表和资产负债表。

1. 利润表

利润表是反映企业某一会计期间经营成果的财务报表,是具有时期性、动态性的报表。国际上常用的利润表有单步式和多步式两种格式。单步式是将当期收入总额相加,然后将所有费用总额相加,一次计算出当期收益的方式,其特点是所提供的信息都是原始数据,便于理解;多步式是将各种利润分多步计算,求得净利润的方式,便于人们对企业经营情况和盈利能力进行对比和分析。

编制利润表的目的是反映企业的生产经营和收益情况,表明企业的经营成果。其主要作用为:反映企业一定会计期间营业收入的实现情况以及不同收入的构成情况;反映企业一定会计期间的费用耗费情况;反映企业经营活动的成果;提供财务分析的基本资料等。

2. 资产负债表

资产负债表亦称财务状况表,是反映企业在某一特定日期全部资产、负债和所有者权益状况的报表。资产负债表利用会计平衡原则,能够较全面地提供企业一定时期的财务状况,包括企业所拥有的各种经济资源(资产)、企业所负担的债务(负债),以及企业所有者在企业里所享有的权益(所有者权益)。资产负债表的重要作用为:有助于了解企业所掌握的经济资源及其分布情况;有助于分析、评价、预测企业的偿债能力;有助于预测企业未来的财务趋势。

三、日常资金管理、报表管理和合规管理

1. 资金管理

新企业财务管理工作的核心是资金管理,它是企业财务管理的重中之重。资金管理除了筹资、投资的管理外,还有现金的收支管理。在这里主要了解一下企业的现金收支管理。企业资金流就如同人身体内的血液,企业生存发展必不可少,尤其对于新企业,一旦资金链断裂,企业就可能有灭顶之灾。所以,创业者需要时刻关注企业的资金状况,了解资金动态、静态两个方面的情况,并能进行资金的提前筹划。

(1)动态方面。创业者每日应及时了解企业资金的流入和流出情况,这既是企业运营情况的反映,也是监控资金是否安全的重要途径。

① 资金流入包括股东投入、经营流入、借款流入、其他流入等。其中,经营流入是创业者需要着重考虑的方面,需要始终关注企业自身"造血"机能。同时,创业者应该关注财务提供的资金流入情况是否与企业的实际经营情况相符,并重点查找分析不相符部分的原因。

② 资金流出包括商品采购、日常费用、对外投资、偿还借款、其他流出等。创业者应关注企业所有的资金对外支出是否获得了适当的授权,对于资金异常流出一定要特别关注。

(2)静态方面。企业采购商品、支付工资、支付房租等都需要使用现金,所以账面可动用的现金余额对企业是至关重要的信息。在任一时间节点企业可以动用的资金金额,是创

业者必须随时掌握的情况。

（3）筹划。创业者应能做到最基本的资金筹划，即估计企业在未来一个时期内所需支付的资金总量，并分析在此期间的资金流入总量，以计算资金的"缺口"。这个"缺口"就是企业需要想办法进行补充的资金量。一般来说，弥补资金的缺口可以从收、支两个方面进行，也就是通常意义上的"开源节流"。

2. 报表管理

财务管理工作的重要内容之一是报表管理。这里所说的报表是针对企业内部管理需要所编制的统计报表，其不同于对外报表，这些统计报表通俗易懂，能针对不同的管理、决策需要提供财务数据，让创业者直观了解企业的经营情况，并根据这些数据作出正确的决策。这类报表内容及格式设置是基于管理需要出发，并根据企业具体的经营项目和运营特点来确定的，不是法律法规所规定。

（1）资金日报表。资金日报表的功能主要是帮助创业者进行资金管理，其编制基础为"收付实现制"，即只有当有实际的资金流入、流出时才予以记录。从某种意义上来说，可以认为"资金日报表"就是企业内部管理用的"现金流量表"，反映企业资金的流动情况。

（2）应收账款分析表。应收账款分析表包括应收项目（单位）、应收款金额、应收款账龄、应收款账期、逾期情况等项目。

（3）纳税情况表。按月编制当月纳税情况表，反映当月缴税税种、缴纳金额等。对于创业者而言，无须对税种及计算详细规定做研究，但一定要知道对于自己企业应缴税种及金额，这样可以避免因少缴、漏缴税而受到税务机关的处罚，避免因多缴税而产生不必要的纳税成本。创业者还要了解纳税成本对企业盈利的影响程度。

（4）成本费用分析表。成本费用分析表用于分析企业具体的成本费用组成情况。该表是根据企业管理的具体需要而进行设置的，通过该表可以了解企业主要的成本费用，以便有的放矢地进行成本费用控制；也可以分析成本费用的发展趋势，结合企业的运营情况，找出薄弱的环节；更可以进行成本费用与收入情况的比对分析。通过报表，创业者可以一目了然地掌握企业的经营情况，从而更好地总结过去、规划未来。

3. 合规管理

合规管理即为合乎规范的管理，是指企业发展过程中必须遵循国家法律、法规、条例以及相关地方、行业、企业标准和行为准则的活动。其内涵是建立健全企业制度体系、强化制度约束、提高制度执行力、实现风险管控。合规管理被认为是与业务管理、财务管理并驾齐驱的企业管理三大支柱之一。

（1）纳税合规管理。纳税是企业应尽的义务和责任，不按照税法规定履行纳税义务一定会受到相应的处罚。在合规工作中，纳税合规是最为重要的部分，主要体现在及时性、完整性和正确性三方面。

（2）纳税风险管理。在做到纳税"三性"的基础之上，企业应秉着"凡事预则立，不预则废"的指导思想，对纳税工作进行事先的规划和安排，评估并发现纳税的风险控制点，提前进行纳税工作的筹划与安排。

（3）其他合规管理。企业除了上述的纳税合规管理以外，还有一些相关领域的合规工作，如社保缴纳合规、工商年报合规等。因为新企业规模一般较小，组织架构不像大企业那么齐备,而合规工作中又需要大量的财务数据,所以往往在实际运行时由企业财务管理部门兼管。

本章小结

创办新企业对创业者而言,是一项十分艰巨的系统工程,涉及多个方面的内容。本章从创办新企业的角度对企业组织形式选择原则和技巧、企业注册流程、企业选址策略以及新企业生存管理、营销管理和财务管理等几个方面进行了简述,尤其对于企业获得社会认同的方法、企业成长速度的控制、企业风险的控制等内容进行了详细论述,对于创办新企业的创业者有一定的参考价值和指导意义。

本章习题

1. 新企业组织形式的选择原则是什么?
2. 有限责任公司具有哪些法律特征?
3. 企业创建阶段,创业者面临的法律问题主要有哪些?
4. 创办企业应注意的法律和伦理问题有哪些?
5. 企业要获得社会认同,其应当承担什么样的社会责任?
6. 企业如何维护社会道德?
7. 企业选址应考虑哪些因素?
8. 新企业生存管理有哪些特殊性?
9. 新企业成长的驱动因素有哪些?
10. 简述新企业成长管理的技巧和策略。
11. 新企业成长风险的主要来源有哪些?
12. 企业市场营销一般包括哪些步骤?
13. 企业运用市场营销组合时遵从什么样的原则?
14. 新企业财务管理的主要特征有哪些?

即测即评

🔒 案例评析

星巴克的选址策略

星巴克在 20 世纪 70 年代创办于美国西雅图的小市场里,到现在已经有 50 多年的历史。迄今为止,它在全球已经有 1 万多家店。1999 年 1 月,星巴克在北京的国贸商场开了中国内地的第一家星巴克咖啡店,到 2021 年,中国内地已经有 5 400 多家星巴克咖啡店。这个发展速度在中国还是非常快的。

星巴克每开发一个城市市场,都要花半年到一年的时间对整个城市的地理情况、人员分布情况(包括消费能力)做一个很详细的调查。

在选定的区域内选择合适的位置。星巴克首选的是整体型的商业建筑。在这种商业建筑里,店面由业主统一出租,而不是出售。

物业整体的商业规划、促销,乃至整体的推广活动,也是星巴克非常看重的。咖啡店对外的展示面要足够大,但星巴克并没有把它作为首要因素,而是把它作为一个非常重要的参考。

在合适的区域选择合适的位置,还要考虑进入的时间。进入的时间段代表了机会成本。什么时候进入商业建筑开店,这里面有一个很强的时间性和预测性。在这一点上,星巴克无疑做得很好。

资料来源:吃网。

案例分析:从服务型企业选址所考虑的几个角度解释星巴克选址成功的因素。

案例解析:服务型企业选址所遵循的策略主要有以下几个方面:一是次优选择策略;二是聚集与互补策略;三是便利客户策略;四是客流分析策略。

第九章　常见创新创业竞赛及创业就业政策

本章提要

　　本章要求学生熟悉目前国内举办的创新创业竞赛相关内容、案例和注意事项等，了解各省市发布的创业就业政策，培养学生创新创业兴趣，激发学生创新创业热情，推动学生勇敢地迈出创新创业第一步，由小变大，聚少成多，最终达到以赛促学、以赛促练、以赛促教的目的，实现学生知识、能力和素质的协同发展和综合提高。

学习重点和难点

　　重点：掌握常见创新创业竞赛内容和要求。理解所在省、市、校的创新创业政策。
　　难点：创新创业大赛实践。

第一节　常见创新创业竞赛

学习目的与要求

通过本节学习,学生应达到如下要求:

(1) 了解常见的大学生创新创业竞赛目的、主题与内容、组织与领导等相关内容。

(2) 了解大学生创新创业竞赛部分案例和注意事项。

(3) 培养创新创业兴趣,激发创新创业热情,促进创新创业实践,提高创新创业能力和素质。

一、中国国际"互联网+"大学生创新创业大赛

1. 竞赛简介

中国国际"互联网+"大学生创新创业大赛是由教育部等 12 个中央部委和承办地方省级人民政府共同主办的重大创新创业赛事,是覆盖全国所有高校、面向全体大学生、影响最大的高校双创盛会,也是我国深化创新创业教育改革的重要载体和平台。中国国际"互联网+"大学生创新创业大赛自设立以来,截至 2021 年已举办七届,赛事迅速发展,已成为范围最广、规格最高、含金量最高、影响力最强的"中国大学生创新人才培养第一赛"。

(1) 竞赛目的。深化高等教育综合改革,激发大学生的创造力,培养造就"大众创业、万众创新"的生力军;推动赛事成果转化,促进"互联网+"新业态形成,服务经济提质、增效、升级;以创新引领创业、创业带动就业,推动高校毕业生更高质量创业就业。

(2) 竞赛的主题与内容。竞赛主题是搏击"互联网+"新时代,壮大创新创业生力军。竞赛项目要求能够将移动互联网、云计算、大数据、人工智能、物联网等新一代信息技术与经济社会各领域紧密结合,培育基于互联网新时代的新产品、新服务、新业态、新模式;发挥互联网在促进产业升级以及信息化和工业化深度融合中的作用,促进制造业、农业、能源、环保等产业转型升级;发挥互联网在社会服务中的作用,创新网络化服务模式,促进互联网与教育、医疗、交通、金融、消费生活等深度融合。

(3) 组织与领导。竞赛由教育部、中央网络安全和信息化领导小组办公室、国家发展和改革委员会、工业和信息化部、人力资源和社会保障部、国家知识产权局、中国科学院、中国工程院、共青团中央等共同主办。竞赛设立组织委员会,由教育部部长及参赛省市领导担任主任,有关部门负责人作为成员,负责竞赛的组织实施。每年先举办省赛,选拔一定比例项目进入国赛。

(4) 参赛组别。该比赛主要有三个赛道:高教主赛道、青年红色筑梦之旅赛道和职教赛道。其中,高教主赛道包括本科生创意组、研究生创意组、初创组、成长组、师生共创组;青年红色筑梦之旅赛道包括公益组、创意组和创业组;职教赛道包括创意组和创业组。具体详情请查询竞赛官网:cy.ncss.cn。

(5) 参赛对象。普通高等学校全日制在校学生(包括本专科生、研究生,不包括在职教

育),毕业5年以内的学生(不含在职教育),职业院校(包含职业教育各层次学历教育)、国家开放大学学生(仅限学历教育)等。

2. 竞赛案例

案例:高性能全集成激光雷达芯片——让机器用"芯"感知。

获奖等级:国家金奖和最佳创意奖。

创意背景:扫地机器人、无人机、家用服务机器人、无人驾驶汽车……这些无人控制的智能设备不再只是存在于想象中,而是开始逐步进入我们的生活,甚至开始改变我们的生活。面对能够替我们清扫地板、可以自主行驶或是与我们进行交流的机器人,我们或许都有一个疑问:他们靠什么识别、躲避障碍物? 其实,这些机器人也有类似我们人类眼睛的"感官",那就是它们最核心的模块——雷达系统。雷达作为机器人的眼睛,能够帮助机器人获取周围环境信息,例如进行障碍物定位、距离探测,并且能够引导机器人自主行进、主动避障等,被视作机器人实现高级智能行为的基础和先决条件。激光雷达具有解析度高、抗有源干扰能力强、探测可靠度高、不受光线影响、测速范围大等优点,成为无人控制设备的不二之选。尤其是激光雷达还可实时探测出周围环境的三维图像,即使夜间也可以使用,真正"借"了一双"慧眼"给这些无人控制设备。而这双"慧眼"的"瞳仁"就是激光雷达芯片。激光雷达芯片的性能、成本等决定了整体激光雷达产品的优劣。并且,激光雷达芯片的成熟与量产决定了激光雷达的大量应用和普及。市场上现有激光雷达均存在成本高、体积大、探知能力弱、可靠性差等痛点。

作品创新点:如今,这些痛点被一支来自西安电子科技大学微电子学院国家级集成电路实验教学示范中心的项目组一一解决。作品创新点就在于一块芯片里包括了前端高速高增益大动态范围跨阻放大器、高速低延迟比较器、皮秒级高精度时间数字转换器三部分,并实现了多通道集成。其中高动态范围激光脉冲接收模块和高精度计时模块是激光雷达的核心模块,它决定了激光雷达的探测性能。

作品特点:不仅可以提高激光雷达装配的效率和可靠性,还可以极大地降低成本。就是这样一块小小的芯片,可以使整机体积至少缩小一半、功耗降低50%以上、核心电学器件成本降至原先的1%,并且无须经过电学调试。

资料来源:网络资源整理。

二、"挑战杯"全国大学生系列科技学术竞赛

1. 竞赛简介

"挑战杯"是"挑战杯"全国大学生系列科技学术竞赛的简称,是由共青团中央、中国科协、教育部和全国学联共同主办的全国性的大学生课外学术实践竞赛。"挑战杯"竞赛在中国共有两个并列项目,一个是"挑战杯"中国大学生创业计划竞赛,另一个则是"挑战杯"全国大学生课外学术科技作品竞赛。这两个项目的全国竞赛交叉轮流开展,每个项目每两年举办一届。竞赛设立领导小组,由主办单位和承办单位的有关负责人组成,负责指导竞赛活动,并对全国组织委员会和全国评审委员会提交的问题进行协调和裁决。

参赛对象为全日制非成人教育的各类高等院校在校专科生、本科生、硕士研究生和博士研究生(均不含在职研究生)。

（1）"挑战杯"中国大学生创业计划竞赛。1999年，由共青团中央、中国科协、全国学联主办，清华大学承办的首届"挑战杯"中国大学生创业计划竞赛成功举行，截止到2021年，已成功举办12届。它借用风险投资的运作模式，要求参赛者组成优势互补的竞赛小组，提出一项具有市场前景的技术、产品或者服务，并围绕这一技术、产品或服务，以获得风险投资为目的，完成一份完整、具体、深入的创业计划。

① 竞赛目的。深入学习贯彻习近平新时代中国特色社会主义思想，聚焦为党育人功能，从实践教育角度出发，引导和激励学生弘扬时代精神，把握时代脉搏，通过开展广泛的社会实践、深刻的社会观察，不断增强对国情社情的了解，将所学知识与经济社会发展紧密结合，提高创新、创意、创造、创业的意识和能力，提升社会化能力，为决胜全面建成小康社会、建设社会主义现代化强国、实现中华民族伟大复兴的中国梦贡献青春力量。

② 竞赛内容和组别。根据参赛对象，分普通高校、职业院校两类。设科技创新和未来产业、乡村振兴和脱贫攻坚、城市治理和社会服务、生态环保和可持续发展、文化创意和区域合作五个组别。具体见竞赛官网：www.tiaozhanbei.net。

（2）"挑战杯"全国大学生课外学术科技作品竞赛。"挑战杯"全国大学生课外学术科技作品竞赛是由共青团中央、中国科协、教育部、全国学联和地方政府共同主办，国内著名大学、新闻媒体联合发起的一项具有导向性、示范性和群众性的全国竞赛活动。自1989年首届竞赛举办以来，"挑战杯"竞赛始终坚持"崇尚科学、追求真知、勤奋学习、锐意创新、迎接挑战"的宗旨，在促进青年创新人才成长、深化高校素质教育、推动经济社会发展等方面发挥了积极作用，在广大高校乃至社会上产生了广泛而良好的影响，被誉为当代大学生科技创新的"奥林匹克"盛会。

① 竞赛目的。引导和激励高校学生实事求是、刻苦钻研、勇于创新、多出成果、提高素质，培养学生创新精神和实践能力，并在此基础上促进高校学生课外学术科技活动的蓬勃开展，发现和培养一批在学术科技上有作为、有潜力的优秀人才。

② 竞赛内容和组别。竞赛分为自然科学类学术论文、哲学社会科学类社会调查报告和学术论文、科技发明制作三类作品参赛。具体见竞赛官网（同上）。

2. 竞赛案例

案例：电磁驱动介观压阻检测微机械陀螺仪。

获奖等级：国家一等奖。

创意背景：传统的微机械陀螺仪多是以静电驱动电容检测的，其驱动力微弱，检测电路复杂，而且不易加工，使得微陀螺仪一直无法跳出实验室，一直处于实验阶段。而本设计的电磁驱动介观压阻检测微机械陀螺仪驱动力大，结构简单，易加工，而且检测灵敏度高，使我国的微机械陀螺仪现实化成为可能。

作品创新点：本设计采用了电子器件RTD作为检测单元，其在负阻区的特性使得陀螺仪的检测灵敏度高了至少一个数量级，电磁驱动方式也使得整个结构简单、易加工。

作品特点：介观压阻检测，其压阻系数高传统压阻至少一个数量级，温度系数很小；采用砷化镓衬底，砷化镓材料的高频特性和光电特性很有优势；采用回折梁结构有效地实现了驱动方向和检测方向的解耦；质量块上的小阻尼孔大大地减小了检测方向的阻尼，提高了检测方向的品质因子。

资料来源:"挑战杯"官网。

三、中国大学生服务外包创新创业大赛

1. 竞赛简介

中国大学生服务外包创新创业大赛(以下简称服创大赛)是响应国家关于鼓励服务外包产业发展、加强服务外包人才培养的相关战略举措与号召,举办的每年一届的全国性竞赛。2010年开始举办第一届大赛,至今已举办12届。第一、二届服创大赛的名称是中国大学生服务外包创新应用大赛。为了增强对于创新创业的引导,服创大赛从第三届起更名为中国大学生服务外包创新创业大赛。

(1)竞赛目的。搭建产学结合的大学生服务外包创新创业能力展示平台;促进校企交流,促进高等教育为服务经济发展提供人才保障;宣传服务经济,提升社会公众对服务外包产业发展的关注度和重视度。

(2)竞赛内容。服创大赛包括两个竞赛类型:企业命题类和创业实践类。企业命题类来源于现代服务产业企业的现实需求,鼓励学生综合考虑业务模型、技术方案、商业运营等各种因素,提供完整方案,立足实际情况创新应用;创业实践类鼓励参赛团队提出有创造力的创意项目,在优秀方案的基础上实现创业,增强大学生的创新创业意识。具体见竞赛官网:www.fwwb.org.cn。

(3)组织与领导。大赛由教育部、商务部和无锡市人民政府主办,国家服务外包人力资源研究院、无锡市商务局、无锡市教育局和江南大学承办。

(4)参赛对象。全国高等学校(本科类和高职高专类院校)具有正式学籍的全日制在校学生及毕业不超过5年的大学生。参赛队员允许跨校组队,每位队员限参加一支团队,禁止不同参赛团队之间共用队员。每参赛团队队员上限为5人,指导老师上限为2人。

2. 参赛注意事项

(1)参赛作品要求遵循如下规范:参赛作品以最终服务产业为目的,根据实际产业需求提供可操作的解决方案;参赛作品必须基于信息技术实现或深刻体现信息技术理念;参赛作品聚焦于应用而非纯学术,区别于学术和技能型竞赛,强调一切从现实问题出发。

(2)竞赛类别分别是企业命题类(A类)及创业实践类(B类)。A类侧重企业命题,通过企业发布真实项目需求,由高校提供响应方案的方式,来加强校企结合及提升产业对接;B类侧重创业实践,鼓励具备成熟度的创业团队和项目参赛,要求参赛项目已经取得一定成效。

四、全国大学生电子商务"创新、创意及创业"挑战赛

1. 竞赛简介

全国大学生电子商务"创新、创意及创业"挑战赛(以下简称三创赛)是在2009年由教育部委托教育部高校电子商务类专业教学指导委员会主办的全国性在校大学生学科性竞赛。根据教育部、财政部(教高函〔2010〕13号)文件精神,三创赛是激发大学生兴趣与潜能,培养大学生创新意识、创意思维、创业能力以及团队协同实战精神的学科性竞赛。

(1)竞赛目的。强化创新意识、引导创意思维、锻炼创业能力、倡导团队精神。

（2）竞赛内容。竞赛提倡选题多元化,鼓励创新意识、创意思维和创业能力的提高,题目可以来自企业、行业,也可以由参赛团队自拟。具体见竞赛官网:www.3chuang.net。

（3）组织与领导。从2009年到2019年一直由教育部主管、教育部高校电子商务类专业教学指导委员会主办。在2020年,由于教育部落实国家"放管服"政策,第十届三创赛及后续比赛的主办单位转变为全国电子商务产教融合创新联盟。竞赛设立全国竞赛组织委员会,负责全国三级赛事及其关联协同的规则制定和实施过程管理,以及三级赛事的指导、督促和总结等工作。

（4）参赛对象。普通高等学校的在校大学生。参赛队伍可以是学生队,队长和队员须全部为全日制在校学生;也可以是师生混合队,队长必须为教师,队员中学生数量必须多于教师。可以跨校组队,以队长所在学校为报名学校。

2. 参赛注意事项

（1）参赛作品必须是参赛团队的原创作品且首次公开发表（或参赛）。如果该作品已经参加过其他比赛（须列出比赛名称）,并在满足下列条件时还可以参赛:在参加本次比赛前对原参赛作品已经做了明显的再创新（迭代创新）,该团队参赛时必须将原参赛作品作为附件提交,并对在原参赛作品基础上进行迭代创新的主要内容给予明确的说明（也作为附件提交）。

（2）评分细则。主要包括创新分（占25%）、创意分（占25%）、创业分（占25%）、演讲分（占15%）和文案分（占10%）五个方面。

五、中国大学生工程实践与创新能力大赛

1. 竞赛简介

中国大学生工程实践与创新能力大赛是列入《教育部评审评估和竞赛清单（2021年版）》（教政法厅函〔2021〕2号）的重要赛事,是全国大学生工程训练综合能力竞赛的升级和完善。全国大学生工程训练综合能力竞赛自2009年第一届至2020年,已成功举办七次,越来越多的大学生参与赛事、争创佳绩,赛事规模也越来越大。据统计,10余年间参赛学生增长370%,参赛队伍增长460%。如今该竞赛已成为高校工程类竞赛中含金量最高、最具影响力的赛事。

（1）竞赛目的。面向适应全球可持续发展需求的工程师培养,服务于国家创新驱动与制造强国战略,强化工程伦理意识,坚持基础创新并举、理论实践融通、学科专业交叉、校企协同创新、理工人文结合,打造具有鲜明中国特色的高端工程创新赛事,建设引领世界工程实践教育发展方向的精品工程,构建面向工程实际、服务社会需求、校企协同创新的实践育人平台,培养服务制造强国的卓越工程技术后备人才,开启中国大学生工程实践与创新教育新征程。

（2）组织与领导。该竞赛是由教育部高教司主办的三大竞赛之一。竞赛设组委会,负责竞赛的组织工作。组织委员会下设专家委员会和秘书处。专家委员会负责竞赛命题设计、评审规则制定、竞赛成绩评定及竞赛仲裁等工作,秘书处负责全国竞赛日常工作以及指导省级推荐赛相关工作。

（3）竞赛组别。竞赛包括工程基础赛道、"智能+"赛道和虚拟仿真赛道。其中,工程

基础赛道包括势能驱动车、热能驱动车和工程文化 3 个赛项，"智能+"赛道包括智能物流搬运、水下管道智能巡检、生活垃圾智能分类和智能配送无人机 4 个赛项，虚拟仿真赛道包括飞行器设计仿真、智能网联汽车设计、工程场景数字化和企业运营仿真 4 个赛项。

（4）参赛对象。正式注册的全日制在校学生。参赛队队员数 3~4 人。

2. 参赛注意事项

竞赛重点考查学生利用跨学科基本理论、基本知识，解决面向实际问题的设计、制造与创新能力，强调工程思维、工程创新、工程伦理与团队合作等综合素质，重视挑战性和综合性。

六、全国大学生机械创新设计大赛

1. 竞赛简介

全国大学生机械创新设计大赛是由教育部高等教育司发文举办的全国理工科重要课外竞赛活动之一。

（1）竞赛目的。全国大学生机械创新设计大赛的目的在于引导高等学校在教学中注重培养大学生的创新设计意识、综合设计能力与团队协作精神；加强学生动手能力的培养和工程实践的训练，提高学生针对实际需求通过创新思维，进行机械设计和工艺制作等实际工作能力；吸引、鼓励广大学生踊跃参加课外科技活动，为优秀人才脱颖而出创造条件。

（2）竞赛的主题与内容。全国大学生机械创新设计竞赛每年更新竞赛的主题和内容，具体见竞赛官网:umic.ckcest.cn。所有参加决赛的作品必须与本届竞赛的主题和内容相符，与主题和内容不符或限定范围不符的作品不能参赛。

（3）组织与领导。全国大学生机械创新设计大赛由全国大学生机械创新设计大赛组织委员会和教育部高等学校机械基础课程教学指导分委员会主办，中国工程科技知识中心、全国机械原理教学研究会、全国机械设计教学研究会、各省市金工研究会、北京中教仪人工智能科技有限公司联合著名高校和社会力量共同承办。大赛每两年举办一次。

（4）参赛对象。正式注册的全日制各类高等院校专科生、本科生。

2. 竞赛案例

案例:行走式组合机构演示教具。

获奖等级:国家一等奖。

创作背景:需要开发一种可行走的组合机构装置来演示这些机械结构，以帮助学生更好地理解各种机械机构的运动和形成原理。

设计思路:① 结构简单，可行走，可远程遥控，体型小，适合教学；② 可实现多种机械结构以及简易机械实例的演示；③ 对作品的执行机构、传动机构、原动机构合理分配。

作品功能:作品利用曲柄摇杆、曲轴连杆、双摇杆的相互作用，实现作品的仿生功能；采用无线遥控，通过单片机编程，可实现 10 余组机械结构以及两种简易机械实例的演示。

资料来源:全国大学生机械创新设计大赛官网获奖作品展示。

七、全国大学生节能减排社会实践与科技竞赛

1. 竞赛简介

全国大学生节能减排社会实践与科技竞赛充分体现了"节能减排、绿色能源"的主题，紧密围绕国家能源与环境政策，紧密结合国家重大需求，在教育部的直接领导和广大高校的积极协作下，起点高、规模大、精品多、覆盖面广，是一项具有导向性、示范性和群众性的全国大学生竞赛。该比赛每年举办一次，具体见竞赛官网：www.jienengjianpai.org。

（1）竞赛目的。通过竞赛进一步加强节能减排重要意义的宣传，增强大学生节能环保意识、科技创新意识和团队协作精神，扩大大学生科学视野，提高大学生创新设计能力、工程实践能力和社会调查能力。

（2）竞赛的主题与内容。竞赛主题为"节能减排、绿色能源"。竞赛内容为实物制作（含模型）、软件、设计和社会实践调研报告等，体现新思想、新原理、新方法以及新技术。

（3）组织与领导。全国大学生节能减排社会实践与科技竞赛是由教育部高等学校能源动力类专业教学指导委员会指导，全国大学生节能减排社会实践与科技竞赛委员会主办的学科竞赛。节能减排竞赛设竞赛委员会，竞赛委员会下设专家委员会和组织委员会。

（4）参赛对象。正式注册的全日制非成人教育的高等院校在校中国籍专科生、本科生、研究生（不含在职研究生）。

2. 竞赛案例

案例：基于离心储能的集装箱岸桥机械节能系统。

获奖等级：国家特等奖。

作品背景：近年来港口成为节能减排的重点领域，集装箱岸桥以其货物吞吐量大、作业强度高、功率大的特点拥有着巨大的节能空间。

作品创新点：本作品提出了一种针对集装箱岸桥的新型机械式节能机构。它通过回收集装箱下降时的重力势能，并以动能和弹性势能的形式暂存于离心储能机构，该储能机构可实现最大限度的能量收集和存储，所储能量最终转化为岸桥提举下一个集装箱的势能，避免了非机械能形式转换所带来的低效率。通过甩壁和弹簧机构的变转动惯量，可以实现机械式反馈速度调节，保证能量输入输出时系统速度稳定无突变。通过控制顶端的环叉，可实现系统指令调速。三档换向器与单向传动机构配合使用，实现岸桥工作模式的切换，同时保证下降储能、平移保能、上升用能三大阶段的独立性和安全性。变速箱可实现物体端低线速和储能端高转速的对接。

作品特点：本装置可有效回收利用集装箱的势能，结构简单、节能效果显著，具有很大的实用性和推广前景。

资料来源：全国大学生节能减排社会实践与科技竞赛官网第七届作品展示。

八、全国大学生广告艺术大赛

1. 竞赛简介

自 2005 年第 1 届至 2021 年，该比赛遵循"促进教改、启迪智慧、强化能力、提高素质"的竞赛宗旨，成功举办了 13 届共 14 次赛事，全国共有 1 679 所高校参与其中，超过百万学

生提交作品。该比赛是迄今为止全国规模大、覆盖高等院校广、参与师生人数多、作品水准高、受高校教师欢迎、有较大社会影响力的全国性高校文科竞赛。

（1）竞赛目的。活跃大学生的课外文化生活，激发大学生的创意灵感，加强大学生实践能力、创新能力和合作精神的培养，推动大学新闻传播、广告艺术教育的人才培养模式和实践教学的改革，为优秀人才脱颖而出创造良好的竞赛平台，不断提高人才培养质量。

（2）竞赛的主题与内容。竞赛整合社会资源、服务教学改革，以企业真实营销项目作为命题，与教学相结合，在真题真做、了解受众、调研分析、提出策略、现场提案的过程中实现教学与市场相关联。参赛作品分为平面类、视频类、动画类、互动类、广播类、策划案类、文案类、营销创客类、公益类九大类。具体见竞赛官网：www.sun-ada.net。

（3）组织与领导。竞赛由全国大学生广告艺术大赛组委会、中国传媒大学、大广赛文化传播（北京）有限公司共同举办。各赛区由各省、直辖市、自治区教育厅（教委）负责组织、指导。为保证大赛顺利开展，成立全国及各赛区大广赛组委会。

（4）参赛对象。全国各类高等院校在校全日制大学生、研究生均可参加。

2. 参赛注意事项

（1）各类参赛作品应以原创性为原则，遵守《中华人民共和国广告法》和其他相关法律及政策法规、行业规范等要求。鼓励采用广告新思维、新形式、新媒介进行创作。

（2）参赛作品任何部分严禁出现参赛学生的院校、系、姓名及其他特殊标记。

（3）坚持原创，杜绝抄袭；如出现抄袭或过度模仿的情况，由各赛区通知学校进行严肃处理。

（4）作者人数：平面类、文案类不超过 2 人/组；短视频、互动类、广播类不超过 3 人/组；其他视频类（影视广告、微电影广告）、动画类、策划案类不超过 5 人/组。指导教师人数：平面类、文案类不得超过 1 人/组；其他类别不得超过 2 人/组。

九、全国大学生结构设计竞赛

1. 竞赛简介

全国大学生结构设计竞赛是由教育部、财政部首次联合批准发文（教高函〔2007〕30号）的全国性九大学科竞赛资助项目之一，从 2005 年由浙江大学倡导国内 11 所高校共同发起至 2021 年已举办 14 届。

（1）大赛目的。构建高校工程教育实践平台，进一步培养大学生创新意识、团队协同和工程实践能力，切实提高创新人才培养质量。

（2）大赛内容。竞赛要求在比赛现场设计制作一座桥梁，承受分散作用的竖向集中静荷载以及桥面移动荷载。在确保模型安全的前提下，还需要对模型的变形进行控制。

（3）组织与领导。该竞赛由中国高等教育学会工程教育专业委员会、高等学校土木工程学科专业指导委员会、中国土木工程学会教育工作委员会和教育部科学技术委员会环境与土木水利学部共同主办，各高校轮流承办和社会企业资助协办。全国竞赛秘书处、省（市、自治区）竞赛秘书处和承办全国竞赛高校秘书处是组织实施全国和省（市、自治区）分区赛的日常组织机构。全国竞赛秘书处负责全国竞赛名额的计算和确定，省（市、自治区）竞赛秘书处负责组织分区赛，并按照全国竞赛秘书处分配名额选拔和推荐获奖优秀团队参加全国竞赛。

（4）参赛对象。参赛学生必须是属于同一所高校在籍的全日制本科生、大专生,参赛队应由 3 名学生组成。

2. 参赛注意事项

（1）全国竞赛原则上采用统一题目,在同一时间和地点,使用统一规格的材料、工具、加载测试设备（仪器）进行,也可视命题形式采用其他方式。现场制作平台和模型制作工具应由承办高校统一提供,也可根据竞赛题目需求,提供公用平台工具等。

（2）参赛高校应按时组队报名,在全国竞赛报名截止后,原则上参赛学生和指导教师不得任意更改,如有特殊意外情况,参赛高校应说明理由,由教务处批准同意和盖章,方可更换参赛学生和指导教师姓名,需在全国竞赛一周前提交承办高校竞赛秘书处,同时报全国竞赛秘书处备案。具体见竞赛官网:www.structurecontest.com。

十、全国大学生电子设计竞赛

1. 竞赛简介

全国大学生电子设计竞赛从 1997 年开始每两年举办一届,竞赛时间通常为单数年份的 9 月举办,赛期 4 天。在双数的非竞赛年份,根据实际需要由全国竞赛组委会和有关赛区组织开展全国的专题性竞赛,同时积极鼓励各赛区和学校根据自身条件适时组织开展赛区和学校一级的大学生电子设计竞赛。

（1）竞赛目的。按照紧密结合教学实际,着重基础、注重前沿的原则,促进电子信息类专业和课程的建设,引导高等学校在教学中注重培养大学生的创新能力、协作精神;加强学生动手能力的培养和工程实践的训练,提高学生针对实际问题进行电子设计、制作的综合能力;吸引、鼓励广大学生踊跃参加课外科技活动,为优秀人才脱颖而出服务社会发展创造条件。

（2）竞赛内容。竞赛题目分为本科生组题目和高职高专学生组题目。竞赛题目包括理论设计和实际制作两部分,以电子电路（含模拟和数字电路）设计应用为基础,可以涉及模数混合电路、单片机、嵌入式系统、DSP、可编程器件、EDA 软件、互联网+、大数据、人工智能、超高频及光学红外器件等的应用。除题目特殊要求外,参赛队伍的个人计算机、移动式存储介质、开发装置或仿真器等不得带入测试现场（实际制作实物中凡需软件编程的芯片必须事先下载脱机工作）。具体见竞赛官网:nuedc.xjtu.edu.cn。

（3）组织与领导。该竞赛由教育部高教司、工业和信息化部人教司共同主办。全国竞赛组委会负责全国范围内竞赛的组织领导、协调与宣传工作,全国竞赛专家组负责竞赛命题、评审工作。

（4）参赛对象。普通高校具有正式学籍的全日制在校本、专科生。

2. 参赛注意事项

（1）参赛学生必须按统一时间参加竞赛,按时开始和结束竞赛。参赛的本科生只能选本科组题目;高职高专学生原则上选择高职高专组题目,但也可选择本科组题目。只要参赛队中有本科生,该队只能选择本科组题目。

（2）竞赛期间,参赛学生可以使用各种图书资料和网络资源,但不得以任何方式与队外人员进行讨论交流,教师和其他非参赛队员必须回避。

（3）在竞赛中如发现有教师参与、他人代做、抄袭及被抄袭、队与队之间交流、不按规定时间发题和收题等现象,将取消获奖名次,并通报批评。

第二节　大学生创业就业政策

学习目的与要求

通过本节学习,学生应达到如下要求:

（1）了解各省市大学生创新就业政策,学会利用各种政策来进行创业尝试,降低创业成本、提高创业成功率等。

（2）熟悉各省市创业的重点领域或方向,并结合自己的现有资源,开展创新创业活动。

（3）通过对创业就业政策的学习,激发创新创业热情,解决创新创业"最后一公里"问题。

一、北京市

2020年9月29日,《关于印发〈北京市人力资源和社会保障局支持多渠道灵活就业实施办法〉的通知》（京人社就发〔2020〕19号）指出:

（1）建立北京市大学生创业服务平台和大学生创业板项目资助。大学生创业企业将享受中关村特有的"科技创新、科技金融"相关政策,企业借助四板市场的融资能力建设与专项辅导,解决他们融资难、融资贵的问题。

（2）加强创业培训,提高大学生创业能力。各级人力社保部门要认真落实各项创业培训政策,鼓励符合条件的北京地区高校组织开展创业培训,力争使每名有创业意愿和培训需求的高校毕业生都有机会参加创业培训。

（3）拓宽贷款范围及融资渠道,为大学生创业提供资金支持。各有关部门、各区县要进一步落实、完善小额担保贷款政策,在符合规定前提下,简化反担保手续,强化担保基金独立担保功能,适当延长担保基金的担保责任期限。加大对大学生的扶持力度,为符合条件的在电子商务网络平台开设"网店"进行创业的大学生和吸纳高校毕业生达到一定比例的科技型小型微型企业给予小额担保贷款支持。

（4）建设大学生创业园区,为大学生创业提供经营场所。各有关部门、各区县要结合实际,利用大学科技园、科技企业孵化器、留学人员创业园、高新技术开发区、经济技术开发区、工业园区、城市配套商业设置等现有资源,因地制宜地建设服务大学生创业的园区或孵化基地等,积极探索大学生创业园区建设新模式,为大学生创业提供经营场所支持。

（5）落实工商登记和银行开户等政策措施,为大学生创业提供便利。各级工商部门要按照政策要求及有关法律法规完善管理制度,落实注册资本认缴登记制,按规定拓宽企业出资方式,放宽住所（经营场所）登记条件,推行电子营业执照和全程电子化登记管理。

具体创业相关政策请查询:北京市人力资源和社会保障局官网 rsj.beijing.gov.cn。

二、天津市

2018 年 5 月 15 日,《天津市人力社保局市财政局关于印发促进大学生就业创业扶持政策的通知》指出:

(1) 大学生创业扶持对象为全日制普通高等院校毕业前 2 年内的在校生和毕业后 5 年内的毕业生。

(2) 自主创业大学生在企业注册所在地可申请最高 30 万元的创业担保贷款,贷款期限不超过 3 年,按规定给予贷款贴息;对已成功创业且带动就业 5 人以上、经营稳定的创业者,可给予最高不超过 50 万元贷款再扶持。鼓励有条件的区建立大学生创业贷款信用担保机制。

(3) 对成功创业的高校毕业生,给予 1 年的岗位补贴和 3 年的社会保险补贴。对大学生创办企业吸纳毕业 2 年内的高校毕业生并按规定缴纳社会保险费的,给予 1 年的岗位补贴和 3 年的社会保险补贴。

(4) 大学生领取工商营业执照且租赁房屋生产经营的,按照每月 1 800 元的标准给予房租补贴,最长不超过 24 个月。将在校大学生房租补贴政策的办理权限和补贴发放一并下放到各区。当前正在享受房租补贴的在校大学生仍按原规定执行。

具体创业相关政策请查询:天津市人力资源和社会保障局官网 hrss.tj.gov.cn。

三、上海市

2018 年 6 月 25 日,《上海市人民政府办公厅关于印发〈上海市鼓励创业带动就业专项行动计划(2018—2022 年)〉的通知》指出:

(1) 将创业前创业担保贷款的对象范围调整为符合条件的本市青年大学生、本市高校在读及毕业且持有上海市居住证的非本市户籍青年。进一步提高个人免担保额度,超过额度范围的贷款部分,借款人可以财产抵押、质押等形式提供担保。

(2) 进一步发挥上海市大学生科技创业基金作用,优化高校分基金会布局,放宽"天使基金"申请条件,扩大"天使基金"覆盖面,加大对大学生创业的支持力度。

(3) 高校毕业生、就业困难人员、残疾人首次在沪创办小微企业、个体工商户、农民合作社、民办非企业单位等创业组织,并稳定正常经营一定时间的,可申请一定额度的一次性创业补贴。

(4) 对于在创业计划大赛、创业新秀评选等本市和国家级大赛中获得优胜的创业团队和创业组织,合理确定奖励标准,支持优秀创业项目的发展。

(5) 继续实施支持和促进重点群体创业就业的税收政策。对高校毕业生、登记失业人员等重点群体从事个体经营的,在国家和本市规定年限内,按照限额依次扣减其当年实际应缴纳的增值税、城市维护建设税、教育费附加、地方教育附加和个人所得税。

具体创业相关政策请查询:上海市人力资源和社会保障局官网 rsj.sh.gov.cn。

四、重庆市

2017 年 10 月 13 日,《重庆市人民政府关于做好当前和今后一段时期就业创业工作的实施意见》指出:

(1) 对普通高校应届毕业生和登记失业的低保家庭人员、零就业家庭人员、农村建卡贫困户人员、城乡残疾人员等首次创办小微企业或从事个体经营且正常经营 1 年以上、带动就业 3 人以上并按规定缴纳企业职工基本养老保险的,给予一次性创业补助。

(2) 优化完善创业担保贷款政策,鼓励有条件的区县加大财政贴息资金投入,提高贷款额度上限或贴息比例,放大政策性贷款的惠民效应。优化完善政府公共就业创业服务机构、担保公司、承贷银行三方合作的"政担银"金融服务机制,继续推行"政策性+商业性"组合贷款,对足额提供抵质押物或保证人的创业者免收担保费,满足创业者多元化的融资需求。

具体创业相关政策请查询:重庆市人力资源和社会保障局官网 rlsbj.cq.gov.cn。

五、黑龙江省

《黑龙江省人民政府关于促进大学生创新创业的若干意见》(黑政发〔2015〕16 号)、《黑龙江省人民政府关于印发黑龙江省做好就业创业工作十二条政策措施的通知》(黑政规〔2018〕23 号)等文件指出:

(1) 对符合条件的创业大学生提供 2 年期一般额度为 10 万元的财政贴息贷款;对合伙经营和组织起来创业的,按人均 10 万元、实际贷款人数和额度分别给予为期 2 年的小额担保贷款,财政部门按规定给予全额贷款贴息;对高校毕业生创办的小微企业,当年新招用各类就业困难人员达到企业员工 30%(超过 100 人的达到 15%)以上,并与其签订 1 年以上劳动合同,给予为期 2 年、最高不超过 200 万元的小额担保贷款,财政部门按贷款基准利率的 50%给予贴息。

(2) 符合条件的大学生创业企业入驻各类大学生创业孵化器,享受第一、二年免费,第三年按 50%缴费的优惠扶持政策,用包括大学生创业"种子资金"在内的各类专项资金对孵化器相关费用给予补贴。

(3) 大学生创办小微企业月销售额(或营业额)不超过 3 万元的增值税小规模纳税人和营业税纳税人,免征增值税和营业税;3 年内按每户每年 9 600 元为限额,依次扣减其当年实际应缴纳的营业税、城市维护建设税、教育费附加、地方教育附加和个人所得税;符合条件的给予按 20%的税率征收企业所得税,年应纳税所得额低于 20 万元(含 20 万元)的按 20%税率缴纳企业所得税的基础上,其所得按 50%计入应纳税所得额。

(4) 大学生创业企业开发新技术、新产品、新工艺发生的研究开发费用,按 150%所得税前加计扣除;创业投资企业采取股权投资方式投资于未上市的中小高新技术企业 2 年以上的,可以按照其投资额的 70%在股权持有满 2 年的,当年抵扣该创业投资企业的应纳税所得额。

(5) 大学生在校期间参与教师科研项目或自己研究取得发明专利成果,其创业成果转化成功的,可利用省科技成果转化引导基金,按照技术交易额的 10%,给予不超过 20 万元的资金奖励。

（6）对首次创办小微企业或从事个体经营，且所创办企业或个体工商户自工商登记注册之日起正常运营 1 年以上的离校 2 年内高校毕业生、就业困难人员和正常运营 6 个月以上的贫困劳动力、农民工等返乡下乡创业人员给予一次性创业补贴。普通高等学校学生（在校及毕业 2 年内）和复员转业退役军人、从事非农产业的农民、登记失业和就业困难人员初次创办经营主体，初创主体吸纳各类人员就业且与之签订 1 年以上期限劳动合同，并按规定为其缴纳社会保险费的给予一次性创业带动就业补贴。一次性创业补贴和一次性创业带动就业补贴标准由各地自行确定。

（7）成立了首家为大学生创新创业专门量身设立的政府性融资服务担保机构——黑龙江省大学生创业贷款担保有限公司，由省级财政投入两亿元，为在本省创业的在校大学生、毕业大学生和归国留学生提供无抵押、纯信用、免保费的融资担保服务，助力大学生创业梦。

具体创业相关政策请查询：黑龙江省人力资源和社会保障厅官网 hrss.hlj.gov.cn。

六、吉林省

《吉林省人力资源和社会保障厅、教育厅、公安厅、财政厅和中国人民银行长春中心支行关于做好当前形势下高校毕业生就业创业工作的实施意见》（吉人社发〔2020〕1 号）指出：

（1）鼓励高校毕业生到小微企业就业，对小微企业吸纳离校 2 年内未就业高校毕业生就业的，与之签订 1 年以上劳动合同并为其缴纳社会保险费的小微企业，给予最长不超过 1 年的社会保险补贴，不包含高校毕业生个人缴纳的部分；对离校 2 年内未就业高校毕业生灵活就业后缴纳社会保险费的，给予最长不超过 2 年的社会保险补贴；补贴标准原则上不超过其实际缴费的 2/3，具体额度由各地人力资源社会保障部门、财政部门结合当地实际确定。

（2）加强创新创业教育，在符合学位论文规范要求的前提下，允许本科生用创业成果申请学位论文答辩。

（3）将创业培训向校园延伸，提升大学生创业创新能力。毕业学年高校毕业生（含技师学院高级工班、预备技师班和特殊教育院校职业教育类毕业生），参加创业培训并获得《创业培训合格证》的，可给予 1 500 元/人的创业培训补贴。对 2018 年 1 月 1 日后，自工商登记注册之日起正常运营 1 年以上，首次创办小微企业或从事个体经营的离校 2 年内高校毕业生，给予一次性 5 000 元的初创补贴。

（4）放宽创业担保贷款申请条件，对获得市级以上荣誉称号以及经金融机构评估认定信用良好的大学生创业者，原则上取消反担保。个人创业者贷款额度最高为 20 万元，合伙创业或组织起来共同创业的贷款额度最高为 200 万元，吸纳高校毕业生数量达到企业现有在职职工人数 20%（超过 100 人的企业达到 10%），并与其签订 1 年（含 1 年）以上劳动合同的中小微企业额度最高为 400 万元，鼓励各级担保机构结合本地实际提高贷款额度。

（5）支持高校毕业生返乡入乡创业创新，对到贫困村创业符合条件的，优先提供贷款贴息、场地安排、资金补贴。实施高校毕业生创新创业扶持计划。鼓励支持各地区创建创业孵化基地(大学生创业园)、创新创业实训基地和高校毕业生众创空间,对达到省级标准的按相关规定给予创业促就业专项资金补助;符合条件的高校毕业生创办企业免费入驻园区。

(6)加大高校毕业生创业优秀团队选拔扶持力度,每年对毕业5年内的高校毕业生创业企业的经济价值和社会价值进行综合评价,选拔资助500个左右优秀初创型、成长型和成熟型创业团队。其中,初创型300个,各资助10万元;成长型100个,各资助30万元;成熟型100个,各资助50万元,所需资金由省级财政列支。

具体创业相关政策请查询:吉林省人力资源和社会保障厅官网 hrss.jl.gov.cn。

七、辽宁省

辽宁省人力资源和社会保障厅、辽宁省教育厅等部门《关于实施辽宁省大学生创业引领计划的通知》(辽人社〔2014〕296号)和《关于全面贯彻落实就业创业政策的通知》(辽人社〔2018〕5号)指出:

(1)各级教育行政主管部门、各高校要充分认识大学生创业工作的重要性,在省内所有高校普及创业教育,把创业教育融入教学和人才培养的全过程,并将创业教育纳入学分管理。各高校要设置专门机构负责创业教育的教学组织与管理,积极开发创业类课程,建立和完善创业教育课程体系。要注重创业教育的实践特点,把创业实践活动作为创业教育的重要组成部分,开展丰富多彩的创业实践活动,培养学生的创新精神、创业意识,提高创业能力。

(2)各级人社部门要加强与教育部门和高校的工作衔接,以有创业意愿的大学生为重点,编制专项培训计划,优先安排培训资源,并抓好创业培训的组织实施,使每一名有创业意愿和培训需求的大学生都有机会获得创业培训。

(3)各级工商部门要进一步完善工商注册登记"绿色通道",优化业务流程,为创业大学生提供开业指导、注册登记、跟踪服务等"一条龙"便利。放宽对大学生创业的住所(经营场所)限制,对无法提交住所(经营场所)产权证明的,可以提交市场开办者、各类园区管委会、村(居)委会出具的相关证明,办理工商注册登记。

(4)推动知识产权、股权等质押贷款业务,将参加创业培训学员、进入大学生创业孵化基地的大学生创办的创业实体纳入重点支持范围。对符合条件纳入YBC辽宁青年创业项目的初次创业大学毕业生,根据实际情况提供3万~5万元的无息无抵押创业资金,3年内分期偿还;或者由创业导师对创业青年进行"一对一"的辅导,提供3年的陪伴式服务。省中小企业发展专项资金要对符合支持范围和条件的大学生创业项目,予以重点扶持。

(5)要充分利用本省现有创业孵化基地、大学科技园、科技企业孵化器、高新技术开发区、经济技术开发区、工业园、农业产业园、城市配套商业设施、闲置厂房等场地资源,建设大学生创业孵化基地或创业园,为创业大学生提供经营场所,并提供创业培训、创业指导、项目推介、政策扶持、经营咨询、代办业务、法律援助、成果转化和管理服务等"一条龙"服务。

(6)对没有进入孵化基地(园区)、租赁场地首次自主创业的高校毕业生、复员转业退伍军人和就业困难人员等群体,给予不超过2年、3 000元/年至10 000元/年的创业场地补贴。

（7）对创业带头人招用就业困难人员、毕业年度高校毕业生的,依据《辽宁省人民政府办公厅关于支持农民工等人员返乡创业的实施意见》(辽政办发〔2015〕92号)规定,给予社会保险补贴。

具体创业相关政策请查询:辽宁省人力资源和社会保障厅官网 rst.ln.gov.cn。

八、河北省

2020年9月22日,《关于实施高校毕业生就业创业推进行动的通知》(冀人社发〔2020〕30号)指出:

（1）把有创业意愿的高校毕业生全面纳入创业培训,指定创业导师全程跟踪指导,提供不间断的创办企业、经营管理等培训,增设信息技术、现代农业等领域课程,提升培训针对性。

（2）倾斜创业服务资源,推荐适合发挥毕业生专长的创业项目,提供咨询辅导、跟踪扶持、成果转化等"一条龙"服务。

（3）优先安排经营场所,政府投资开发的各类创业载体安排一定比例场地,免费向毕业生提供,充分利用闲置资源提供低成本场地支持。加强创业资金保障,落实创业担保贷款、创业补贴等政策,缓解融资压力,提高创业成功率。

具体创业相关政策请查询:河北省人力资源和社会保障厅官网 rst.hebei.gov.cn。

九、河南省

2021年8月8日,《河南省人民政府办公厅关于印发河南省促进2021年高校毕业生更加充分更高质量就业若干政策措施的通知》指出:

（1）高校毕业生自主创业的,可按个人不超过20万元、小微企业不超过300万元的额度申请创业担保贷款;对符合条件的创业担保贷款借款人合伙创业的,可根据合伙创业人数适当提高贷款额度,最高不超过符合条件个人贷款总额度的10%。

（2）高校毕业生首次创办企业或从事个体经营的,按规定给予创业运营补贴和5 000元一次性开业补贴。高校毕业生创业项目符合条件的,可按规定申请项目扶持资金。

（3）持有《就业创业证》(注明"自主创业税收政策"或"毕业年度内自主创业税收政策")或《就业失业登记证》(注明"自主创业税收政策")的人员从事个体经营的,自办理个体工商户登记当月起,在3年内按每户每年14 400元限额依次扣减其当年实际应缴纳的增值税、城市维护建设税、教育费附加、地方教育附加和个人所得税。对离校2年内未就业高校毕业生实现灵活就业并缴纳社会保险费的,按其实际缴纳社会保险费的2/3给予社会保险补贴,补贴期限最长不超过3年。

具体创业相关政策请查询:河南省人力资源和社会保障厅官网 hrss.henan.gov.cn。

十、山东省

2014年9月30日,《关于实施大学生创业引领计划的通知》(鲁人社发〔2014〕43号)指出:

（1）依托各级、各类大学生创业孵化基地（园区）设立大学生创业服务中心，提供项目推介评估、工商税务登记注册、小额担保贷款及其他融资支持、就业社保、法律维权、政策咨询等一站式服务，落实场地租赁、税费减免、创业补贴等各项创业扶持政策，结合创业者要求搞好相关保障服务。

（2）按照多方筹资、形成合力、提高效益的原则，整合各类用于支持大学生就业创业的资金，运用好省级创业带动就业扶持资金、就业补助资金，充分发挥支持中小企业发展资金的作用，重点向大学生创业引领计划倾斜。各市、县（市、区）要相应加大投入，各高等院校每年要安排一定数额创业工作经费，加大力度扶持大学生自主创业。

（3）切实落实好为自主创业的大学生提供最高额度10万元、创办符合条件的小微企业提供最高额度300万元的小额担保贷款政策。对还款及时、无不良信贷记录的，允许再申请一次小额担保贷款，期限不超过2年，政府财政不再贴息。

（4）要通过进一步完善抵押、质押、联保、保证和信用贷款等多种方式，增强大学生获得信贷融资的能力。通过简化审批手续、降低门槛等方式为大学生解决反担保难问题。鼓励企业、行业协会、群团组织、天使投资人等设立天使投资和创投基金等，多种方式向自主创业大学生提供资金支持。

（5）享受创业及创业带动就业补贴。对2013年10月1日以后登记注册并正常经营1年以上的小微创业企业，按《山东省人民政府办公厅关于促进创业带动就业的意见》（鲁政办发〔2013〕25号）给予不低于1万元的一次性创业补贴，每创造一个就业岗位给予2 000元岗位开发补贴。

（6）离校未就业高校毕业生以灵活就业方式创业，在各地公共就业人才服务机构办理实名登记并按规定交纳社会保险费的，可给予基本养老、基本医疗和失业保险补贴，根据当地规定的缴费标准和比例按其实际缴费的2/3予以补贴，最长不超过3年。对高校毕业生创办的小型微型企业，按规定落实好减半征收企业所得税、月销售额不超过2万元的暂免征收增值税和营业税等税收优惠政策。

具体创业相关政策请查询：山东省人力资源和社会保障厅官网 hrss.shandong.gov.cn。

十一、山西省

《关于做好当前形势下高校毕业生就业创业工作的实施意见》指出：

（1）鼓励金融机构按照"风险可控、商业可持续"的原则支持大学生创业。放宽创业担保贷款申请条件，对获得市级以上荣誉称号以及经金融机构评估认定信用良好的大学生创业者，原则上取消反担保。引导银行业金融机构积极开发适合大学生创业者的多元化融资品种，在开户、结算、财务咨询等方面提供更便捷优质的金融服务。

（2）支持高校毕业生返乡入乡创业，对到贫困村创业符合条件的，优先提供贷款贴息、场地安排以及一次性创业补贴、场租补贴、自主创业社会保险补贴等资金支持。

（3）鼓励各地建设大学生创业园区，对入驻高校毕业生创业实体户数占园区总户数70%或入驻高校毕业生创业实体户数20户以上且稳定经营1年以上的，给予创业园区内每户高校毕业生创业实体不超过5 000元的一次性建设补助，并按规定给予创业带动就业补助。

具体创业相关政策请查询：山西省人力资源和社会保障厅官网 rst.shanxi.gov.cn。

十二、陕西省

2020 年 7 月 7 日,《陕西省人民政府办公厅关于开展促进高校毕业生就业创业十大行动的通知》指出：

（1）支持高校设立创业孵化基地,兑现创业孵化项目补贴。落实标准化创业中心、创业孵化基地为创业毕业生减免场地租赁和创业服务费用等措施。

（2）实行创业担保贷款线上办理,将毕业生个人最高贷款额度由 15 万元提高至 20 万元,10 万元以下个人贷款免除反担保要求。

（3）省高校毕业生创业基金重点扶持应届毕业生自主创业。积极打造"双创"平台,精心举办"创客陕西"中小企业创新创业大赛、第二届陕西"丝路创星"创业创新大赛和第八届陕西省青年创新创业大赛等活动,对获奖项目给予资金奖励和政策扶持。

（4）实施"秦青优惠贷"项目（三年期限）,对 45 岁以下青年在本省境内创办的小微企业,每年提供 10 亿元优惠信贷资金支持,助力企业吸纳高校毕业生等青年群体就业。

具体创业相关政策请查询：陕西省人力资源和社会保障厅官网 rst.shaanxi.gov.cn。

十三、江苏省

2021 年 2 月 28 日,《省政府办公厅印发关于支持多渠道灵活就业若干措施的通知》（苏政办发〔2021〕13 号）指出：

（1）对下岗失业人员、高校毕业生、农民工、就业困难人员等重点群体从事个体经营的,按规定给予税收优惠、创业补贴、贷款贴息等政策支持。进一步降低个体经营者线上创业就业成本,提供多样化的就业机会。鼓励发展各类小型微型网络经济体,积极支持个体文化创意经济、网红经济、直播经济等新经济形态发展。通过互联网平台开展经营活动的经营者,可使用网络经营场所登记个体工商户。

（2）有条件的地方可将社区综合服务设施闲置空间、非必要办公空间改造为免费经营场地,优先向下岗失业人员、高校毕业生、农民工、就业困难人员提供。新建一批双创示范基地,政府投资开发的孵化基地等创业载体安排一定比例场地,免费向高校毕业生、农民工等重点群体和返乡入乡创业人员提供。

（3）对下岗失业人员、高校毕业生、农民工、就业困难人员等重点群体从事个体经营的,按规定给予富民创业担保贷款和财政贴息;互联网平台就业人员购置生产经营必需工具的,可申请富民创业担保贷款及贴息。

（4）对就业困难人员、离校 2 年内未就业高校毕业生从事非全日制等工作的,按规定给予社会保险补贴。严格执行灵活就业人员社保补贴政策,全面清理缩小保障范围、提高政策门槛等违规行为。

具体创业相关政策请查询：江苏省人力资源和社会保障厅官网 jshrss.jiangsu.gov.cn。

十四、安徽省

2021 年 4 月 21 日,《关于促进我省高校毕业生就业创业工作的若干措施》（皖教秘学

〔2021〕11 号）指出：

（1）自 2021 年起，每年支持建设一批省级大学生创业创新示范基地，按规定从省就业补助资金中给予每个基地相应的资金补助，主要用于落实大学生创业的场地租金减免、水电费优惠、创业培训等方面的扶持。

（2）适度提高大学生创新创业引导资金规模，为高校毕业生创办的符合《财政部关于修订发布〈普惠金融发展专项资金管理办法〉的通知》（财金〔2019〕96 号）政策规定的小微企业提供创业担保贷款支持，最高可提供 300 万元贷款，贷款利息 LPR−150BP（基础利率减去 1.5%）以下部分由借款人和借款企业承担，剩余部分财政给予贴息，贷款期限最长不超过 2 年。

（3）鼓励高校毕业生参加各类创业培训，对培训合格后创业的优先给予发放创业服务券、创业贷款和入驻创业孵化园区等支持。对毕业 2 年内的高校毕业生首次创办小微企业且正常经营 6 个月以上的，由就业补助资金给予 5 000 元一次性创业补贴。外省高校毕业生在皖创业享受同等待遇。

具体创业相关政策请查询：安徽省人力资源和社会保障厅官网 hrss.ah.gov.cn。

十五、湖北省

2021 年 1 月 7 日，《省人民政府办公厅关于鼓励和支持多渠道灵活就业的实施意见》（鄂政办发〔2020〕65 号）指出：

（1）对符合条件的个人创业，可申请最高不超过 20 万元的创业担保贷款，合伙创业的可根据合伙创业人数适当提高贷款额度，最高不超过符合条件个人贷款总额度的 10%，按规定给予财政贴息。新发放的 10 万元及以下的个人创业担保贷款，以及全国创业孵化示范基地或信用社区（乡村）推荐的创业项目，获得设区的市级以上荣誉称号的创业人员、创业项目、创业企业，经银行业金融机构评估认定的信用小微企业、商户、农户，经营稳定守信的二次创业者等特定群体，免除反担保要求。

（2）自主就业退役士兵、建档立卡贫困人口、登记失业半年以上失业人员、毕业年度高校毕业生等从事个体经营的，自办理个体工商户登记当月起，在 3 年（36 个月）内按每户每年 14 400 元为限额依次扣减其当年实际应缴纳的增值税、城市维护建设税、教育费附加、地方教育附加和个人所得税，政策执行至 2021 年 12 月 31 日，纳税人在政策截止时享受税收优惠政策未满 3 年的，可继续享受至 3 年期满为止。个体工商户免征不动产登记费。

（3）高校毕业生、就业困难人员从事个体经营，符合条件的按规定给予创业补贴。

（4）政府投资开发的孵化基地等创业载体应安排一定比例场地，免费向高校毕业生、农民工等重点群体提供。加大创业载体奖补力度，支持创业孵化园区、示范基地降低或减免创业者场地租金等费用。有条件的地方可将社区综合服务设施闲置空间、非必要办公空间改造为免费经营场地，优先向下岗失业人员、高校毕业生、农民工、就业困难人员提供。

具体创业相关政策请查询：湖北省人力资源和社会保障厅官网 rst.hubei.gov.cn。

十六、浙江省

2021 年 5 月 28 日，《浙江省人力资源和社会保障厅等 16 部门关于支持多渠道灵活就业的实施意见》指出：

（1）落实重点人群（在校大学生和毕业5年以内的高校毕业生、登记失业半年以上人员、就业困难人员、持证残疾人、自主择业军转干部和自主就业退役士兵）创业担保贷款、税费优惠等扶持政策。重点人群及农民工首次创办个体工商户，可给予一次性创业补贴。

（2）对就业困难人员、离校2年内未就业高校毕业生从事非全日制等工作的，按规定给予社会保险补贴。以个人身份参加社会保险的，补贴标准不超过个人依法实际缴纳社会保险费的2/3，补贴期限不超过3年，对初次核定享受补贴政策时距退休年龄不足5年的人员，补贴期限可延长至退休。

（3）在县级以上地方人民政府指定的场所和时间内销售农副产品、日常生活用品，或者个人利用自己的技能从事依法无须取得许可的便民劳务活动，无须办理营业执照。仅通过互联网平台开展经营活动的经营者申请登记为个体工商户的，可以将网络经营场所登记为经营场所。对经批准占道经营的，免征城市道路占用费。

具体创业相关政策请查询：浙江省人力资源和社会保障厅官网 rlsbt.zj.gov.cn。

十七、湖南省

2020年2月23日，《湖南发布做好高校毕业生就业创业工作十条措施》指出：

（1）依托公共就业创业服务、公益性教育教学资源服务平台，免费向高校毕业生开放使用就业创业课程资源。对已发放创业担保贷款的高校毕业生，因患新冠肺炎可向贷款银行申请展期还款，展期期限原则上不超过1年，财政部门继续给予贴息支持，并相应调整信用记录。鼓励高校毕业生以多种方式实现灵活就业，对离校2年内未就业高校毕业生灵活就业的，按规定给予社会保险补贴，补贴标准为其个人实际缴费的40%，补贴期限最长不超过2年。

（2）扩大毕业年度高校毕业生职业技能培训规模，按规定落实职业培训补贴。对毕业学年有就业创业意愿并积极求职创业的低保家庭、贫困残疾人家庭、建档立卡贫困家庭和特困人员中的高校毕业生，残疾、孤儿及获得国家助学贷款的高校毕业生，按1500元/人的标准给予一次性求职创业补贴。对见习期满留用见习人员达到50%的单位，见习补贴标准提高至当地最低工资标准的120%。加大对就业困难高校毕业生援助帮扶力度，对符合条件人员按规定落实公益性岗位补贴。

具体创业相关政策请查询：湖南省人力资源和社会保障厅官网 rst.hunan.gov.cn。

十八、江西省

2020年12月31日，江西省人力资源和社会保障厅《关于支持多渠道灵活就业的实施意见》（赣人社规〔2020〕8号）指出：

（1）对下岗失业人员、高校毕业生、农民工、就业困难人员等重点群体从事个体经营的，其自办理个体工商户登记当月起，按规定在3年内按每户每年14400元为限额，依次扣减其当年实际应缴纳的增值税、城市维护建设税、教育费附加、地方教育附加和个人所得税。

（2）对下岗失业人员、高校毕业生、农民工、就业困难人员等重点群体首次创办企业或从事个体经营且正常经营 1 年以上的,按规定给予每人 5 000 元的一次性创业补贴,正常经营 6 个月以上的可先行申领补贴资金的 50%。

（3）加强对非全日制劳动者的政策支持,对就业困难人员和离校 2 年内未就业高校毕业生从事个体经营或非全日制等工作缴纳的社会保险费,按规定给予社会保险补贴,补贴标准为其实际缴纳费用的 2/3。

（4）鼓励各设区市整合 1~2 个社区综合服务设施闲置空间、非必要办公空间改造为免费经营场地,鼓励设立"就业一条街""就业广场"等低租金经营场地,开辟早市、夜市、周末集市等临时摊点经营场所,优先向下岗失业人员、高校毕业生、农民工、就业困难人员提供。

具体创业相关政策请查询:江西省人力资源和社会保障厅官网 rst.jiangxi.gov.cn。

十九、云南省

2020 年 11 月 18 日,《云南省人民政府办公厅关于支持多渠道灵活就业的实施意见》（云政办发〔2020〕61 号）指出:

（1）对下岗失业人员、高校毕业生、农民工、就业困难人员等重点群体从事个体经营的,按规定给予免费创业培训、"贷免扶补"创业贷款和创业担保贷款扶持,依法落实促进创业就业税收优惠政策。对符合条件的高校毕业生和农民工按照规定给予一次性创业补贴,所需资金从就业补助资金中列支。

（2）对就业困难人员、离校 2 年内未就业高校毕业生从事非全日制等工作的,按照规定给予灵活就业社会保险补贴,所需资金从就业补助资金中列支。

（3）有条件的地区可将社区综合服务设施闲置空间、非必要办公空间改造为免费经营场地,优先向下岗失业人员、高校毕业生、农民工、就业困难人员提供。

具体创业相关政策请查询:云南省人力资源和社会保障厅官网 hrss.yn.gov.cn。

二十、贵州省

《关于进一步加大创业担保贷款贴息力度全力支持重点群体创业就业的通知》（财金〔2020〕21 号）、《关于修订发布〈普惠金融发展专项资金管理办法〉的通知》（财金〔2019〕96 号）、《省人力资源社会保障厅 省财政厅 人行贵阳中心支行关于进一步做好创业担保贷款工作促进创业带动就业的补充通知》（黔人社通〔2019〕207 号）等文件指出:

（1）符合创业担保贷款申请条件的高校毕业生自主创业,可在创业地按规定申请不超过 20 万元的创业担保贷款。对符合条件的个人创业担保贷款借款人合伙创业的,可根据合伙创业人数适当提高贷款额度,最高不超过符合条件个人贷款总额度的 10%。

（2）首次创办小微企业或从事个体经营,且所办企业或个体工商户自工商登记注册之日起正常经营 1 年以上的离校 2 年内高校毕业生、就业困难人员、农民工、复员退伍军人,按规定给予 5 000 元一次性创业补贴。引导高校毕业生到 12 个农业特色优势产业领办创办农业企业,重点围绕农产品流通、农业种养殖等农业领域创业,按规定给予 10 000 元一次性创业补贴。

（3）对租用符合规划、安全和环保要求的经营场地创业,并且未享受场地租赁费用减免的高校毕业生、就业困难人员、农民工、复员退伍军人给予每月500元场租补贴,对实际月租金低于500元的,据实补贴,补贴期限最长不超过3年。

(4) 高校毕业生可免费参加人力资源社会保障部门各定点培训机构组织的创业培训。对毕业年度的高校毕业生(含技工院校高级工班、预备技师班和特殊教育院校职业教育类毕业生,下同)开展创业培训,培训后取得GYB(产生你的企业想法)培训合格证书(培训时间为3天,含网络创业意识培训)的,按每人每天100元给予培训补贴;取得SYB(创办你的企业)培训合格证书(培训时间为10天)的,按每人每天120元给予培训补贴;取得网络创业培训合格证书(培训时间为7天)的,按每人每天200元给予培训补贴(含网络创业培训教学平台使用费);SYB和网络创业培训后续一次性跟踪服务费为每人500元。

具体创业相关政策请查询:贵州省人力资源和社会保障厅官网 rst.guizhou.gov.cn。

二十一、四川省

2019年11月7日,《四川省人力资源和社会保障厅等五部门关于做好当前形势下高校毕业生就业创业工作的通知》(川社发〔2019〕23号)指出:

(1) 对小微企业和社会组织吸纳离校2年内未就业高校毕业生就业的,按规定给予社会保险补贴。对离校2年内未就业高校毕业生灵活就业的,按规定给予社会保险补贴。

(2) 加强创新创业教育,在符合学位论文规范要求的前提下,允许本科生用创业成果申请学位论文答辩。将创业培训向校园延伸,对大学生士兵和残疾大学生,应予优先安排。大学生创业经历可作为实习经历,并可折算为实习学分。

(3) 将在校大学生的创业担保贷款最高额度提高到15万元,贷款期限延长至3年。放宽创业担保贷款申请条件,对获得市级以上荣誉称号的大学生、市级以上创新创业大赛获奖的大学生、入驻市级以上创业孵化示范基地(创业园区)的大学生,以及经金融机构评估认定信用良好的大学生,申请创业担保贷款时,原则上取消反担保。

(4) 支持高校毕业生返乡下乡创业创新,对到贫困村创业符合条件的,优先提供贷款贴息、场地安排、资金补贴。在省内高校就读的港、澳、台学生,以及毕业5年内、国家承认学历、在川创业的港、澳、台大学生,同等享受创业扶持政策。

具体创业相关政策请查询:四川省人力资源和社会保障厅官网 rst.sc.gov.cn。

二十二、广西壮族自治区

2020年10月15日,《广西壮族自治区就业工作领导小组办公室印发〈关于支持多渠道灵活就业的若干措施〉的通知》(桂就领办发〔2020〕5号)指出:

(1) 对下岗失业人员、高校毕业生、就业困难人员等重点群体从事个体经营的,按规定给予创业担保贷款、税收优惠、创业补贴等政策支持。各地要及时将原广西农民工创业担保贷款担保基金转入国家创业担保贷款担保基金,为更多的申请国家创业担保贷款的劳动者提供担保支持。

(2) 加强对非全日制劳动者的政策支持,对就业困难人员、离校2年内未就业高校毕业生从事非全日制等工作的,按规定给予社会保险补贴。

(3) 实施阶段性减免国有房产租金政策,鼓励各类业主减免或缓收房租,帮助个体经营者等灵活就业人员减轻房租负担。有条件的地方可将社区综合服务设施闲置空间、非必要办公空间改造为免费经营场地,优先向下岗失业人员、高校毕业生、农民工、就业困难人员提供。

（4）加大政策宣传,将有创业意愿和培训意愿的灵活就业人员纳入创业培训范围,按规定开展创业培训,进一步提高创业者创业能力,促进提升创业能力和创业成功率。支持各类院校、培训机构针对本区企业需求和社会经济发展开展职业技能培训工作,重点开展就业前景好、市场紧缺的职业工种技能培训,鼓励职业院校开发和共享在线教学资源,对符合条件的培训对象给予培训补贴和生活费补贴,进一步提高劳动力职业技能水平,增强劳动者就业能力。

具体创业相关政策请查询:广西壮族自治区人力资源和社会保障厅官网 rst.gxzf. gov.cn。

二十三、广东省

2021 年 4 月 30 日,《2021 年广东省高校毕业生就业创业十大行动方案》指出:

（1）对自主创业的高校毕业生,可发放最高 30 万元的创业担保贷款;对其中带动 5 人以上就业的,最高贷款额度可提高至 50 万元;对符合小微企业贷款条件的,最高贷款额度可达 500 万元;按规定落实财政贴息政策。对自主创业并正常经营 6 个月以上的高校毕业生,按规定落实 1 万元的创业资助;租赁场地经营的,按规定落实租金补贴政策。全年发放创业担保贷款 20 亿元以上。

（2）政府投资开发的孵化基地等创业载体应安排一定比例的场地免费向高校毕业生提供。鼓励各类创业孵化基地吸纳大学生入驻,按规定给予最长 2 年、每户每年 3 000 元的创业孵化补贴。

（3）组织开展“高校毕业生创业服务专项活动”,倾斜创业服务资源,推荐适合的创业项目,提供咨询辅导、成果转化、跟踪扶持等“一站式”服务。优化落实重点群体创业就业税收政策,加强业务流程再造和数据交换共享,实现创业就业税收优惠“免申即享”。

（4）组织开展第七届中国国际“互联网+”大学生创业创新大赛广东省分赛、广东“众创杯”创业创新大赛大学生启航赛、“创青春”粤港澳大湾区青年创新创业大赛暨交流营等各类创业创新大赛。其中,广东“众创杯”创业创新大赛大学生启航赛遴选优秀项目 25 个以上,每个给予 5 万~20 万元的一次性资助。

具体创业相关政策请查询:广东省人力资源和社会保障厅官网 hrss.gd.gov.cn。

二十四、甘肃省

《甘肃省人力资源和社会保障厅等十部门关于实施大学生创业引领计划的通知》(甘人社通〔2014〕409 号)指出:

（1）对高校毕业生创办的年应纳税所得额低于 10 万元(含 10 万元)的小型微利企业,其所得减按 50%计入应纳税所得额,按 20%的税率缴纳企业所得税;对月销售额或营业额不超过 3 万元的,免征增值税和营业税。对持《就业失业登记证》(注明“自主创业税收政策”或附着《高校毕业生自主创业证》)从事个体经营的毕业年度高校毕业生,在 3 年内按每户每年 9 600 元为限额依次扣减其当年实际应缴纳的营业税、城市维护建设税、教育费附加、地方教育附加、价格调节基金和个人所得税。留学回国的高校毕业生自主创业,符合条件的,可享受现行高校毕业生创业扶持政策。

（2）对高校毕业生从事个体经营并符合规定条件的,其在工商部门首次注册登记之日起 3 年内免征管理类、登记类、证照类等有关行政事业性收费;要制定并完善创业经营场所租金补贴办法,对符合创业条件的大学生在城镇临时开辟的创业街（路）、创业市场和乡镇创办的农村集贸市场摆摊设点,要给予经营场所租金补贴。

（3）各地要认真落实再就业小额担保贷款政策,加大对创业大学生的支持力度,重点支持吸纳大学生较多的初创企业。高校毕业生毕业 3 年内,持有《就业失业登记证》且进行了失业登记的大学生可以申请小额担保贷款;高校毕业生申请贷款最高额度 10 万元,期限 2 年,利率按照中国人民银行公布的同期贷款基准利率的基础上上浮不超过 3 个百分点,贴息由财政部门全额承担。鼓励大学生合伙创业。

（4）对初始创业的就业困难大学生,申报灵活就业并及时足额缴纳社会保险费的,可按规定享受社会保险补贴;对零就业家庭、优抚对象家庭、农村贫困户、城乡低保家庭的大学生以及残疾的大学生初始创业的,当地政府可给予不超过 1 万元的一次性创业补助。

具体创业相关政策请查询:甘肃省人力资源和社会保障厅官网 rst.gansu.gov.cn。

二十五、宁夏回族自治区

《宁夏回族自治区人民政府办公厅关于印发吸引支持大学生在宁创新创业就业办法的通知》（宁政办规发〔2019〕2 号）指出:

（1）在校大学生或毕业 2 年内大学生在创业初始阶段经登记注册并正常营业 3 个月以上的,在登记注册后半年内经当地人力资源社会保障部门审核可给予一次性初始创业补贴 3 000 元,对在固原市等贫困县（区）创业的,补贴上浮 30%;自登记注册之日起连续正常经营 1 年以上的,可一次性给予 1 万元创业补贴。

（2）大学生毕业 5 年内,因创业园区（孵化基地）场地有限或经营项目不适合难以进入创业园区（孵化基地）创业的,经创业地市、县（区）人力资源社会保障部门审核批准在创业园区（孵化基地）外租用经营场所的,自登记注册之日起正常经营 1 年以上的,按每年每户不超过经营场所实际租赁费的 50%,最高不超过 8 000 元给予房租补贴。房租补贴按先缴后补的原则,由个人向创业地人力资源社会保障部门申请,补贴期限最长不超过 3 年。

（3）对毕业 5 年内在本区创业的大学生,根据创业项目评审情况,可提供最高 30 万元个人创业担保贷款,贷款期限 3 年,并按规定享受财政贴息。降低创业担保贷款门槛,探索通过信用方式发放创业贷款,在不断提高风险评估能力的基础上,逐步取消反担保。

（4）大学生毕业 3 年内在全区各地就业创业且在就业创业地无自有住房的,且符合当地公共租赁住房保障条件的,可凭毕业证和常住户口向当地用人单位或住房城乡建设部门优先申请租住人才公寓、公租房或租房补贴;购买首套商品房的,当地政府可适当给予购房补贴。

具体创业相关政策请查询:宁夏回族自治区人力资源和社会保障厅官网 hrss.nx.gov.cn。

二十六、青海省

2019 年 9 月 12 日,《关于做好当前全省高校毕业生就业创业工作的通知》(青人社厅发〔2019〕78 号)指出:

(1)落实税费减免、创业担保贷款及贴息等创业扶持政策,拓宽多元化资金支持渠道,扶持高校毕业生创业。放宽创业担保贷款申请条件,对获得市(州)级以上荣誉称号以及经金融机构评估认定信用良好的大学生创业者,原则上取消反担保。在符合学位论文规范要求的前提下,允许本科生用创业成果申请学位论文答辩。

(2)支持和鼓励高校毕业生创办领办农牧业新型经营主体,对符合创业领办和服务条件的,及时兑现生活和社保补贴、首次创业奖补、一次性岗位开发补贴、创业担保贷款、资格优先申报、税费减免、提供场地支持等优惠政策。要发挥好大学生创业孵化基地创业服务载体的作用,为毕业生创业提供咨询辅导、项目孵化、场地支持等服务,对入驻实体数量多、带动就业成效明显的,按规定给予一定奖补。

具体创业相关政策请查询:青海省人力资源和社会保障厅官网 rst.qinghai.gov.cn。

二十七、内蒙古自治区

2017 年 2 月 13 日,《内蒙古自治区人力资源和社会保障厅　内蒙古自治区教育厅关于实施高校毕业生就业创业促进计划的通知》(内人社发〔2017〕14 号)指出:

(1)落实好支持创业的便利化措施,会同有关部门简化工商登记手续,提供企业开户便利,按规定给予税费减免优惠,为高校毕业生创业开辟"绿色通道"。

(2)拓宽多元化资金支持渠道,落实创业担保贷款政策,鼓励天使基金、风险投资和创业投资基金等社会资本,以多种方式支持高校毕业生创业。

(3)提供创业经营场所支持,统筹利用资源建设大学生创业园、留学人员创业园和创业孵化基地,支持发展一批众创空间等新型平台;推广先进地区经验,建设"众创""众包""众扶""众筹"创业市场,为高校毕业生提供低成本场所支持和孵化服务。

(4)每个盟市要建立一支创业服务专家队伍,每年适时组织开展创新创业大赛、创业高峰论坛、创业政策宣讲、创业项目推介等活动;充分利用现代信息化平台,加强大学生创业服务网建设,为高校毕业生创业提供全方位支持。

资料来源:内蒙古自治区人力资源和社会保障厅官网 rst.nmg.gov.cn。

📖 本章小结

通过本章的学习,学生应能了解常见的创新创业比赛,并将课程所学知识应用到创新创业比赛中。另外,对于有创业意愿的同学,通过学习各省市创新创业政策,学会利用资源、降低成本,开展创新创业实践活动。

本章习题

1. 通过对各项竞赛的学习,你感兴趣的竞赛有哪些?
2. 结合自己的专业,选择一项或几项创新创业竞赛。
3. 参加竞赛之前应做哪些准备?
4. 如何确定参加竞赛的作品内容?
5. 参加某一项竞赛时,如何有效利用学校或者学院资源?
6. 你如果想开始创业,能够获得省、市和学校什么政策支持?

主要参考文献

[1] 李家华.创业基础.2 版.北京:清华大学出版社,2015.

[2] 王艳茹.创业基础如何教:原理、方法与技巧.北京:清华大学出版社,2017.

[3] 朱建良,李光明.大学生创新创业教程.北京:人民邮电出版社,2018.

[4] 王兴元.创业基础.北京:清华大学出版社,2017.

[5] 吕爽.创业基础.北京:中国铁道出版社,2016.

[6] 刘云兵,王艳林.大学生创新创业教程.北京:人民邮电出版社,2017.

[7] 刘霞,宋卫.大学生创新创业指导.北京:人民邮电出版社,2019.

[8] 李莉.创业基础实训教程.北京:北京理工大学出版社,2015.

[9] 马广水.创新创业基础.北京:高等教育出版社,2016.

[10] 黄明睿,张进.创新与创业基础.北京:高等教育出版社,2018.

[11] 王中强,陈工孟.创新思维与创业教育.北京:清华大学出版社,2017.

[12] 叶明全,陈付龙."互联网+"大学生创新创业基础与实践.北京:科学出版社,2017.

[13] 王冀宁,陈红喜.大学生创新创业教育案例集萃和实践指南.北京:科学出版社,2020.

[14] 张国庆,程洪莉,王欢,等.创新创业路径揭秘.北京:清华大学出版社,2019.

[15] 吴月红,李经山.创新创业实训教程.北京:机械工业出版社,2021.

[16] 邓文达,罗旭,刘寒春.大学生创新创业.2 版.北京:人民邮电出版社,2019.

[17] 胡飞雪.创新思维训练与方法.2 版.北京:机械工业出版社,2019.

[18] 周苏.创新思维与 TRIZ 创新方法.2 版.北京:清华大学出版社,2018.

[19] 李梅芳,赵永翔.TRIZ 创新思维与方法:理论及应用.北京:机械工业出版社,2016.

[20] 罗玲玲,武青艳,代岩岩.创新思维与创新方法.北京:机械工业出版社,2019.

[21] 张德琦.创造性思维与创新方法.北京:化学工业出版社,2018.

[22] 师建华,黄萧萧.创新思维开发与训练.北京:清华大学出版社,2019.

教学支持说明

    建设立体化精品教材,向高校师生提供整体教学解决方案和教学资源,是高等教育出版社"服务教育"的重要方式。为支持相应课程教学,我们专门为本书研发了配套教学课件等教学资源,并向采用本书作为教材的教师免费提供。

    为保证教材配套教学资源仅为教师获得,烦请授课教师清晰填写如下开课证明并拍照后,发送至邮箱:jingguan@ pub.hep.cn 或 weiyl@ hep.com.cn,也可通过高教社管理类专业教学交流 QQ 群:234904166,进行索取。

    咨询电话:010-58581020,编辑电话:010-58556265。

证　　明

兹证明_____大学_____学院/系第_____学年开设的
_____课程,采用高等教育出版社出版的《　　　　　　　　　　》
(　　　　　　主编)作为本课程教材,授课教师为_____,学生_____个班,
共_____人。授课教师需要本书配套教学资源用于教学使用。

授课教师联系电话:_____　　E-mail:_____

学院/系主任:_____(签字)

(学院/系办公室盖章)

20____年____月____日